Andreas Eichberger

Scheitern verboten?

Scheidung aus biblischer und seelsorgerlicher Sicht

scm R.Brockhaus

Umschlag: Dietmar Reichert, Dormagen
Satz: Breklumer Print-Service, Breklum
Druck: Ebner & Spiegel, Ulm
ISBN 978-3-417-24995-8
Best.-Nr. 224.995

INHALT

Einführung

Gibt es nicht schon genügend Veröffentlichungen zu dem leidigen Thema »Scheidung«? Ist nicht schon alles gesagt? Es existieren etliche Bücher entweder mit seelsorgerlichem oder theologischem Schwerpunkt. Ich möchte hier beides in eine gesunde Balance bringen, ohne den einen gegen den anderen Aspekt auszuspielen. Dabei sollen außerdem weit verbreitete Denkmuster hinterfragt sowie auf unbeachtete und fehlerhaft übersetzte Bibelstellen hingewiesen werden.

Ich bin keineswegs der Meinung, dass nur ein Theologe umfassende geistliche Erkenntnis besitzen kann. Andererseits hat Gott Lehrer in seine Gemeinde gesetzt, die darauf achten sollen, was auf dem Fundament Jesus Christus gemäß der Bibel aufgebaut wird. Gerade wenn es um Scheidung und Wiederheirat geht, kann es leicht passieren, dass man die großen Linien und grundlegende Wesenszüge Gottes aus den Augen verliert – wie die Pharisäer, die, während sie Minze und Dillkräuter für die Zehntengaben abzählten, prinzipielle, übergreifende Lehren vernachlässigten. Daher werden diese unerlässlichen Grundlagen im ersten Teil dieses Buches in Erinnerung gerufen.

> Wenn es um Scheidung und Wiederheirat geht, kann es leicht passieren, dass man die großen Linien und grundlegende Wesenszüge Gottes aus den Augen verliert.

Jeder geht mit unterschiedlichen Prägungen und Vorgaben an dieses Thema heran. Es bedarf einiger Mühe, diverse Filter und rosarote oder manchmal pechschwarze Brillen abzunehmen, um zu einer möglichst großen Unvoreingenommenheit zu gelangen. So habe ich im zweiten Teil viele Puzzlesteine zusammengetragen, die ich aus einer intensiven Beschäftigung mit den Grundtexten des Alten und Neuen Testaments über einen größeren Zeitraum hinweg gesammelt habe. Sie mögen zum eigenen Studium und zur Nachforschung anregen. Darin sind eine Reihe fachlich überprüfbarer Argumente und Denkanstöße enthalten.

Ehescheidung und Scheitern allgemein ist ein Thema, das in vielen christlichen Kreisen fast nur unter geistlichen Aspekten wie Sünde,

Gebot und Gehorsam behandelt wird. Vernachlässigt wird allzu oft die von Gott geschaffene Seele; das erklärt auch die noch weit verbreitete Skepsis gegenüber der Psychologie. Wenn aber die Seele bei der Bewertung von Ehescheidungen zu kurz kommt, entstehen Unausgewogenheiten. Daher geht es im dritten Teil um aus der Bibel gewonnene seelsorgerliche Aspekte, die mit psychologischen Erkenntnissen verglichen werden.

Diese drei ungefähr gleich großen Teile bauen aufeinander auf, sind aber auch für sich genommen verständlich und können daher ebenso in anderer Reihenfolge studiert werden. Ein ausgewogenes Gesamtbild ergibt sich jedoch nur durch die komplette Lektüre. Die zahlreichen Zitate *in kursiver Schrift* von Augustinus bis Luther, von Bonhoeffer bis Hybels, von Freud bis Drewermann sollen eine Auseinandersetzung mit unterschiedlichen Ansätzen und Argumenten ermöglichen. Ich stimme keineswegs in jedem Fall mit den Zitaten und den sonstigen Lehrmeinungen ihrer Autoren überein.

Wer alles zu diesem Thema erkannt zu haben meint und hier eine fest zementierte Linie vertritt, wird dieses Buch ebenso wenig mit Gewinn lesen können wie der, dessen Gedanken beim Lesen ständig um vermutete niedrige Motive des Autors kreisen. Denn ich habe als langjähriger Pastor und Seelsorger nicht nur eine Reihe von Paaren getraut und begleitet, sondern selbst den Prozess von Trennung, Scheidung und erneuter Heirat durchlebt. Natürlich beschäftige ich mich als Betroffener in dieser Hinsicht ganz anders mit dem Wort Gottes. Da über die Not hinaus, die eine Scheidung unweigerlich mit sich bringt, oft unnötig zusätzliches Leid verursacht wird, möchte ich mit meiner zum Teil leidvoll gewonnenen Erkenntnis dazu beitragen, dass in diesen Zusammenhängen behutsamer und gewissenhafter mit der Bibel und miteinander umgegangen wird. Außerdem gilt: Die in vielen christlichen Gemeinden vernachlässigte Dimension des Scheiterns betrifft ja nicht nur Geschiedene, sondern alle möglichen Christen, deren Lebensentwurf irgendwie und irgendwann misslingt, z. B. von Arbeitslosigkeit oder Insolvenz betroffene Menschen.

Erkenntnis, auch meine, ist Stück-Werk (1. Korinther 13,9). Deshalb möchte ich durch dieses »Werk« mein »Stück« hinzufügen und

Martin Luthers Rat selbst beherzigen, der sagte: *Und hüte dich, dass du nicht (…) denkest, du habest es ein- oder zweimal genug gelesen, gehört, gesagt und verstehst es alles.*[1]

Teil I:

Grundlagen

1. Pendelbewegungen im Eheverständnis

Angesichts der rasanten Entwicklung in fast allen Bereichen der westlichen Gesellschaft ist die Sorge berechtigt, dass Christen und christliche Gemeinden ihre lange gültigen Wertmaßstäbe aus den Augen verlieren und aufgeben. Die Frage ist, wie dem begegnet werden soll. Da gibt es zum einen das altbewährte Rezept: Wehret den Anfängen! Das bedeutet, dem Aufweichen vermeintlich biblischer Werte und Positionen von vornherein mit strengem Durchgreifen zu begegnen. Das äußert sich oft in der zu rigorosen Anwendung des durchaus neutestamentlichen Prinzips der Gemeindedisziplin. Ob diese »Gemeindezucht« dann wirklich neutestamentlich bzw. im Sinne des Erfinders gehandhabt wird, steht auf einem anderen Blatt.

Viele ethische und theologische Entwicklungen folgen anscheinend dem physikalischen Gesetz von Pendelbewegungen, bei denen der Ausschlag in die andere Richtung ebenso groß zu werden verspricht wie der in die erste. Nur der Reibungsverlust lässt im Laufe der Zeit die Ausschläge kleiner werden. Das bedeutet auf unser Thema angewandt, dass eine extreme Polarisierung zwischen freizügig-liberal und konservativ-streng sich so lange schmerzhaft auspendelt, bis eine gesunde Balance zwischen ebenbürtigen dogmatischen und seelsorgerlichen Wahrheiten aus der Bibel und dem Leben im Heiligen Geist gewonnen werden kann.

> Viele ethische und theologische Entwicklungen folgen anscheinend dem physikalischen Gesetz von Pendelbewegungen.

So gab es Zeiten, in denen familiäre Beziehungen zugunsten des Gemeindeengagements ohne Rücksicht auf Verluste vernachlässigt wurden; das konnte dazu führen, dass ein Mann oder eine Frau in der Gemeinde schließlich für seine bzw. ihre Flucht aus der Ehe und den damit verbundenen Verpflichtungen sogar gelobt wurde und sich selbst als Vorbild und zugleich Märtyrer gebärden konnte. Irgendwann ging vielerorts der Pendelschlag in die andere Richtung: Der über eine Kurskorrektur hinausgehende Pendelschlag bestand dann darin – sicher ungewollt unter dem Einfluss guter und wichtiger Ehe- und Familienarbeiten –, dass das Engagement in der Gemeinde generell weit hinter der familiären Beziehungspflege zurückzustehen hatte und abgewertet wurde. Einander für Aufgaben im Reich Gottes freizugeben und zeitweise aufeinander zu verzichten war »out«, die Beschäftigung mit sich selbst war plötzlich »in«. Damit bereitete man gleichzeitig den nächsten Pendelschlag vor. Für diesen Vorgang gibt es viele Beispiele.

Wenn eine Pendelbewegung nicht rechtzeitig einen Gegenimpuls erlebt, kann sie zu einer Irrlehre, einer neuen Glaubensgemeinschaft oder zumindest zur Überbetonung einer aus der Bibel gewonnenen Erkenntnis führen. Das Charakteristische an Irrlehren ist ja, dass sie nicht plötzlich und für alle sichtbar im Volk Gottes auftauchen, sondern über Zwischenstufen, durch Akzentverschiebungen und das Beieinander von Richtig und Falsch heimlich eingeführt werden (2. Petrus 2,1). Mit diesem Buch möchte ich fragen, ob wir nicht gerade mit einer zu unbekümmerten Übernahme traditioneller Auslegungen und katholischer Morallehre parallel irrige Prägungen und Lehren in unseren Argumentationstank zum Thema Scheidung und Wiederheirat eingefüllt haben. Hier wie bei meinen Ausführungen gilt es, *alles* zu prüfen und *das Gute* zu behalten (1. Thessalonicher 5,21).

Der gesellschaftliche Wandel

Nicht nur in der Christenheit, sondern auch in der abendländischen Gesellschaft hat es solche Pendelbewegungen immer gegeben. Die sexuelle Revolution der 60er und 70er Jahre des 20. Jahrhunderts hat ihre Ursachen auch in der bürgerlich-christlichen Prüderie ebenso wie die in Deutschland angewachsene Schwulen- und Lesbenbewegung einen Kontrapunkt zur Verfolgung von Homosexuellen durch die Nationalsozialisten und die Kirchen darstellt. Auch mit der Ächtung des Patriarchats in der Emanzipationsbewegung schlug das Pendel in die andere Richtung aus. Man kann aber weder durch Beelzebub Dämonen (Matthäus 12,24) noch die eine sündige Verhaltensweise durch eine andere austreiben.

Die Herrschaft des Mannes über die Frau ist ebenso eine fluchhafte Folge des Sündenfalls wie das Begehren der Frau nach dem Mann (1. Mose 3,16). Leider hat man im Lauf der Kirchengeschichte die Worte Gottes an Eva als Anweisung statt als Ankündigung missverstanden; Gott sagte lediglich, dass es so kommen würde. Mit dem Sündenfall ging ja nicht nur die Beziehung zu Gott kaputt, sondern auch das Miteinander der Menschen bzw. der Geschlechter war gestört und ist seitdem durch Misstrauen und Herrschsucht geprägt. Seitdem kann man nicht mehr von der Schöpfungsordnung sprechen, ohne die *Schöpfungsstörung*[2] zu erwähnen.

Die Herrschaft des Mannes über die Frau ist ebenso eine fluchhafte Folge des Sündenfalls wie das Begehren der Frau nach dem Mann.

Es war nie Gottes Wille, dass überhaupt ein Mensch über den anderen herrscht. Nimrod, der Gründer der Stadt Babel, hat damit angefangen (1. Mose 10,9.10). Das ist ein Beispiel dafür, dass etwas noch lange nicht gut ist, nur weil es im inspirierten Wort Gottes beschrieben wird. Wie viel ist durch solche Missverständnisse in der Kirchen- und Menschheitsgeschichte schief gelaufen! Man denke nur an den Sklavenhandel und Apartheid-Regimes in christlich geprägten Ländern. Es war nie so gedacht, dass der Mann über die Frau herrscht, noch nicht einmal als Notverordnung. Nun heißt es aber auch in der oben erwähnten Rede an die Frau: *Nach deinem Mann wird dein Verlangen sein.* Das wiederum wurde in patriarchalischen Männergesellschaften immer wieder so verstanden und zurechtgebogen, dass die Frau sich dem despotischen Eheherrn unterwerfen soll.

Es gibt zwar den psychologischen Effekt, dass gegensätzliche Charaktere einander anziehen. Das hebräische Wort für Verlangen spricht aber eher von einer manipulativen Haltung der Frau, die ebenso sündig ist wie männliche Herrschgelüste. Dasselbe Wort wird wenige Verse weiter in Gottes Warnung an Kain in Bezug auf die Sünde verwendet, die *vor der Tür lagert* (1. Mose 4,7); sie will sich nicht unterordnen, sondern herrschen und manipuliert so lange, bis sie dieses Ziel erreicht[3]. Dieses Verlangen der Frau, auf dem Weg der Manipulation zur Herrschaft über den Mann zu gelangen, ist genauso wenig wie das des Mannes von Gott angeordnet, sondern lediglich angekündigt und ebenso verwerflich.

Emanzipation und steigende Scheidungsrate

Weil viele Männer nach dem Zweiten Weltkrieg abwesend oder traumatisiert waren, übernahmen die Trümmerfrauen in Deutschland nicht nur die Aufbauarbeit, sondern oft auch die Führungsrolle in den Familien. Das bereitete den erneuten Pendelschlag vor – weg von der autoritären Männergesellschaft hin zur Emanzipationsbewegung. Diese emanzipatorische Frauenbewegung bewirkte in den westlichen Industrienationen nicht nur eine in vielen Bereichen überfällige Gleichberechtigung, sondern hat auch *»inzwischen einen erheblichen Anteil an der wachsenden Zahl von Scheidungen. Die höhere Mobilität, die besseren Bildungs- und Berufschancen und die damit verbundene größere ökonomische Unabhängigkeit der Frau schufen die Voraussetzungen für einen tief greifenden Umbruchprozess, in dem immer mehr Frauen zu Recht ihre emotionalen Bedürfnisse und Ansprüche an Beziehungen einfordern.«*[4] Diese Bewegung hat durchaus ihren Anteil daran, dass es inzwischen auch unter Christen mehr Hausmänner und an Hausarbeit und Kindererziehung stärker beteiligte Väter gibt – ebenso wie auf der anderen Seite Frauen, die in christlichen Gemeinden Leitungsverantwortung übernehmen.

Die überzogenen und unproduktiven Pendelbewegungen im christlichen Bereich und das damit verbundene blinde Durchgreifen kann durch eine ausgewogenere Beschäftigung mit dem Wort Gottes vermieden werden; aber auch durch die Auseinandersetzung mit den Entwicklungen und Veränderungen der heutigen Gesellschaft, die faktisch einfach anders aussieht als das antike Kanaan, Ägypten, Rom oder Korinth. Die erlösungsbedürftigen Menschen, Gottes Liebesabsichten und viele Grundstrukturen sind zwar zu allen Zeiten die gleichen. Aber das Bild von Ehe und Familie, die Rolle und das Verständnis von Mann und Frau und vieles andere haben sich stark gewandelt. Deswegen können wir nicht davon ausgehen, dass wir die zu biblischen Zeiten gestellten Fragen und göttlichen Antworten ohne weiteres in unsere Zeit übertragen können. Über gesellschaftliche Veränderungen kann man lamentieren und jammern, aber man muss sich ihnen stellen und ihnen Rechnung tragen, wenn man Zeitgenossen auf ihrem Weg mit Gott begleiten will.

Christen wachsen heutzutage mit einer anderen Prägung und anderen Rahmenbedingungen auf als zu alttestamentlicher Zeit und zur Zeit der ersten Gemeinden. Wir leben heute nicht mehr eingebettet in Großfamilien, die an einem Ort wohnen. Das macht es uns einerseits bei der Eheschließung leichter, Vater und Mutter zu verlassen (1. Mose 2,24), was in autoritär geprägten Gemeinden und Familien leicht übersehen wird; andererseits konzentrieren sich, wenn eine Großfamilie in der Nähe fehlt, leicht alle Beziehungswünsche exklusiv auf den Partner, der sich als Liebhaber, Versorger, Kumpel, väterlicher Freund/mütterliche Freundin schnell überfordert fühlen kann.

Holger Petri beschreibt diese Entwicklung so: »*Wo der Glaube zerfällt und die Geborgenheit in der sozialen Gemeinschaft und in der Einheit mit der Natur zerstört wird, wächst das Gefühl der Einsamkeit und, um ihr zu entgehen, das Verlangen nach immer mehr persönlichem Glück und Liebe. Es ist daher nicht erstaunlich, von der Familienforschung zu erfahren, dass die Familie durch die emotionalen Ansprüche ihrer Mitglieder auf Dauer überfordert ist und daher oft zerbricht.*«[5] Dazu kommt, dass die Ehe schon lange nicht mehr das einzig prägende Bild von zwischengeschlechtlicher Beziehung und sozialer Sicherheit in unserer Gesellschaft darstellt. Ehen werden nicht mehr von den Eltern geschlossen, und viele Christen heiraten heutzutage, ohne je ein glaubwürdiges Vorbild einer gelingenden Ehe empfangen zu haben.

Die Ehe im romantischen Zeitalter

Die »Liebesehe« gibt es eigentlich erst seit dem 19. Jahrhundert. Vorher war die überwiegend von den Eltern arrangierte Zweck- und Vernunftehe die Regel. In der Folge wurde »Liebesglück« immer mehr mit »Lebensglück« gleichgesetzt. Damit jedoch stiegen die Erwartungen an den Ehepartner, und entsprechend wuchs das Risiko, dass die Ehe sich als »Enttäuschung« erwies. Darüber hinaus leben die Ehepartner inzwischen durch die gestiegene Lebenserwartung durchschnittlich viel länger zusammen als noch vor wenigen Generationen. In früheren Zeiten waren zwei bis drei Ehen zumindest für Männer weder selten noch anstößig, da der Tod sowohl glückliche als auch unglückliche Ehen häufiger geschieden hat. Außerdem definierte man eine glückliche bzw. unglückliche Ehe sicher anders als heutzutage, falls man überhaupt Kriterien dafür besaß und sich den Luxus leisten konnte, darüber nachzudenken.

Die »Liebesehe« gibt es eigentlich erst seit dem 19. Jahrhundert.

Zum 19. und frühen 20. Jahrhundert gehört auch die Industrialisierung mit ihren Segnungen von Massenbeschäftigung und geregelter Lohnarbeit. Für die Beziehung von Mann und Frau und die gemeinsame Erziehung ihrer Kinder stellte die Industrialisierung aber eine Erschwernis dar. Man lebte immer weniger von dem, was man zum Beispiel auf dem Bauernhof selbst erarbeitete, verbrauchte, auf dem Markt verkaufte und gegen andere Waren eintauschte. Stattdessen erhielten die Maschinenarbeit und die Lohntüte immer mehr an Bedeutung, und seitdem dreht sich beinahe alles um das Geld, das ja eigentlich nur ein Tauschsymbol ist. Verloren gegangen ist der direkte Zusammenhang von Broterwerb und Versorgung der Familie. Für das familiäre Beziehungsgeflecht stellte dies eine einschneidende Veränderung dar, da die meisten Lohnarbeiten nun außer Haus geleistet wurden, fern der Familie. Auf einem Bauernhof oder in einer Werkstatt, die sich im Haus befand, erhielten die Kinder Einblick in das Tagewerk beider Eltern und konnten organisch in deren Aufgaben hineinwachsen. Die Erziehung, auch die christliche, wurde von beiden Elternteilen übernommen.

Ein weiteres Symptom der fortschreitenden Entfremdung ist, dass heutzutage viele Kinder, ja oft noch nicht einmal die Ehefrauen wissen, was ihre Männer bzw. Väter beruflich eigentlich genau machen, selbst wenn sie sich Mühe gegeben haben, es ihnen zu erklären. In vielen so genannten Hausfrauenehen ist der Mann mit Fahrweg oft zehn Stunden außer Haus; seine Angehörigen können seine Lebenswirklichkeit kaum nachvollziehen, und der Mann wiederum hat nur wenig Einblick in das, was in seiner Familie zum Beispiel mit schulpflichtigen Kindern tagsüber passiert. Es ist schlicht und einfach viel schwerer als in früheren Zeiten, die traditionelle Rolle des Mannes als Familienoberhaupt auszufüllen. Ganz wenige heutige Väter haben die Möglichkeit, ihren Sprösslingen Einblick in ihren Job zu geben; nur wenige Ehepaare können zum Beispiel mit zwei halben Stellen die Versorgung der Familie gewährleisten und gleichzeitig einander und den Kindern besondere Nähe im Alltag bieten.

Aber auch die Rolle der Frau ist in Bewegung. Ulrich Eibach beschreibt ihren Wandel folgendermaßen: *»Der Konflikt zwischen Autonomie und Selbstverwirklichung einerseits und dem Ehe- und Familienleben andererseits ist bei Partnern mit akademischer Ausbildung am ausgeprägtesten. Die verstärkten Anforderungen an eine berufliche Qualifikation der Frau und der mit der Berufstätigkeit zunehmend verbundene Anspruch auf Mobilität lockern die Stabilität einer ehelichen Lebensgemeinschaft. Durch die berufliche Tätigkeit bedingte Wochenendehen – auch bei Eheleuten mit Kindern – sind keine Seltenheit mehr. Die zunehmende Berufstätigkeit und das wachsende Selbstbewusstsein (…) lassen Frauen immer weniger die außerehelichen Freizügigkeiten der Männer und entsprechend unbefriedigende Ehebeziehungen hinnehmen. Die Folge ist, dass heute ungefähr 60 Prozent der Scheidungen von Frauen beantragt werden.*

Wenn die Ehe all diejenigen emotionalen Erwartungen und Sinnansprüche an das Leben erfüllen soll, die eine unbefriedigende Arbeitswelt nicht zu befriedigen vermag, dann sind die Partner und die Ehe meist überfordert. Die Ehe ist, insbesondere wenn sie sich zur Familie weitet, nicht nur ein Ort der Erholung und der Erfüllung von Wünschen und Sehnsüchten, sondern sie bringt auch erhebliche zusätzliche Belastungen und Konflikte mit sich (…) So ist sicher neben der abnehmenden Bedeutung der Ehe als Institution und der zunehmenden Individualisierung des Lebens und der Lebensform Familie die Überlastung von Ehepartnern und von Ehe und Familie überhaupt der dritte wesentliche Grund für die zunehmende Zahl der Ehescheidungen.«[6]

Wie in den Tagen Noahs und Lots

Man sollte sich davor hüten, sich angesichts heutiger Verhältnisse »biblische Zeiten« herbeizusehnen. Abgesehen davon, dass die Frauen in den antiken Kulturen mit ihren Ausläufern in heutigen moslemischen Ländern weitgehend als Besitz betrachtet und als minderjährige Mädchen von den Eltern verheiratet wurden, ist dieser Rückverweis in die angeblich »gute alte Zeit« das schlechteste Argument in Bezug auf das Thema Scheidung. Denn in der Zeit von Mose bis Jesus und später im Islam wurden Ehen auf legitime Art ebenso schnell geschlossen wie geschieden, jedenfalls vonseiten des Mannes. Ein Erkennungszeichen für die Wiederkunft Jesu Christi ist ein gesellschaftliches Verhalten wie *in den Tagen Noahs*. Damals wurde offenbar in großer Unbefangenheit anscheinend immer wieder ge- und verheiratet und entsprechend häufig geschieden (Lukas 17,27).

Man sollte sich davor hüten, sich angesichts heutiger Verhältnisse »biblische Zeiten« herbeizusehnen.

Das paradiesische Ideal der Einehe wird zwar im Alten Testament propagiert und hervorgehoben, setzt sich allerdings erst im Neuen Testament als Norm durch. Viele antike Gesellschaften waren von der Vielehe geprägt, während das Thema Scheidung ein unbedeutendes ethisches Problem darstellte. Zur Zeit Jesu bestand das Hauptproblem in Rom darin, dass die Ehe so unattraktiv war, dass der Kaiser Augustus *»Junggesellen und unverheirateten Frauen (...) schwerere Steuern«* auferlegte und andererseits *»bei Vermählung und Kindersegen Vergünstigungen«* gewährte. Als der Kaiser einmal auf dem Forum in Rom *»getrennt die Unverheirateten unter ihnen sowie die Verheirateten einschließlich jener mit Kindern«* versammelte, *»wurde er traurig*, als *er sah, dass die zweite Gruppe zahlenmäßig weit hinter der ersten zurückblieb«*[7]. Diese Beschreibung erinnert doch stark an die Steuerpolitik in unseren Tagen, mit der man der unglückseligen demografischen Entwicklung in Deutschland begegnen möchte.

In diesem kulturellen Umfeld konnte Paulus Christen, die noch oder wieder unverheiratet waren, nur in zwei Richtungen ermutigen: entweder aufgrund der Gabe der Ehelosigkeit enthaltsam zu leben oder zu heiraten. Der Untergang des griechischen und des römischen Reiches ging wie der von Sodom und Gomorrha einher mit der sich besonders in der Aristokratie ausbreitenden Homosexualität. Das war dann wie *in den Tagen Lots*, in denen es schon gar nicht mehr ums Heiraten ging (Lukas 17,28). Auch das wird in der Zeit vor dem zweiten Kommen Jesu ähnlich sein. Unsere Zeit nähert sich in dieser Hinsicht wieder dem antiken Rom und Sodom an: Die Ehe steht z. B. wegen negativer finanzieller Folgen im Falle ihres Scheiterns nicht mehr so hoch im Kurs, während sich gleichzeitig alternative und homosexuelle Lebensformen stärker etablieren.

Die standesamtliche Trauung

Seit 1875 wirkt der Staat in Deutschland bei Eheschließung und Ehescheidung mit. Dadurch wurde die rein kirchlich geschlossene Ehe im Deutschen Reich durch die obligatorische Zivilehe mehr und mehr zurückgedrängt. Die römisch-katholische Kirche hatte ja über die Jahrhunderte ein eigenes kanonisches Eherecht entwickelt. Im Tridentinischen Konzil wurde die Auflösbarkeit der Ehe auch bei Ehebruch verworfen. Deswegen bestreitet die römisch-katholische Kirche bis heute, dass staatliche Gerichte die Macht haben, Ehen zu scheiden, und erkennt nur teilweise deren Entscheidungen bezüglich der Ehe an.

Wie wurde es aber vor der Einführung der standesamtlichen Trauung in Deutschland gehandhabt? Wann und wie heiratete eigentlich Martin Luther, der große Reformator? Weder durfte er als Mönch noch seine Braut Katharina von Bora als Nonne heiraten. Dennoch taten sie es am 13. Juni 1527 im privaten Rahmen, im Kreise weniger Freunde, zu denen unter anderem der Maler Lucas Cranach gehörte. Vierzehn Tage später lud das auf diese Weise frisch vermählte Paar zu einem festlichen Hochzeitsmahl. Damit war der Fall erledigt. Bei der Geburt ihres ersten Kindes nach elf Monaten stand für alle fest, dass dieses Kind ehelich gezeugt war. Nach heute verbreiteter

Nach heute verbreiteter Definition würde man bei Martin und Katharina Luther von einem »Paar ohne Trauschein« oder einer »wilden Ehe« sprechen.

Definition würde man jedoch bei Martin und Katharina Luther von einem »Paar ohne Trauschein« oder einer »wilden Ehe« sprechen, weil es weder eine kirchliche Urkunde über ihre Eheschließung noch eine Heiratsurkunde vom Standesamt gab. Es wäre interessant, einmal zu untersuchen, wie auf deutschem Boden Mennoniten und andere Freikirchlichen in den Jahrhunderten bis zur Einführung der Zivilehe geheiratet haben, da ihnen ja alle Amtshandlungen verweigert wurden. Außerhalb der Staatskirchen gab es aber keine legale, das heißt gesetzlich anerkannte Eheschließung, sodass auch sie streng genommen illegal und nur »in eheähnlicher Gemeinschaft« zusammenlebten.

Vorreiter für die ab 1875 gültige Zivilehe war das Großherzogtum Oldenburg, wo bereits 1855 ein »Gesetz über die Zivilehe« verkündet wurde. Interessanterweise hat ein Baptistenpastor am 22. Juni 1855 in Varel als Erster im Deutschen Reich standesamtlich geheiratet und damit das neue Gesetz zum ersten Mal zur Anwendung gebracht. Das zeigt, dass es zumindest in Notzeiten und unter besonderen Umständen möglich sein muss, eine für den gemeindlich-gesellschaftlichen Rahmen erkennbare Ehe als Treue- und Lebensgemeinschaft einzugehen. Dasselbe Gesetz, das damals insbesondere freikirchlichen Christen zugutekam, führt heute allerdings dazu, dass Rentner erhebliche finanzielle Nachteile in Kauf nehmen müssen, wenn sie heiraten wollen.

Da heutzutage viele Paare gar nicht mehr kirchlich heiraten, trägt die standesamtliche Trauung in einer säkularisierten Gesellschaft dem im Grundgesetz verankerten hohen Wert der Ehe zwar grundsätzlich Rechnung. Auf der anderen Seite haben sich aber Kirchen und Freikirchen in Deutschland so sehr an den Staat gebunden, dass eine kirchliche Trauung ohne vorausgehende standesamtliche Heirat verboten ist und eine Ordnungswidrigkeit darstellen würde. Daher bleibt weitgehend einer »Ehe ohne Trauschein« die kirchliche Anerkennung ebenso versagt wie einer Scheidung ohne Scheidungsurteil vom weltlichen Gericht.

Für die Freikirchen ist das insofern verwunderlich, da sie die Trennung von Kirche und Staat betonen und u.a. deren zu enge Verquickung seit Kaiser Konstantin für den Niedergang neutestamentlicher Werte verantwortlich machen. Inzwischen ist der im Grundgesetz verankerte besondere Schutz der Ehe nicht mehr wirklich erkennbar, wenn man die bereits erwähnte finanzielle Benachteiligung der Rentnerehe, aber auch die staatliche Anerkennung nicht auf Dauer angelegter Lebensgemeinschaften und homosexueller Partnerschaften in den Blick nimmt. Deshalb werden die am Neuen Testament ausgerichteten Gemeinden früher oder später an den Punkt kommen, staatliches Handeln in dieser Hinsicht zu relativieren, abzulehnen und zu ersetzen. *»Wenn der Staat seine Aufgabe der Förderung und des Schutzes der Ehe nicht ausreichend wahrnimmt oder sogar Eheschließung verhindert, muss die Gemeinde stellvertretend handeln.«*[8]

Unterschiedliche Formen der Eheschließung

Oft haben wir in diesem Bereich und bei diesbezüglichen Bewertungen eine »deutsche Brille« auf, die wir automatisch für biblisch halten. Je nach Land, Geschichte und Religion wurden und werden diese Fragen in unserer Welt unterschiedlich gehandhabt, sodass man auf keinen Fall von einer aus weltlichem Recht abgeleiteten biblischen Norm sprechen kann. In England wird zum Beispiel die standesamtliche Beurkundung gewöhnlich im Anschluss an die kirchliche Trauung in der Sakristei rechtskräftig vorgenommen. In Texas gilt ein Paar rechtlich als verheiratet, wenn es mehr als 24 Monate einen gemeinsamen Haushalt führt. In Israel wiederum werden Ehen bisher ausschließlich vor dem jüdischen Rabbiner geschlossen, sodass Staatsbürger, die nicht zum Rabbiner gehen bzw. nur eine Zivilehe führen wollen, zur Eheschließung üblicherweise nach Kreta reisen. In moslemischen Staaten ist der Imam für Eheschließungen zuständig. Wie sollen nun christliche Gemeinden z. B. in Pakistan oder im Iran mit Konvertiten umgehen, die als Christen sowohl aus Überzeugung als auch wegen drohender Verfolgung nicht vor dem Imam die Ehe schließen?

Ein mir bekannter freikirchlicher Pastor erkundigte sich anlässlich einer anstehenden Taufe von Sinti und ihrer Aufnahme in die Gemeinde nach deren Familienverhältnissen. Dabei kam heraus, dass keines der zu taufenden Paare eine standesamtliche Trauung nachweisen konnte, was der deutsche Pastor als Hinderungsgrund für die Taufe ansah. »Konsequent, kompromisslos, mutig«, denkt vielleicht der eine oder andere. In dem Fall führte schon die Andeutung, diese Christen würden wegen des fehlenden standesamtlichen Dokuments in wilder Ehe leben, zu einem Eklat und einer tiefen Beleidigung der neu gewonnenen Glaubensgeschwister. Gerade sie kamen aus einer Tradition, in der die Ehe einen hohen Stellenwert hat. Und natürlich existiert eine klare Zeremonie, die eindeutig klärt, ob jemand verheiratet ist oder nicht. Da viele von ihnen Analphabeten sind, schließen sie auch andere Verträge und gültige Rechtsgeschäfte per Handschlag ab. Deswegen hatten diese Sinti kein deutsches Dokument für ihre Eheschließungen, das sie vorlegen konnten. Nun saßen da ehrwürdige Familienoberhäupter wie begossene Pudel vor dem deutschen Pastor, von dem sie sich entehrt fühlten und durch dessen Verhalten sie die (christliche) Welt nicht mehr verstanden. Dies ist ein trauriges Beispiel dafür, dass man etwas für biblisch halten kann, was vielleicht einfach nur deutsch oder sogar kleinkariert ist.

Damit möchte ich nicht die standesamtliche Trauung oder die Zivilehe grundlegend infrage stellen oder denen eine Rechtfertigung liefern, die ohne Entscheidung und gegenseitige Treuezusage auf Probe zusammenleben. Sie kann man immer fragen: »Was hindert euch zu heiraten?« Oder: »Warum wartet Ihr nicht bis zur Ehe mit dem Intimverkehr?« Die standesamtliche wie die kirchliche Hochzeit haben durchaus eine Bedeutung; sie sollte aber nicht größer sein als die der Ehe selbst. Der entscheidende biblische Wert ist doch der erkennbare offizielle Beginn einer Ehe, der mit einer gegenseitigen Treuezusage und dem Ein-Fleisch-Werden verbunden ist. Dieser Wert findet in einer offiziellen Zeremonie eine feierliche Entsprechung, kann aber zum Beispiel auch von einem Rentnerpaar verwirklicht werden, das für seine Zweisamkeit einfach gesegnet worden ist, auch wenn es auf eine Zivilehe verzichtet, um nicht eine der beiden Renten zu verlieren. Die Form der Eheschließung, ob durch Priester, Eltern oder Richter, ist in

Die Form der Eheschließung, ob durch Priester, Eltern oder Richter, ist in der Bibel nicht klar erkennbar.

der Bibel nicht klar erkennbar. Seit dem Kirchenvater Ignatius wird die Billigung und Segnung der Heirat von Christen durch die Gemeindeleiter als üblich und wünschenswert bezeichnet: *»Es ziemt sich aber für die Männer, die heiraten, und die Frauen, die verheiratet werden, die Vereinigung mit Zustimmung des Bischofs einzugehen, damit die Ehe dem Herrn entspreche und nicht der Begierde.«*[9] Das bedeutet, dass in der frühen Christenheit nicht die Form der Eheschließung, sondern deren eindeutige Tatsache und ihr verbindlicher, öffentlicher Charakter wichtig waren.

Auslegungstraditionen

In diesem Buch möchte ich den schmalen Weg beschreiten, die Bibel als ewig gültigen Maßstab, aber eben auch als *lebendiges Wort* (Hebräer 4,12) in Augenschein zu nehmen, das in die jeweilige Generation und Gesellschaft hineingetragen und –übersetzt werden muss. Mein Ziel ist dabei, einerseits dem oben beschriebenen Pendelschlag entgegenzuwirken und andererseits zu Ergebnissen zu gelangen, die auf dem Wort Gottes selbst und nicht auf dessen Auslegungsgeschichte basieren. Bibeltreue bedeutet deswegen, einerseits im konservativen Sinne zu bewahren und andererseits revolutionär zu sein. Auf der einen Seite steht das ewige Wort Gottes immer dem Zeitgeist entgegen, auf der anderen Seite relativiert es jede menschliche und damit auch kirchliche Tradition.

Jesus kritisierte an den vermeintlich bibeltreuen Schriftgelehrten und Pharisäern, dass sie ihre Tradition über das Gebot Gottes gestellt, ja sogar mit ihrer Überlieferung das Wort Gottes aufgehoben hatten (Markus 7,9.13). Sie waren also in Wirklichkeit nicht bibeltreu, sondern lediglich traditionsbewusst. Die Überlieferung zu beachten bedeutete für sie, gewiss sein zu können, dass Gott mit ihnen zufrieden war. Ihr Leben blieb bis in alle Einzelheiten von einem Regelwerk bestimmt, das sie auch ihren Mitmenschen auferlegten. Jesus hielt von ihrer Religiosität nicht sonderlich viel und betrachtete ihren von Äußerlichkeiten beherrschten Gottesdienst als vergeblich: *»Dieses Volk* *ehrt mich mit den Lippen, aber ihr Herz ist weit entfernt von mir«* (Matthäus 15,8). Daher muss das Wort Gottes immer die Autorität haben, Traditionen, die zum Selbstläufer geworden sind und sich entleert haben, zu hinterfragen und wenn nötig aufzuheben.

Eine große Schwierigkeit besteht ja schon darin, den Unterschied zwischen einer Tradition und dem Wort Gottes selbst überhaupt wahrzunehmen. Wie im pharisäischen Judentum wird in orthodoxen Kirchen und in der römisch-katholischen Kirche der Tradition ein Offenbarungscharakter zugesprochen, während sich die reformatorischen Kirchen wie auch die Freikirchen auf die Bibel als einzige Offenbarungsquelle festgelegt haben. Immer wieder haben Auslegungstraditionen und fehlerhafte Deutungen der Bibel erlöste Christen unnötig in Not und Verzweiflung getrieben – sei es, weil sie vor oder nach ihrer Bekehrung als Geschiedene ehelos bleiben sollten; sei es, dass ihnen eine entsprechende Lehre die Scheidung zum Beispiel von einem gewalttätigen, süchtigen, missbrauchenden, psychisch kranken oder unauffindbar verzogenen Ehepartner untersagte.

Hier haben wir einen Grund für ein Tabuthema, nämlich den Selbstmord von Christen, die diese Spannung nicht mehr ausgehalten haben. Wenn der Tod einer Ehe nicht für die Anerkennung einer Scheidung ausreicht, kann es zum Tod eines Ehegatten kommen. Da der Gattenmord für Christen nicht infrage kommt, bringen die einen den ungeliebten Partner psychisch zur Strecke, die anderen gehen in den Suizid. Dabei gibt es Abstufungen und Mischformen: Wer sich nicht direkt das Leben nimmt, verkümmert und verblüht; manche ziehen sich psychosomatische Krankheiten zu. Andere sterben geistlich oder erwürgen den Rest des Glaubens in ihrem Partner. Das mag sehr schauerlich für den klingen, der damit nie konfrontiert war, entspricht aber häufiger einer tabuisierten Wirklichkeit, als uns lieb ist. Zumindest möchte ich damit die existenzielle Dimension dieses Themas deutlich machen. Leichtfertige Äußerungen sind deswegen nicht nur unangebracht, sondern sogar gefährlich.

Bis heute gibt es Helden, die in einer unglücklichen Ehe ausharren, bis der natürliche Tod scheidet; sie geben ein Vorbild dafür, dass wir dem Leiden nicht schnell und leichtfertig ausweichen sollen, und setzen in einer leidensscheuen Zeit ein Gegengewicht. Aber was ist mit den Christen, die sich wie gescheiterte Helden fühlen und irgendwann nach jahrelangem Dulden aufgeben, weil sie zur Erkenntnis gekommen sind: *»Gott braucht keine Helden«*[10]? Es mag sein, dass einige dieser so genannten Gescheiterten auf ihre Weise mutig und vielleicht sogar heldenhafter sind als diejenigen, die vielleicht einfach nur Angst davor haben, eine *»unwahr gewordene Gemeinschaft«*[11] aufzugeben. Denn es kostet auch viel Mut, ein Gott nicht mehr wohlgefälliges Martyrium für sich und eventuell beteiligte Kinder zu beenden und eventuell zu riskieren, mit vielen Christen Ärger zu bekommen.

Differenzierte Betrachtung

Es gehört zum verantwortlichen Umgang mit der Bibel, ihre Wortwahl genau zu untersuchen. Bis in bekannte und geläufige Bibelübersetzungen hinein kann man zum Beispiel die Begriffe Unzucht bzw. Hurerei und Ehebruch nicht unterscheiden, was zu Missverständnissen und Irrtümern geführt hat. Leider übersetzte Luther die drei Worte für *entlassen*, *verlassen* und *trennen* in Matthäus 5 und 19, Markus 10 und Lukas 16 sowie 1. Korinther 7 alle undifferenziert mit *scheiden.* Deswegen ist es wenig aussichtsreich, in dieser wichtigen Frage mit der Luther-Übersetzung zu tragfähigen Resultaten zu kommen. Jeder, der mit dem gewohnten »Sound« der Luther-Bibel aufgewachsen ist, kann anhand der bekannten Stellen zum Thema Scheidung selbst testen, wie schwer es ist, sich unvoreingenommen in eine andere Übersetzung hineinzuhören. Eine Differenzierung in Bezug auf die Wortwahl tut aber dringend not. Erst dadurch ergibt sich nämlich ein im Wort Gottes vorhandenes widerspruchsfreies Gesamtbild zu diesem Thema.

> Es gehört zum verantwortlichen Umgang mit der Bibel, ihre Wortwahl genau zu untersuchen.

Unter Differenzieren verstehe ich das gewissenhafte Abwägen und den angemessenen Vergleich der durch Matthäus, Markus und Lukas überlieferten Worte Jesu in Bezug auf deren Anlass, Zusammenhang und Intention. Es kann ja nicht sein, dass der eine sich nur auf die durch Matthäus überlieferte Bergpredigt beruft, während sich ein anderer in dieser Frage nur aus dem Lukas-Evangelium ein Bild zimmert und wieder ein anderer ausschließlich die Markus-Fassung bevorzugt. Bei eingehender Betrachtung lässt sich eine sicher beabsichtigte Balance innerhalb jedes Evangeliums, aber auch zwischen den Evangelien und den entsprechenden Briefen des Neuen Testaments erkennen. Ein neutestamentliches Gesamtbild ist nämlich nicht allein aus den Evangelien zu gewinnen. Erst die Paulus-Briefe sprengen den Rahmen der rein innerjüdischen Erörterung in den Evangelien und können die bereits vorhandene Gemeindepraxis berücksichtigen. Abgesehen davon entspricht die Gemeinde, an die der 1. Korintherbrief adressiert ist, am ehesten einer modernen Großstadtgemeinde, die sich überwiegend aus kürzlich zum Glauben gekommenen und nichtjüdischen (Heiden-) Christen zusammensetzt.

Meistens reagiert jemand, der in seiner näheren Umgebung – in Familie, Gemeinde oder Freundeskreis – das Drama von Zerrüttung und Scheidung erlebt, weit betroffener als Menschen, die mit diesem Thema kaum in Berührung kommen. Wer sich ohne Betroffenheit zum Thema äußert, kann mit an der Oberfläche gewonnenen Einsichten leicht Menschen verletzen, die es in der Tiefe durchleiden oder durchlitten haben. Ein Meinungsaustausch zwischen ihnen ist wohl möglich, tief verstehen können sie sich kaum. Das ist ähnlich wie bei der Eheberatung durch einen Priester. Natürlich kann der zölibatär lebende Priester in der Seelsorge einem verheirateten Ratsuchenden biblische Standards nennen und für ihn beten. Die Solidarität dessen, der ebenso wie er um einen göttlichen Weg ringt, kann er ihm jedoch nicht bieten. Nun bin ich natürlich nicht der Ansicht, dass man als Christ und Seelsorger alle Probleme und Abgründe des Lebens aus eigener Anschauung kennen muss, um sich zu entsprechenden Fragen qualifiziert äußern zu können. Aber letzten Endes muss Wahrheit lebbar und umsetzbar sein, sonst ist sie keine Wahrheit im vollen Sinn und nicht wert, geglaubt zu werden.

Ziel dieses Buches

Ich bin mir bewusst, dass dieses Buch von Menschen missbraucht werden könnte, die nicht vorhaben, um ihre Ehe zu kämpfen und eigentlich nur noch eine Begründung für ihren sündig-bequemen Weg brauchen. Dieses Risiko gehe ich um der vielen willen ein, die Ehe, Scheidung und erneute Heirat ernst nehmen und ehrlich um Antworten ringen. Als mündige Kinder Gottes haben wir den Heiligen Geist, der uns durch das Wort Gottes, aber auch unmittelbar so leitet, dass wir durch das Stimmengewirr in und um uns herum unseren Weg finden können (Römer 8,14). So mag dieses Buch als ein Beitrag dienen, der vorhandene Erkenntnis ergänzt – auch für die, die andere zu beraten und ihnen beizustehen haben. Ich habe erlebt, dass Seelsorger nicht immer den zwingenden biblischen Beleg dafür zur Hand hatten, warum ein Rat richtig oder eine bestimmte Vorgehensweise falsch war; aus dem Gebet heraus sahen sie sich vom Heiligen Geist geleitet, etwas durchaus Umstrittenes zu empfehlen, und haben es gehorsam und mutig getan. Sie mögen an der einen oder anderen Stelle in diesem Buch eine biblische Begründung entdecken und eine Bestätigung für einen bereits erteilten Rat erhalten. Denn natürlich müssen sich Seelsorge und Weisung durch den Heiligen Geist am Wort Gottes messen lassen und dürfen ihm nicht widersprechen.

Es geht in diesem Buch ja nicht nur um eine mehr oder weniger exakte Erkenntnis zum Beispiel über die Dreieinigkeit, die zunächst keine direkte Auswirkung auf das Alltagsleben hat. Deswegen werden die Lehrer *»ein schwereres Urteil empfangen«*, weil sich andere nach ihren Worten richten (Jakobus 3,1). Ich muss zugeben, dass mir als Pastor mancher korrekt formulierte oder auch nur nachgeplapperte Spruch zum Thema Scheidung leichter von den Lippen ging, als ich von dessen Konsequenzen nicht betroffen war. Man wird unweigerlich vorsichtiger und nachsichtiger, wenn einem bewusst wird, dass (fast) das ganze Leben daran hängen kann. Dann ergeht es

Natürlich müssen sich Seelsorge und Weisung durch den Heiligen Geist am Wort Gottes messen lassen und dürfen ihm nicht widersprechen.

einem leicht wie den »Zwölf Geschworenen« in dem gleichnamigen Film, die zunächst aus unterschiedlichen Motiven heraus ein schnelles Todesurteil zu fällen bereit sind, später jedoch nach genauerem Betrachten des Falles alle »nicht schuldig« votieren.

Respekt vor dem Wort Gottes

Wenn hier auch viele Probleme im Zusammenhang mit der Ehe behandelt werden, sollte man nicht zum Ergebnis der resigniert klingenden Jünger kommen: *»Wenn die Sache von Mann und Frau so aussieht, dann ist es nicht ratsam, zu heiraten«* (Matthäus 19,10; AE). Jesus hat zwar in seiner Antwort an die Jünger eindeutig von einer Alternative zur Ehe gesprochen, die von Paulus aufgegriffen (1. Korinther 7,7) wurde; aber Jesus hat in der Auseinandersetzung mit den Pharisäern auch gezeigt, dass die Ehe aus dem Paradies stammt und ein Stück Himmel auf Erden sein kann, auf der Gottes Verheißungen liegen. Seit dem Sündenfall kann sie aber auch ein Stück Hölle werden. Daher ist sie so umkämpft. Aber es lohnt sich, sowohl grundsätzlich als auch im Einzelfall um sie zu ringen.

Mir erscheint es immer wichtig, die Vorgaben zu klären, unter denen an ein geistliches Thema herangegangen wird. Dem Ringen um die neutestamentlichen Aussagen zu Ehe, Scheidung und Wiederverheiratung geht mein Respekt vor dem inspirierten Wort Gottes voraus. Das bedeutet, dass ich mit vielen Christen auf der ganzen Erde glaube und bekenne, dass der Urtext des Alten und Neuen Testaments vom Heiligen Geist inspiriert, das heißt unter seiner Aufsicht entstanden ist. Unter Inspiration der Schrift verstehe ich allerdings weder, dass wir in der Bibel ausschließlich Gottes Gedanken und die Beschreibung seiner Absichten vorfinden, noch dass wir in jedem Fall zweifelsfrei klären können, was der ursprüngliche Wortlaut gewesen ist. Aber mit den hebräischen, teilweise aramäischen und griechischen Dokumenten der Heiligen Schrift besitzen wir authentische, vom Heiligen Geist gewollte und überwachte Zeugnisse des Alten und Neuen Bundes. Daher ist für die Scheidungsfrage nicht die eine oder andere

Übersetzung maßgeblich, sondern der griechische Wortlaut des Neuen wie der hebräische des Alten Testaments.

Wenn man nicht an der Oberfläche bleiben und vor Irrtümern bewahrt werden will, muss man sich schon einige Mühe geben, um den ursprünglichen Texten gerecht zu werden. Ich bin überzeugt, dass Martin Luther, um ein Beispiel zu nennen, vom Heiligen Geist beeinflusst war, als er das Neue Testament auf der Wartburg übersetzte; seine bahnbrechende Übersetzungsleistung ist aber dennoch den inspirierten Schriften selbst nicht gleichzusetzen. Luther bezeichnete die Apokryphen (= Spätschriften) des Alten Testaments als *»nützlich zu lesen«*, gab aber gleichzeitig den Rat, sie nicht der Schrift gleichzusetzen. Daher ist es gut lutherisch, diese Unterscheidung und Abstufung auch bei allen Übersetzungen beizubehalten.

2. Gottes Prioritäten

Die aus dem Paradies stammende Stiftung der Ehe hat eine enorme existenzielle, gesellschaftliche und geistliche Bedeutung. Besonders im ehemals christlichen Abendland steht sie unter Beschuss. Daher kämpfen die Christen mit Recht um ihren Erhalt im eigenen Umfeld und um ihren Schutz in der staatlichen Grundordnung durch Gebet und Fürbitte, durch Seelsorge, Seminare und christliche Bücher. Gleichzeitig muss man sich jedoch bewusst machen, dass die Ehe nicht das höchste Gut des Neuen Bundes, noch nicht einmal des Alten Bundes ist, den Gott mit einzelnen Menschen und ihren Familien geschlossen hat.

Das physische Leben

Größer als die Ehe ist das Leben selbst. So wie der Mensch nicht für den Sabbat leben soll, sondern der Sabbat für den Menschen da ist, ist die Ehe für den Menschen da und nicht der Mensch für die Ehe (Markus 2,27). Daher muss das Leben mehr geschützt werden als die Ehe. Die Ehe kann nur gelebt werden, wenn das Leben da ist; auch deswegen heißt es in vielen Trauungen: »bis dass der Tod euch scheidet«. Ist das Leben bedroht, ist auch die Ehe bedroht. Das Leben ist mehr als die Kleidung und mehr als die Speise (Matthäus 6,25); es sind Lebensmittel, Mittel zum Leben, zum Gestalten und Erhalten des Lebens, nicht das Leben selbst. So ist das Leben auch mehr als die Ehe; sie ist ein Teil des Lebens, nicht aber das Leben selbst. Deshalb muss das Leben Vorrang haben vor dem, was zum Leben gehört, sogar vor der Ehe.

> Prioritäten setzen heißt zu klären, was Vorrang hat; und das ist nicht die Ehe, sondern das Leben.

Was ist aber nun, wenn das Leben, von dem die Weiterführung einer Ehe abhängt, in Gefahr ist? Dann macht es keinen Sinn, um jeden Preis an der Ehe festzuhalten, dann muss zuerst das (Über-) Leben gesichert werden. Erst dann besteht die Chance, darum zu ringen, die

Ehegemeinschaft fortzusetzen. Wenn zum Beispiel das Leben eines Menschen bedroht ist, durch einen Suizidversuch oder Selbstmord auf Raten, durch zunehmende psychische und psychosomatische Erkrankung, weil der Ehepartner ihn emotional oder körperlich schwer misshandelt, dann muss die höhere Priorität geschützt werden. Prioritäten setzen heißt zu klären, was Vorrang hat; und das ist nicht die Ehe, sondern das Leben, das in die Ehe mündet und selbst dann weitergeht, wenn eine Ehe nicht mehr besteht. Es gibt immer ein Leben vor der Ehe, so wie es immer ein mehr oder weniger langes Leben nach der Ehe, spätestens nach dem Tod des Partners gibt. Diese Priorität zu beachten kann zum Beispiel bedeuten, einer Gefahr für Leib und Leben der Kinder vorzubeugen oder ihre fortgesetzte Misshandlung zu beenden, indem man sich vor dem Ehepartner in Sicherheit bringt.

Die Seele des Menschen

Wie verhält es sich andererseits mit psychischen Erkrankungen und ihren psychosomatischen Begleiterscheinungen, die in eine Ehe mitgebracht wurden oder unter dem Druck einer kaputten Ehebeziehung auftreten können? Jeder Mensch kann körperlich und seelisch unterschiedliche Lasten tragen und bewältigen. Hier ist natürlich nicht nur bedeutsam, was als Belastung und Bedrohung von außen auf jeden von uns zukommt, sondern auch das mitgebrachte Gepäck der eigenen vor der Ehe erlernten Verhaltens- und Gedankenmuster.

Auch hier gilt manchmal das Grundprinzip, dem Leben die Priorität einzuräumen: Eine Ehe, in der ein Partner immer mehr zum seelischen Krüppel mit erheblichen Persönlichkeitsstörungen wird, ist irgendwann nicht mehr lebbar, abgesehen von der schädlichen Wirkung auf eventuell vorhandene Kinder. Auch hier muss das Leben irgendwie geschützt werden und die Seele gesunden können. Selbstverleugnung wird dann falsch verstanden, wenn im Namen Jesu zu völliger Selbstaufgabe der von Gott einzigartig geschaffenen und gewollten Persönlichkeit aufgefordert wird. Es fällt auf, dass den Evangelienabschnitten zum Thema Scheidung in Matthäus 19 und Markus 10 Worte über den

Schutz und die Beachtung der Kinder folgen. Daher ist es richtig und wichtig, die Folgen von Trennung und Scheidung für die Kinder gewissenhaft zu bedenken. Es ist aber nicht automatisch das Beste, den Kindern ein Zusammenleben mit zwei ständig streitenden Eltern in einer auf Dauer angespannten Atmosphäre zuzumuten.

Das geistliche Leben

Ich habe vor Jahren mitbekommen, dass sich eine gläubige Frau das Leben genommen hat. Sie sah offensichtlich keinen anderen Weg, dem Satz »bis dass der Tod euch scheidet« zu entsprechen. Ich muss ganz drastisch feststellen, dass ich das nicht nur äußerst erschütternd, sondern abartig finde. Sie hätte als Christin mit ihren drei heranwachsenden Töchtern besser ihren alkoholsüchtigen Mann verlassen sollen, als so aus dem Leben zu scheiden und ihm ihre Kinder zu überlassen. Wie konnte es dazu kommen, dass ihr gesunder mütterlicher Instinkt derartig versagt hat? Ist es denkbar, dass ihr die Unauflöslichkeit der Ehe gepredigt und ein Durchhalten auferlegt wurde, da ihr Fall nicht die typischen Scheidungsgründe aufwies? Falls das zutrifft, möchte ich am Tag des Gerichts nicht in der Haut der dafür Verantwortlichen stecken, denn nicht nur *Unzüchtige und Ehebrecher wird Gott richten,* sondern auch von ihm autorisierte und nichtautorisierte *Lehrer* haben sein Urteil zu fürchten (Hebräer 13,4; Jakobus 3,1).

Wie gesagt: Das Leben ist ein höherer Wert als die Ehe. Aber vielleicht hatte diese Frau schlicht und einfach Angst vor einem lebenslänglich schlechten Gewissen, vor der Verurteilung unbarmherziger Christen oder vor der Sünde des Ehebruchs, die oft als genauso unvergebbar wie die gegen den Heiligen Geist betrachtet wird. Dabei hat Jesus ganz klar gesagt, dass *alle Sünden vergeben werden* können (Markus 3,28-29). Durch diese letzten Endes unnötige Sorge ist sie jedoch am Leben und wohl auch geistlich verzweifelt. Es gibt also eine noch höhere Priorität als das natürliche körperlich-seelische Leben: das geistliche ewige Leben. Wer dies verliert, ist und hat wirklich verloren. Denn viel zu viele und unnötig viele verlieren mit ihrer Ehe auch das ewige Leben. Aber selbst wenn sich jemand von Gott abwendet und deswegen die Gemeinde und sogar den christlichen Partner verlässt, verliert er zwar alles, hat aber bis zum letzten Atemzug Raum zur Umkehr zu Gott, vielleicht zur Gemeinde und unter Umständen sogar zum Ehepartner.

Der Apostel Paulus gibt den Gläubigen in 1. Korinther 7 den Rat, den ungläubigen Ehepartner, der sich trennen will, nicht um jeden Preis zu halten (Vers 15). Es gibt etwas Wichtigeres als den Erhalt der Ehe, nämlich nicht den Glauben zu verlieren. Es lohnt sich nicht, den Glauben zu gefährden, um die Ehe mit einem Ungläubigen zu retten. Paulus möchte durch seinen Rat das geistliche ewige Leben des Christen schützen, das für ihn eindeutig die höchste Priorität hat. Ein Christ verliert mit seinem Ehepartner nicht automatisch das ewige Leben, auch wenn die Trennung von ihm Krise, Anfechtung und sogar lebenslange Einbuße von Glaubensmut bedeuten mag. Er ist zuerst zur Gemeinschaft mit Jesus berufen (1. Korinther 1,9), an zweiter Stelle steht die Gemeinschaft mit Menschen. Priorität hat die Liebe zu Gott. Wir dürfen also im Kampf für die Ehe nicht so tun, als wäre ein Leben außerhalb der Ehe für einen Christen nicht (mehr) lebenswert.

Viel zu viele und unnötig viele verlieren mit ihrer Ehe auch das ewige Leben.

Die Bedeutung familiärer Beziehungen

Ein Thema durchzieht das Neue Testament vom Anfang der Evangelien bis zum Ende der Offenbarung: Die Königsherrschaft Gottes. *Kehrt um und wendet euch Gott zu, denn das Himmelreich ist nahe!* (Matthäus 3,2; NL). Das ist die Botschaft des Täufers und die erste von Jesus (4,17). Damit beginnt das Neue Testament und damit hört es auf: *Nun ist (…) das Königreich unseres Gottes geworden und die Macht seines Christus* (Offenbarung 12,10; LB). Das ist ja auch die Erfüllung aller alttestamentlicher Endzeit-Prophetie. Der Ruf in die radikale Nachfolge Jesu ist immer mit der Herausforderung verknüpft, dem Reich Gottes stets Vorrang zu geben vor allen innerweltlichen Bereichen und Beziehungen. Das konnte für die Apostel sogar bedeuten, die Ehefrau zu verlassen, um ihrem Meister nahe sein zu können. Sicherlich hat sich das zunächst nur auf die ein- bis dreijährige Phase bezogen, in der Jesus mit seinen Jüngern umherzog. Später scheint es üblich geworden zu sein, dass die Apostel ihre Frauen auf ihre Reisen mitgenommen haben (1. Korinther 9,5). Dennoch tragen Jesu Worte *Niemand, der Haus oder Frau oder Brüder oder Eltern oder Kinder verlässt um des Reiches Gottes willen* (Lukas 18,29; LB) grundsätzliche Züge.

Noch schwerer ist die Zumutung durch einen anderen Ausspruch Jesu: *Wenn jemand zu mir kommt und hasst nicht (...) seine Frau ...* Die entsprechende Formulierung einige Verse später macht klar, worum es ihm geht: *So kann nun keiner von euch, der nicht allem entsagt, was er hat, mein Jünger sein* (Lukas 14,26.33). *Hassen* entspricht *entsagen*, im Sinne von zurücksetzen und hintenanstellen. Diese Priorität ist die große Linie in der Jüngerberufung und entspricht der Vorrangstellung des Reiches Gottes in allen Evangelien. Wenn sie nicht ernst genommen wird, kann es passieren, dass einer wegen seiner Frau nicht zum Festmahl des Herrn erscheint: *Ich habe eine Frau geheiratet, und darum kann ich nicht kommen.* Das klingt doch eigentlich sehr rücksichtsvoll und menschlich absolut verständlich. Da es aber um den alles entscheidenden Ruf Gottes zum himmlischen Abendmahl geht, ist der Herr mit Recht *zornig* (Lukas 14,20-21). Jesus will, dass wir in dem Augenblick, in dem er uns ruft, wie Matthäus am Zoll und die Fischer am See Genezareth, *um des Reiches Gottes willen* alles stehen und liegen lassen; und daran sollen uns auch menschliche Beziehungen nicht hindern. Das Kreuz, das wir um Jesu willen auf uns nehmen, kann dann auch den Verlust von harmonischen verwandtschaftlichen Beziehungen bedeuten.

Verlassen oder verstoßen?

Das von Jesus nicht nur gebilligte, sondern gutgeheißene Verlassen der Frau (Matthäus 19,27 und Markus 10,29) steht in wichtigen Handschriften jeweils zwanzig Verse hinter dem Wort über die Ehescheidung. Das muss schon irgendwie zusammengebracht werden! Nun übersetzen viele das in 1. Korinther 7,11 verwendete Wort in Verbindung mit dem Thema Scheidung mit *entlassen*, Luther sogar mit *verstoßen*. Das entspricht jedoch nicht dem ansonsten sehr häufigen Gebrauch dieses Wortes und würde nicht mit den eben erwähnten Evangelienstellen zusammenpassen, da ja dann auch zum Beispiel Haus und Äcker ebenfalls *verstoßen* werden müssten. Sie werden aber lediglich stehen und liegen gelassen und insofern *verlassen*. Es ist gut möglich, dass sich in der Urchristenheit viele Frauen nicht dem neuen Glauben ihrer Männer anschließen wollten. Und damals schon haben jüdische und später moslemische Familien ihre Töchter von Ehemännern zurückgeholt, die sich zu Jesus bekehrt hatten, oder, falls sie bei ihren Männern bleiben wollten und selbst Christen wurden, aus der Familie ausgeschlossen. Daher war und ist nicht selten im entsprechenden Kontext mit der Nachfolge Jesu das Verlassen von Frau und Kindern bzw. Haus und Besitz verbunden.

Wenn bei einer ungenauen Übersetzung statt von »verlassen« von »verstoßen« und insofern von »scheiden« die Rede ist, entsteht der falsche Eindruck, dass Jesus einerseits Ehebruch missbilligt und andererseits als Preis für die Nachfolge gutheißt. In Markus 10 und Matthäus 19 geht es jedoch einerseits darum, dass die Ehe nicht mit fadenscheinigen bzw. unerheblichen Gründen aufgehoben werden kann. Andererseits stellt Jesus das Verlassen von Frau und Kindern, was damals wie heute auf Anhieb unmoralisch klingt, unter eine Verheißung. Wenn Paulus die Trennung zugesteht, sofern sie vom ungläubigen Ehepartner begehrt wird, bedeutet das letzten Endes ein Verlassen um des Reiches Gottes willen. Im geistlichen Sinn macht sich der, der in einer nichtchristlichen Ehe zum Glauben kommt, auf einen Weg mit Jesus. Falls der Partner diesen Weg nicht mitgehen will, tritt unweigerlich eine Distanz ein, die bereits ein Verlassen bedeuten oder hervorrufen kann. Es kommt allerdings darauf an, ob der Ungläubige diese innere Distanz erträgt, durch eigene Hinwendung zu Gott aufhebt oder durch Trennung vergrößert.

Wenn Paulus die Trennung zugesteht, sofern sie vom ungläubigen Ehepartner begehrt wird, bedeutet das letzten Endes ein Verlassen um des Reiches Gottes willen.

So sehe ich in dem Jesus-Wort vom Verlassen bereits in den Evangelien einen Scheidungsgrund angedeutet, der über Unzucht hinausgeht. Das ist nicht das Gleiche wie böswilliges Verlassen im Sinne von *im Stich lassen*, was in 1. Korinther 7,11 gemeint sein dürfte und untersagt wird.

Gläubiger und ungläubiger Partner

Paulus hat in 1. Korinther 7,12-13 wohl den Fall vor Augen, dass sich in einer Ehe von zwei Ungläubigen einer bekehrt. Es kann einige Zeit vergehen, bis der ungläubige Partner bewusst in diese Konstellation *einwilligt*, weil aus seiner Sicht die Vorteile einer Ehe mit einem Gläubigen gegenüber den Nachteilen überwiegen. In dem Fall besteht sowohl die Chance für ein gelingendes Miteinander als auch für die Bekehrung des vorher ungläubigen Partners. Da die ewige Errettung von Menschen Gottes höchste Priorität hat, soll nicht leichtfertig getrennt und geschieden, sondern dem Wirken Gottes am ungläubigen Partner Raum gegeben werden. Wenn aber der Nichtchrist den Glauben seines gläubigen Ehepartners bewusst ablehnt oder gar bekämpft, distanziert er sich innerlich und irgendwann auch äußerlich. Hier soll der gläubige Partner den ungläubigen nicht um jeden Preis halten und auch eine Scheidung nicht verhindern.

Ein Problem entsteht allerdings, wenn der Ungläubige sich nicht bewusst entscheidet, die Ehe mit dem gläubigen Partner weiterzuführen. Die Trennung wird nicht räumlich vollzogen, die Scheidung nicht eingereicht, jedoch ein mehr oder weniger bewusstes Nein zum Partner gelebt. Ich glaube nicht, dass ein derartiger unhaltbarer Zustand vom gläubigen Teil unbedingt lebenslänglich ertragen werden muss. Da im Grundtext dasselbe Wort für *trennen* und *scheiden* verwendet wird, ist es nicht eindeutig, dass in diesem Fall die Initiative zur juristischen Scheidung immer vom Ungläubigen auszugehen hat. Daher kann aufgrund innerer und äußerer Trennung auch vom gläubigen Partner die Scheidung eingereicht werden.

Was ist aber, wenn es sogar eine gemeinsame Priorität für das

Reich Gottes am Beginn der Ehe gegeben hat, die jedoch im Laufe der Zeit verloren gegangen ist? Oft wären sich christliche Ehepartner ohne den Glauben und eine Gemeinde nie begegnet. Allmählich tritt aber das, was beiden vorher so wichtig war, bei einem oder bei beiden immer mehr in den Hintergrund. Ein wichtiger Konsens dieser Ehe steht auf dem Spiel. Nun durchläuft jede Ehe verschiedene Phasen, in denen man immer wieder neu auf die Stimme Gottes, auf die Stimme des anderen und die eigene innere Stimme hören muss. Das kann eine Chance sein, sich und seinen Platz im Reich Gottes und an der Seite des Partners erneut zu finden, aber auch ein Punkt, von dem aus man sich allmählich voneinander entfernt. Es mag sein, dass eine Einsamkeit zu wachsen beginnt, in der einer der Ehepartner das christliche Engagement des anderen nicht mehr teilen oder nicht in den sündigen Lebensstil des anderen hineingezogen werden will. Das ist eine ernste Prüfung für eine christliche Ehe, die mit Jesu Hilfe und im Idealfall der einer Gemeinde vor Ort bzw. durch Beratung bewältigt werden kann – wofür es aber keine Garantie gibt.

Ein »weltlich Ding«

Die deutliche Relativierung der familiären Beziehungen durch das Reich Gottes ist nicht zu übersehen. *Um Jesu willen* müssen sie mindestens an die zweite Stelle treten und manchmal für eine bestimmte Zeit oder sogar ganz aufgegeben werden. In jedem Fall hat das Reich Gottes im Neuen Bund Vorrang vor Ehe und Familie, die nur ein Bestandteil dessen sein können. Das ist gegenüber dem Alten Bund durchaus revolutionär. Aus dem Alten Testament wissen wir, dass die Segenslinie immer von der Familie bzw. Sippe Noahs und Abrahams und später vom biologischen Volk Israel abhängig ist. Im Neuen Testament wird jedoch die Relativierung der Familie von Anfang an deutlich. Man betrachte nur den Stammbaum Jesu, mit dem das Matthäus-Evangelium beginnt. Er belegt, dass alle möglichen Irrungen und Defizite in Bezug auf das Ideal der Einehe und moralischen Integrität Gott letzten Endes niemals gehindert haben, an Menschen wie Abraham, Isaak, Jakob, Tamar, Juda, Rahab, David, Bathseba, Salomo usw. festzuhalten (Matthäus 1,1-16).

Zur richtigen Einordnung von Ehe und Familie gehört auch der Text über die Auferstehung aus Matthäus 22,23-33. Jesus macht hier deutlich, dass die Ehebeziehung nicht mit den überragenden Werten des Reiches Gottes und den ganz anderen Dimensionen des ewigen Lebens gleichgesetzt oder verwechselt werden darf: *Denn in der Auferstehung werden sie weder heiraten noch sich heiraten lassen, sondern sie sind wie Engel im Himmel* (Vers 30; LB). Das ist ernüchternd und befreiend zugleich. Dieses Wort Jesu spricht für Luthers Sicht der Ehe als *»äußerlich weltlich Ding«*, als Zufluchtsstätte vor Hurerei und insofern als ein *»Spital für Sieche«*[12]. Gleichzeitig widerspricht diese Stelle einer von Jesus nicht gewollten Überhöhung der Ehe, die in der römisch-katholischen Kirche zu einem Sakrament wurde und in orthodoxen und Freikirchen zum unmittelbaren Spiegelbild des Verhältnisses von Christus und Gemeinde nach Epheser 5,21-33. Luther vertrat die Auffassung, dass dieser Abschnitt den Glauben christlicher Eheleute wohl beseelen, aber ihnen nicht als Gesetz auferlegt werden könne. Er enthält zwar das Gleichnis der Beziehung zwischen Christus und Gemeinde; es kann aber nicht vollständig übertragen werden, unter anderem, weil die eine Beziehung in Ewigkeit andauert, das irdische Eheband aber nicht.

Die biologische Komponente des Volkes Gottes tritt also im Neuen Bund mehr und mehr in den Hintergrund. Das bedeutet auch Trost und Aufwertung der Singles, Verlassenen, Unfruchtbaren und in der Ehe Gescheiterten (siehe Jesaja 54,1-7). Das ist ja auch die Botschaft des Apostels, der eine Lanze für das Leben als Single bricht, ja zur Ehelosigkeit rät (1. Korinther 7,7-8). Natürlich brauchen wir gesunde Ehen, starke Familien und lebendige, alle Generationen einbeziehende Gemeinden – aber nicht mit einer einseitigen Betonung auf Ehe und Familie, durch die sich Singles abgewertet oder ausgegrenzt fühlen. Jesus hat seine Mutter und seine leiblichen Brüder zugunsten seiner geistlichen Familie öffentlich brüskiert. Es war deswegen kein Wunder, dass er

Jesus hat seine Mutter und seine leiblichen Brüder zugunsten seiner geistlichen Familie öffentlich brüskiert.

überall mehr Wertschätzung als in seinem Vaterhaus und in seiner Vaterstadt genoss. Irgendwann haben seine Angehörigen ihn nicht mehr nach traditionellen Maßstäben, sondern nach geistlichen beurteilt und konnten der neuen Familie Gottes hinzugefügt werden, ohne Sonderrechte und Sonderverehrung (2. Korinther 5,16; Apostelgeschichte 1,14). Sie wurde den Brüdern Jesu und seiner Mutter erst nachträglich und in unbiblischer Weise im Verlauf der Kirchengeschichte zuteil.

Die Absichten des Teufels

Ich bin der Ansicht, dass man sich nicht mehr als nötig mit dem Teufel und seinen Absichten beschäftigen sollte. Sie sollten uns aber nicht unbekannt sein, um ihm wachsam und gemäß der Prioritäten Gottes Widerstand leisten zu können (2. Korinther 2,11). Die Gefahr, an der Ehe völlig zu verzweifeln, besteht doch gerade dann, wenn ihr entgegen der oben beschriebenen neutestamentlichen Einordnung eine überdimensional große Bedeutung beigemessen wird, wenn also von ihrem Gelingen einfach alles im Leben eines Christen abhängt. Das entspricht nicht dem Evangelium. Geht in diesem Bereich etwas schief, haben Betroffene sowieso mit Selbstverdammnis zu kämpfen und sind oft obendrein mit Anklagen, Bußrufen und Verleumdungen von Gemeindemitgliedern und geistlichen Leitern konfrontiert. Mit dem Scheitern einer Ehe geht außerdem häufig der schmerzliche Verlust von geistlicher Heimat und tragenden sozialen Beziehungen einher. Ich glaube, dass der Teufel in diesem Bereich kräftig mitmischt, da er ein *Verleumder ist (…). Er war von Anfang an ein Menschenmörder. Wenn er die Lüge verbreitet, gibt er etwas aus seinem Vorrat weiter, weswegen er ein Lügner ist und sogar deren Erfinder* (Johannes 8,44; AE).

Deswegen sollte jeder Christ an dem Punkt »höllisch« aufpassen, um nicht an den Plänen Satans mitzuwirken. Es ist traurig, dass Christen oft bereitwillig gerade den Tratsch um Ehekrisen und Ehebruch ungeprüft *wie Leckerbissen* weitergeben und dabei schuldig werden (Sprüche 26,22). Es ist oft wie bei der berühmten »Stillen Post«, bei der sich immer neue Variationen und Versionen ergeben, die leider die Phantasie der Menschen in die falsche Richtung galoppieren lassen oder Ursache und Wirkung einer Tragödie vertauschen. Womöglich hat der Teufel an der Zerstörung einer Ehebeziehung schon lange gearbeitet. Nun setzt er noch einen drauf, indem er einen am Boden liegenden Christen isoliert. Eine kaputte Ehe ist schlimm genug. Aber der Teufel versucht, diese Niederlage durch weitere Verletzungen und Schäden auszuschlachten. Paulus hat selbst in einem bestimmten krassen Fall Gemeindedisziplin verordnet, später aber dafür Sorge getragen, dass der betroffene Christ nicht durch *übermäßige Traurigkeit* völlig deprimiert wird und sich womöglich ganz vom Glauben abwendet (2. Korinther 2,7).

Das Brisante daran ist, dass der Teufel bei Ehescheidungen oft mehrere Ziele gleichzeitig erreicht: die Zerstörung einer Ehe, den Verlust der Mutter und/oder des Vaters, die Traumatisierung der Kinder und ein zertrümmerter Glaube von Leuten, die sich von anderen Christen und Gemeinden schwer verletzt abwenden. Der Teufel greift harmonische Ehen an, weil er um die Gebetskraft eines gläubigen Ehepaars und ihren Segen für ihre Kinder und das Reich Gottes weiß. Wenn es ihm gelingt, nicht nur diesen Segen zu zerstören, sondern Zwietracht zu säen, dann geschieht es nicht selten, dass der höhere Wert, das Leben selbst und sogar das ewige Leben, verloren geht. *Das* ist der entscheidende Verlust, auf den der Feind abzielt. Der Teufel hat auch seine Prioritäten: Das Wichtigste ist ihm, dass sich die Menschen vom Glauben ab- oder ihm gar nicht erst zuwenden.

Nicht den Glauben über Bord werfen!

Wenn eine Ehe zerbricht, muss deswegen die Bewahrung der Gottesbeziehung – zusammen mit dem Angebot geeigneter seelsorgerlicher Begleitung – höchste Priorität haben, damit keiner, der in der Ehe gescheitert ist, auch noch im Glauben Schiffbruch erleidet. Zum Glück werfen etliche Betroffene wegen des verletzenden Verhaltens von Christen nicht ihren Glauben, sondern nur ihre Gemeindemitgliedschaft über Bord. Viele von ihnen sind allerdings langfristig geistlich inaktiv und gehen als Mitarbeiter für das Reich Gottes verloren. Anderen, die erfreulicherweise irgendwann wieder Mut zum Dienst finden, wird jedoch bisweilen der Zugang zu entsprechenden Aufgaben für immer verweigert.

Warum muss zusätzlicher Schaden durch Herabsetzungen in der Gemeinde angerichtet werden?

Der Schaden einer zerstörten Ehe ist für die Betroffenen, ihre Kinder und ihr Umfeld tragisch und demütigend genug. Warum muss zusätzlicher Schaden durch Herabsetzungen in der Gemeinde angerichtet werden? Wie soll es Kindern gelingen, ihre Eltern nach der Trennung zu ehren und respektvoll zu behandeln, wenn selbst die Gemeinde dazu nicht in der Lage ist? Wir sollten als Volk Gottes dem Teufel trotzen und sagen: Bis hierher und nicht weiter! Der Schaden muss nicht größer gemacht werden, als er ohnehin schon ist. Der Teufel will nicht nur Ehen, sondern auch die daraus erwachsenen Kinder und ihren Glauben zerstören. Deswegen schließt sich an den Abschnitt über die Ehescheidung bei Markus und Matthäus der über die Kindersegnung an, in dem es heißt, dass wir es den Kindern nicht extra schwer machen sollen, ins Reich Gottes zu gelangen. Es ist für Scheidungswaisen schwer genug, ein positives Vaterbild Gottes zu entwickeln bzw. zu bewahren, Vater und Mutter zu ehren und die Trennung ihrer Eltern zu verkraften. Das weitere Verhalten ihrer Eltern und der Gemeinde darf ihnen nicht noch weitere Lasten auferlegen. Solange aber das Thema Scheidung tabuisiert wird und wir Geschiedene stigmatisieren, können wir keinen aktiven Beitrag zur Schadensbegrenzung leisten.

3. Göttliches Prinzip und alttestamentliches Gesetz

Jesus prangert das Verhalten der Pharisäer an, die anderen Lasten auflegen, die sie selbst nicht tragen können (Lukas 11,46). Bei Jesus ist es umgekehrt. Er trug die Last unserer Sünde und macht seine Last für uns leicht (Matthäus 11,30). Zu den Pharisäern spricht Jesus über grundsätzliche göttliche Prinzipien, nicht über das Gesetz. Die Pharisäer wiederum sind unter Berufung auf das Gesetz vom Grundsatz Gottes abgewichen, da sie *die wichtigeren Dinge* außer Acht gelassen haben: *das Gericht, die Barmherzigkeit und den Glauben* (Matthäus 23,23). Die Auseinandersetzung Jesu mit den Pharisäern zeigt: Man kann durch Gesetzlichkeit den Grundsatz Gottes aus den Augen verlieren. Das geschieht zum Beispiel, wenn Geschiedenen lebenslänglich die Last des Singledaseins auferlegt wird. Wie passt das damit zusammen, dass Johannes schreibt: *Seine Gebote sind nicht schwer* (1. Johannes 5,3)? Zu den *wichtigeren Dingen* gehört auch *das Gericht*, das stimmt wohl; es gilt aber auch denen, die *die Barmherzigkeit und den Glauben* nicht berücksichtigt haben, sei es als von Scheidung Betroffene, aber auch als selbst ernannte Richter.

Gottes Grundgesetz verwirklichen

Ein Beispiel für den unterschiedlichen Umgang mit einem Grundsatz und dem Gesetz gibt Paulus. Er kämpft für den Grundsatz, dass wir aus Gnade errettet sind, und wendet sich deswegen gegen die Beschneidung von Heiden (Galater 5,2). Andererseits beschneidet er aus Rücksichtnahme entgegen seinem eigenen Prinzip seinen Schüler Timotheus, der auch judenstämmig war, um das Grundgesetz der Liebe nicht zu verletzen (Apostelgeschichte 16,3). Ebenso erwähnt er an einer Stelle das Prinzip, dass nicht wieder geheiratet werden darf, solange der erste Partner lebt (Römer 7,1-3). Auf der anderen Seite ermöglicht er im erwähnten Fall Scheidung und Wiederverheiratung, da er sagt: Er oder sie ist nicht mehr gebunden (1. Korinther 7,15); das kann nur heißen, dass eine erneute Heirat möglich ist, auch wenn der erste Partner noch lebt.

Die Apostel hatten also keine »08/15«-Lösungen und -Gesetze, weder in eine freizügige noch in eine sehr gesetzliche Richtung, sondern nahmen ihre seelsorgerliche Verantwortung vor Gott im Einzelfall wahr. Sie standen zum Beispiel in heidenchristlichen Gemeinden anderen und neuen Fragen gegenüber als denen, die sich innerhalb des Judentums stellten. Paulus' Ziel war, Gottes Grundgesetz zu verwirklichen. So konnte er, was die Ehescheidung angeht, zu dem über Jesu Worte hinausgehenden Rat kommen, dass ein Christ die vom nichtgläubigen Partner angestrebte Scheidung akzeptieren und frei sein soll. Wurde die bei Lukas und Markus sehr absolut erscheinende Formulierung zur Scheidung bereits durch die beiden Stellen im Matthäus-Evangelium relativiert, stellt die von Paulus genannte Ausnahme erneut eine wichtige Ergänzung dar.

Hier wird aber auch ein Prinzip ähnlich dem Verhältnis von Grundgesetz und Bürgerlichem Gesetzbuch deutlich. Die Einzelbestimmungen basieren auf Grundsätzen. Sie ersetzen nie die Entscheidungsfindung im Einzelfall, der jedoch immer in Übereinstimmung mit dem Grundgesetz bearbeitet werden muss. Selbst wenn man glaubt, dass die Offenbarung Gottes mit dem Abschluss des Neuen Testaments abgeschlossen ist, ist eine Anwendung des hier vorliegenden Prinzips in der Seelsorge ratsam. Obwohl Jesus nicht nur der Messias der Juden, sondern der Retter der ganzen Welt ist, galt sein Wirken in seinen Erdentagen seinem Volk. Er war zu den *verlorenen Schafen des Hauses Israel* (Matthäus 15,24) gesandt. Daher sind seine Auseinandersetzungen insbesondere mit den führenden Juden nur auf dem Hintergrund des Alten Testaments und der rabbinischen Schulen verstehbar. Für Paulus wiederum stellten sich andere Fragen, die Jesus gar nicht kommentiert hatte. Wir sind als Christen des 21. Jahrhunderts mit Fragen gerade ethischer Art konfrontiert, die andere Generationen so nie hatten bzw. die weder Jesus noch Paulus ausdrücklich behandelten. Um sie zu beantworten, müssen wir die Prinzipien aus dem Wort Gottes auf unsere Zeit anwenden.

Paulus' Ziel war, Gottes Grundgesetz zu verwirklichen.

Petrus und Kornelius

Normalerweise wird ein Christ Skrupel haben, sich auf einen Weg einzulassen, der augenscheinlich im Widerspruch zu einer bestimmten Bibelstelle steht. So ging es Petrus – erst nach mehrfachen göttlichen Offenbarungen war er bereit, das mosaische Speisegebot außer Acht zu lassen und so die Tür für die Bekehrung der Heiden zu öffnen (Apostelgeschichte 10,9-20.28). Später musste er sich dafür bei seinen Brüdern in Jerusalem rechtfertigen. Dabei war sein stärkstes Argument nicht theologisch, sondern empirisch: Gegen die bestehende Lehre stellte sich Gott durch seinen Heiligen Geist zu dem, was Petrus gewagt hatte, und zu den ersten Jüngern aus den Nationen (11,1-18).

Die theologische Dramatik, die sich bei Petrus im Zusammenhang mit dem Besuch bei dem römischen Hauptmann Kornelius abspielte, ist für uns heute kaum nachvollziehbar. Lediglich die Reaktionen der mitgereisten Judenchristen geben uns eine Vorstellung von der Brisanz des Geschehens (Vers 45). Die Vision, in der Petrus aufgetragen wurde, unreine Tiere zu essen (Verse 14), war für Petrus selbst so ungeheuerlich, dass er später in das alte Fahrwasser zurückfiel und die neue Erkenntnis verleugnete. Im ersten Fall wurde er von den judenchristlichen Hardlinern gemaßregelt, im zweiten Fall von Paulus (Galater 2,12.14). In unserem Zusammenhang ist hier vor allem der Umgang mit dem Gesetz interessant und der Prozess, in dem sich bei Christen und insbesondere Leitern über den Weg der Erfahrung Erkenntnishorizont und Theologie verändern.

Keine leichtfertige Entscheidung

Entscheidend an dem Zusammentreffen von Petrus und Kornelius ist sicher, was auch die Pharisäer bereits (resignierend) erkannten: *Dass wirklich ein deutliches Zeichen durch sie geschehen ist, ist allen offenbar (…), und wir können es nicht leugnen* (Apostelgeschichte 4,16). Gemeint ist die ehrliche Einsicht, dass Gott hier am Werk war und das sehr ungewöhnliche Treffen von Petrus mit den Heiden gewollt, arrangiert und durch seinen Segen bestätigt hat. Das war es ja auch, was die Kritiker des Petrus schließlich zum Schweigen brachte (Apostelgeschichte 11,18). Deswegen mag es auch sein, dass Gegner der Wiederheirat erst durch eigene leidvolle Erfahrungen oder solche in ihrer nahen Umgebung dahin gelangen, ihre rigorose und undifferenzierte Sicht zu überprüfen.

> Es mag sein, dass Gegner der Wiederheirat erst durch eigene leidvolle Erfahrungen oder solche in ihrer nahen Umgebung dahin gelangen, ihre rigorose und undifferenzierte Sicht zu überprüfen.

Im Unterschied dazu wurde Petrus von der inneren Überzeugung zurückgehalten, nichts Unreines anrühren zu dürfen. Daher musste er angesichts der Mittagszeit und des vielleicht schon duftenden Essens bei seiner Vision vermuten, dass es sich um eine Anfechtung handelt. Er ging keineswegs unüberlegt und mit fliegenden Fahnen auf etwas zu, was ihm als Gesetzesübertretung erschien, sondern hatte größte Skrupel. Vielleicht ahnte er aber auch bereits den Ärger, den er von seinen Weggenossen und den anderen Aposteln zu erwarten hatte und der ja auch nicht lange auf sich warten ließ. Um ihre Echtheit zu bestätigen, musste sich die Vision mehrmals wiederholen. Wer gelernt hat, gewissenhaft und unter Gottes Führung als Christ zu leben, wird sich nicht leichtfertig und schnell für eine Trennung, Scheidung oder erneute Heirat entscheiden. Welcher Christ möchte schon freiwillig als Geschiedener für den Rest seines Lebens vielleicht das Wort Gottes und ganz sicher einen Teil der frommen Christenheit gegen sich haben?

Mancher mag einwenden, dass die Speisevorschriften, die Petrus im Auftrag Gottes missachtete, nicht so wichtig sind wie das Ehebruchsverbot. Man muss sich aber klar machen, dass die Beachtung bzw. Nichtbeachtung der Reinheits- und Speisegebote für das tägliche Leben der neuen Gemeinden von enormer Bedeutung war. Jedenfalls hat Petrus durch seinen Gehorsam gegenüber dem ungewöhnlichen Reden des Heiligen Geistes für immer die ungezwungene Gemeinschaft von Juden- und Heidenchristen ermöglicht. Dadurch wird aber auch deutlich, dass Gott, der Gesetzgeber, immer noch Herr über sein eigenes Gesetz bleibt. Sogar ein Polizist kann durch Handzeichen eine Ampelanlage oder durch Blaulicht Vorfahrtsregeln außer Kraft setzen. Darf Gott, der nicht Hüter, sondern Geber des Gesetzes ist, nicht auch in bestimmten Fällen Ausnahmen und sogar grundsätzliche Veränderungen herbeiführen? Das kommt für ordnungsliebende Menschen, die sich im Verkehr von der Frage leiten lassen, wer im Recht ist, einer Katastrophe gleich. Aber manchmal muss ein Krankenwagen eben auch eine rote Ampel überfahren, wenn es um ein Menschenleben geht.

Alter und Neuer Bund

Für unsere Thematik spielt die angemessene Anwendung alttestamentlicher Gebote auf Menschen des Neuen Bundes eine Rolle. Wir haben zu Anfang geklärt, dass dabei nicht der Inspirationscharakter der Bibel infrage gestellt wird. Es geht vielmehr darum, wer wann was an wen geschrieben hat. Dabei ist der Übergang vom Alten zum Neuen Bund besonders zu beachten. Im Hebräerbrief werden die Verordnungen des Alten Bundes, ja der Bund selbst zwar nicht für ungültig, aber doch für überholt erklärt. Gleichzeitig hält Gott seine Treuezusage für das Volk, dem die Gesetze gegeben worden sind, aufrecht. Auch hier sehen wir, dass die Quelle des Gesetzes, nämlich die Treue Gottes, bedeutungsvoller ist als das Gesetz selbst. Obwohl in respektvollen Worten über die Ordnungen des Alten Bundes gesprochen wird, macht der Hebräerbrief klar: Es kann sich nur um eine vorläufige Ordnung und einen unvollkommenen Bund gehandelt haben, sonst hätte Gott nicht *eine bessere Hoffnung* verheißen und den Alten Bund nicht *für veraltet erklärt* (7,18-19; 8,6-7.13). Das alttestamentliche Gesetz hat für eine gewisse Zeit vieles geregelt, insbesondere für das Volk Israel, hat aber *nichts zur Vollendung gebracht* und führt auch heute nicht zum Ziel.

Der entscheidende Unterschied des Neuen und *besseren Bundes* gegenüber dem Alten ist zum einen der vollkommene, ewige Hohepriester Jesus Christus mit dem ewig gültigen und vollkommenen Opfer seines eigenen Blutes. Zum anderen erlangen wir im Neuen Bund Erkenntnis nicht durch gegenseitige Belehrung, sondern indem der

Heilige Geist Gottes Willen und unsere Sünde offenbart – falls wir das zulassen (8,8-11). Diesen neuartigen Bund hat Jesus mit dem Abendmahl eingesetzt. Sein Symbol ist der Kelch: Er verweist auf die Vergebung der Sünden durch das Blut Jesu, *das besser redet als das Blut Abels*, der von seinem Bruder Kain ermordet wurde (12,25). Dieses Blut spricht von Versöhnung statt Rache, von Gnade statt Gericht. Es fällt übrigens auf, dass nach den Worten Jesu weder ein Buch noch eine Lehre, sondern dieser Gemeinschaftskelch *das Neue Testament* ist (Lukas 22,20; 1. Korinther 11,25; LB 1964). Natürlich ist auch das Neue Testament in Schriftform ein authentisches Zeugnis dieses Bundes, aber den durch das Opfer Jesu geschlossenen Bund gab es schon, bevor »das Buch zum Bund« geschrieben wurde, also unabhängig davon. Dieser Bund, der auf Vergebung basiert, und Jesus, das Subjekt dieses Bundes, ist das Wichtigste am ganzen Neuen Testament.

Neuer Bund und Gebote

Warum soll man dann überhaupt noch nachsinnen *über sein Gesetz Tag und Nacht* (Psalm 1,2), wenn der Alte Bund inhaltlich überholt ist? Seine Weisung zu beachten, zu bewahren und an ihr festzuhalten, meint nicht ausschließlich, sie buchstäblich zu befolgen und umzusetzen. Wir sind als Christen in der glücklichen Lage, den Urheber des Gesetzes zu kennen und in Beziehung mit ihm zu leben. Daher gehört zu einer betenden, glaubenden und über das Gebot und das Wort Gottes nachsinnenden Haltung das Interesse am Gesetzgeber. Dann will ich aber auch dem Gesetz und der Offenbarung Gottes im Alten Bund ganz anders nachspüren; ich will es verstehen, um es im Sinne des Erfinders für mich anzuwenden. Dazu gehört beim Thema Scheidung und Wiederheirat, fragend an den Geboten festzuhalten, sie in ihrer Aktualität zu bewahren und sie nicht ad acta zu legen in der Meinung, sie längst verstanden zu haben. Gerade für die Teilhaber am Neuen Bund ist dieser beziehungsorientierte Ansatz unerlässlich. Er bestimmt das ganze geistliche Leben: Gott interessiert immer das Herz. Wenn ich eine Ordnung, eine Liturgie, eine Frömmigkeitsform nicht mehr mit Glauben füllen kann, wird sie wertlos und kann sogar zum Ersatz für die Gottesbeziehung werden. Auch alle möglichen Gewohnheiten und Rituale in einer Ehe können zu einer wertlosen Form werden, wenn die Liebe nicht mehr da ist.

Wenn Gott und die Gebote gleichermaßen beachtet werden, dann kann es nicht zu einer Haltung kommen, die sich schließlich gegen den Gesetzgeber richtet, wie Jesus in Bezug auf das Sabbatgebot immer wieder aufgedeckt hat. Nach seiner Auffassung soll der Sabbat dem Menschen Erleichterung bringen. Es hätte für Jesus bedeutet, *Böses zu tun* (Lukas 6,9), wenn er den Kranken am Sabbat nicht geholfen und Heilung bewusst verweigert hätte. Seine erste Motivation war nicht, die Gegner zu provozieren, sondern das Leid der Menschen zu besiegen und die *Werke des Teufels zu zerstören* – und sei es am Sabbat (Lukas 13,16; 1. Johannes 3,8b). Zu der damaligen Zeit hatten die Rabbiner bereits durch viele zusätzliche Einzelanweisungen den Sinn des Ruhetages entleert und ihn jeglichen Segens beraubt. Ihnen ging es nur noch um eine religiöse Diskussion und die Erfüllung des Gebotes als Selbstzweck, wodurch man sich und Gott gegenüber seine Gerechtigkeit beweisen will.

Vom Gesetz zum Gebot

Im Neuen Testament verschieben sich auch in der Wortwahl die Akzente, die den Unterschied von Altem und Neuem Bund deutlich machen. Während Paulus viel über das Gesetz und unsere Stellung dazu schreibt, gebraucht Jesus diesen Begriff für die fünf Bücher Mose, die Thora, oder überhaupt für das Schrift gewordene Alte Testament inklusive der Gebote (Matthäus 5,17; Lukas 10,26; 24,44). Jesus fasst das gesamte Gesetzeswerk einschließlich der Propheten in der Grundanweisung zusammen, Gott und einander zu lieben (Matthäus 7,12; 22,36-40). Auch Paulus betrachtet *Liebe aus reinem Herzen und gutem Gewissen und ungeheucheltem Glauben* als *das Endziel der Weisung* bzw. des Gebotes. Er sieht die Gefahr in der unsachgemäßen Anwendung des Gesetzes, das gar *nicht für einen Gerechten bestimmt ist, sondern für Gesetzlose und Widerspenstige* (1. Timotheus 1,5.8-9). Wenn wir diese Zielrichtung des Gesetzes im Auge behalten, werden wir vor falschem Umgang mit dem Gesetz bewahrt (Matthäus 23,23).

Zum Neuen Bund passt nach den Worten Jesu und denen des Apostels Johannes in seinen Briefen mehr der Begriff *Gebot* bzw. *Anweisung*. Johannes schreibt, dass *seine Gebote*, also seine Anweisungen, *nicht schwer* auf uns liegen und unerfüllbar, sondern erfüllbar und umsetzbar sind (1. Johannes 5,3). Das ist möglich, wenn sie als Anleitungen zum Leben, als Weisungen des liebenden Hirten wahrgenommen und akzeptiert werden. Der Schlüssel zum Halten seiner Gebote ist die Liebe zu Jesus und zu Gottes Kindern (Johannes 15,21). Wenn das Endziel der Gebote *Liebe aus reinem Herzen* ist, dann besteht Sünde darin, dieses Ziel zu verfehlen, sei es mit Gottlosigkeit oder mit Gesetzlichkeit. Zum besseren Verständnis hilft vielleicht ein Vergleich mit dem Schießsport. Beim Schießen müssen Kimme und Korn sich mit dem Ziel decken. Wenn man dieses Bild überträgt, bedeutet das: Die Kimme wäre mein Verhalten, Korn das Gebot. Mein Verhalten soll so mit dem Gebot Gottes in Einklang gebracht werden, dass ich das Endziel erreiche. Das Gebot richtet also mein Verhalten aus und hilft mir zu zielen.

Der Neue Bund führt also weg von der Konfrontation mit dem Gesetz, dessen *Buchstabe* mich fertig macht und *tötet* (2. Korinther 3,6b), hin zum Erretter und Hirten meiner Seele, der mir Rat, Weisung und lebendiges Wasser gibt. Daher entscheiden sich Gehorsam und Ungehorsam nicht mehr am Buchstaben, sondern daran, ob ich auf die Stimme des Guten Hirten höre und ihr folge (Johannes 10,27). Denn ebenso wenig wie mich der Buchstabe eines vermeintlich übertretenen Gebotes aus dem Alten Testament noch töten kann, entlastet es mich im Falle eines Ungehorsams, kein schriftlich fixiertes Gebot übertreten zu haben. Selbst wenn wir *dies alles von (…) Jugend an* gehalten hätten, würden wir wie der reiche Jüngling Jesus fragen: *Was fehlt mir noch?* (Matthäus 19,20; Markus 10,20). Diese Frage folgt in den Evangelien der Passage über die Ehescheidung – des-

> Gehorsam und Ungehorsam entscheiden sich nicht mehr am Buchstaben, sondern daran, ob ich auf die Stimme des Guten Hirten höre.

wegen sei die Folgerung erlaubt, dass es eben auch nicht genügt, für eine gelingende Ehe lediglich die Gebotsübertretung zu vermeiden. Wir wollen doch im Neuen Bund nicht durch das *Gesetz gerechtfertigt werden*, sondern *aus der Gnade* durch den Glauben (Galater 5,4-5).

Sind wir wirklich frei vom Gesetz?

Der Geber des Gesetzes ist derselbe wie der, der uns davon freigemacht hat. Der Gott des Neuen Bundes ist auch der Gott des Alten Bundes. Allerdings hat sich der Begriff des Bundesvolkes verändert und erweitert. Im Neuen Bund befinden sich einerseits Angehörige des Alten Bundes, die unter dem Gesetz gewesen sind und später davon freigemacht wurden, sodass sie nicht mehr alle Detailvorschriften erfüllen müssen; andererseits aber auch die, die nie unter dem Gesetz waren, die so genannten Heidenchristen. Sie haben von vornherein eine unverbindliche Stellung zum Gesetz des Alten Bundes, dem sie ja nie angehörten.

Als einige Pharisäer, die an Jesus glaubten, die Beschneidung der Heidenchristen und ihre Verpflichtung auf das mosaische Gesetz forderten, gab es heftige Diskussionen in der Jerusalemer Gemeinde. Unter der Inspiration des Heiligen Geistes wurde ein Minimalkonsens gefunden: Er umfasste unverzichtbare Bestandteile des Gesetzes, die auch für Heidenchristen gelten sollten. Dazu gehörte auch, sich *von Unzucht zu enthalten* (Apostelgeschichte 15,5.18-20.28-29). Später warnte Paulus die Galater vor dem Rückfall unter das Gesetz. Er hielt ihnen vor Augen, dass sie das ganze Gesetz mit seinen 613 Einzelgeboten zu halten hätten, wenn sie sich durch ihre Beschneidung darunter stellen. Durch Jesus autorisiert wurde dagegen nur das eine Gebot, das Doppelgebot der Liebe, das alle anderen zusammenfasst. Wer das beachtet, erfüllt das Gesetz (Galater 5,3.14; Jakobus 2,8; Römer 13,9-10).

Stehen wir also unter dem Gesetz? Nein! Wir sind *nicht unter Gesetz, sondern unter Gnade* (Römer 6,14). Ein Jude, der wie Paulus *unter dem Gesetz* war und Christ wurde, war für das Gesetz *gestorben*

(Römer 7,4; Galater 2,19). In demselben Zusammenhang schreibt Paulus, dass er *denen, die ohne Gesetz sind, wie einer ohne Gesetz* geworden ist, *obwohl* er sich selbst *unter dem Gesetz Christi* stehend verstand (1. Korinther 9,21). Wir sehen also, dass die Befreiung vom Gesetz weder zur Gesetzlosigkeit noch zum Missbrauch der *Freiheit als Deckmantel der Bosheit* und *als Anlass für das Fleisch* führen muss (1. Petrus 2,16; Galater 5,13). Jesus hat sich selbst dem Gesetz unterstellt, es erfüllt und die freigekauft, *die unter dem Gesetz waren*; daher ist *Christus des Gesetzes Ende* (Matthäus 5,17; Galater 4,5; Römer 10,4).

Christen stehen also einem erfüllten Gesetz gegenüber; gleichzeitig brachte Jesus das ewig gültige Opfer für die Übertretungen des Gesetzes. Er hat unsere Sünden auf sich genommen. Nun haben sich die Verhältnisse grundlegend geändert: Früher mussten die Teilhaber am Alten Bund das Gesetz halten, das sie nicht halten konnten; das war der *Fluch des Gesetzes* (Galater 3,10-13). Daher ist der Alte Bund *ein Dienst der Verdammnis* und *ein Dienst des Todes* und der Neue *ein Dienst des Geistes* (2. Korinther 3,6-9). Jetzt im Neuen Bund leitet Gott uns durch seinen Geist, die Gebote zu halten. Das ist dann ein Ausdruck unserer Dankbarkeit, unserer Beziehung zu Gott und unseres Glaubens, durch den wir bereits gerecht geworden sind. Wenn wir aber wieder dahin zurückfallen, durch Einhaltung der Gebote vor Gott als gerecht dastehen zu wollen, begeben wir uns unter das Gesetz. Davor wie vor einer ängstlichen Beachtung der vielen Einzelvorschriften des Gesetzes und ihrer Auslegung warnt Paulus (Galater 4,10). Weil Jesus das Gesetz erfüllt hat, eliminierte er den *Fluch des Gesetzes*, es halten zu müssen, es aber nicht halten zu können. Weil der Geist uns lebendig gemacht hat, kann mich der Buchstabe des Gesetzes nicht mehr töten und verdammen.

Zehnter, Sabbat und Scheidebrief

Angesichts der Tatsache, dass weder in der Apostelgeschichte (bei den in 15,28-29 erwähnten notwendigen Stücken!) noch in den Briefen von Paulus, Petrus, Johannes, Jakobus und Judas etwas über das

Geben des Zehnten steht, ist die entsprechende Lehre in vielen Gemeinden hinterfragbar. In vielen freikirchlichen Gemeinden rangiert der Zehnte in der Bedeutung ganz oben; oft ist er Teil der Gemeindeordnung und wird strikt eingefordert. Das Gefährliche daran ist, dass die Überzeugung genährt wird, Gesetzesgehorsam führe zu Wohlergehen. Natürlich kann das freiwillige, am Zehnten orientierte Geben aus Glauben und aus Freude gesegnet sein (2. Korinther 9,7). Daher sind die Beispiele der Zehntengaben *vor* dem Gesetz bei Abraham und Jakob viel eher zur Inspiration und zum Vorbild für Gläubige geeignet, die nicht unter dem Gesetz leben. Es kann nicht angehen, dass ein alttestamentliches Gebot, das von den Aposteln nicht bekräftigt und dessen Handhabung in keiner Gemeinde des Neuen Testaments erwähnt wird, eine solche Bedeutung bekommt! Dabei gebe ich zu, dass die pädagogische Wirkung des Zehnten für einen neuen Christen oder jemanden, der aus einer steuerfinanzierten Kirche in eine freie Gemeinde wechselt, nicht zu verachten ist.

Der Sabbat ist ebenfalls ein gutes Beispiel für einen sinnvollen Umgang mit den Ordnungen des Alten Bundes. Er gehört offensichtlich nicht zur Lehre der Apostel und ist damit kein Gebot, das im Neuen Testament bestätigt wird. Wie bei der Ernährung und verschiedenen anderen Fragen hielten es daher die verschiedenen Gemeinden des Neuen Testaments und manchmal Christen in derselben Gemeinde unterschiedlich. Der eine war Vegetarier, der andere aß Fleisch. Der eine beging jeden Tag gleich, der andere hob einen Tag vor dem anderen besonders hervor (Römer 14,2.5). Das Sabbatgebot gehört zu dem im Hebräerbrief beschriebenen vorläufigen Bund. Es ist ein *Schatten der zukünftigen Güter* (Hebräer 10,1) und darf nicht Anlass sein, andere zu richten. Weder vorchristliche Ordnungen noch nach dem Neuen Testament gewachsene Traditionen und Visionen dürfen den gleichen Rang haben wie die im Neuen Testament Schrift gewordenen Offenbarungen Gottes (Kolosser 2,16-17). Abgesehen davon ist der Sieben-Tage-Rhythmus und der Ruhetag von Gott in die Schöpfung hineingelegt; es macht daher sehr viel Sinn, diesen Rhythmus einzuhalten.

Das Sabbatgebot gehört zu dem im Hebräerbrief beschriebenen vorläufigen Bund.

Gott hat den Menschen diesen Ruhetag geschenkt, um sich erholen zu können, aber auch um geistlich aufzutanken und ihn in besonderer Weise anzubeten.

Jesus und der Sabbat

Obwohl Jesus auch andere Auslegungen des Gesetzes wie die über die Berührung von Toten durch sein Verhalten massiv infrage stellte (Markus 5,41; Lukas 7,14), ist keine Auseinandersetzung von Jesus so offensiv, radikal und geradezu provokativ geführt worden wie der Streit um die Einhaltung des Sabbats. Denn an diesem Gebot wurde wie kaum anderswo deutlich, wie weit man sich von Gottes Absichten entfernen kann, obwohl man es penibel einhält. Jesu Sabbatverständnis war der erste Grund, warum die Pharisäer beschlossen, Jesus zu töten (Markus 3,6). Denn damit

- verletzte er ihr religiöses Gefühl und deklarierte ihre Mühe als unnütz,
- fiel ein typisches Druckmittel auf die Gläubigen weg,
- wurde ihre geistliche Autorität angezweifelt.

Wie reagieren wir, wenn selbstverständliche christliche Gewohnheiten infrage gestellt werden, und zwar nicht durch die heidnische Umwelt, sondern ausgerechnet durch Glaubensgenossen? Die katholische Kirche hat auf Luthers Relativierung der Ehe als Sakrament und ihrer Definition als *weltlich Ding* deshalb so heftig reagiert, weil dadurch ein Teil ihrer Macht über das Privatleben der Gläubigen verloren ging: *»Wer sagt, die Ehe sei nicht wahrhaft und eigentlich eins der sieben Sakramente des evangelischen Gesetzes, das von Christus, dem Herrn, eingesetzt wurde, sondern es sei von Menschen in der Kirche erfunden worden und teile keine Gnade mit, der sei ausgeschlossen.«*[13] Wenn ein Katholik nur vor einem Standesbeamten heiratet, geht er demnach keine vollgültige Ehe ein. Ebenso setzt sich ein Katholik, der sich von einem nichtkatholischen Geistlichen trauen lässt, der Exkommunizierung durch den Bischof aus.[14] Die Herrschaft über die Seelen wurde von der römisch-katholischen Kirche gerne über den Weg des Ausschlusses von der Kommunion ausgeübt, deren Teilnahme wiederum als unerlässlich gelehrt wird. Aber wie sieht es in bibeltreuen Kreisen aus? Lassen sich nicht auch hier ähnlich heftige Reaktionen beobachten, wenn eine überhöhte Sicht der Ehe relativiert wird?

Jesu Hauptargument gegen eine zu strikte Einhaltung des Sabbats war, dass immer das Wohlergehen des Menschen Vorrang hat. Deswegen heilte er gerne und oft am Sabbat. Er tat es ja auch an anderen Tagen. Nichts von diplomatischer Glätte gegenüber seinen Gegnern und sorgsam abgewogener Kirchenpolitik! Als der um Ordnung bemühte Synagogenvorsteher den Kompromissvorschlag macht, sich an allen sechs anderen Tagen und *nicht* ausgerechnet *am Tag des Sabbats* heilen zu lassen, kanzelt ihn Jesus gnadenlos und öffentlich mit *Heuchler!* ab. Hätte man das nicht unter vier Augen etwas freundlicher besprechen können, statt einen geistlichen Leiter so bloßzustellen? Für ihn, den Messias, wäre es »unterlassene Hilfeleistung« gewesen, die gebeugte Frau nicht von ihrer teuflischen Krankheit zu befreien (Lukas 13,10-16).

Die letzte Instanz heißt Jesus

Jesus gab dem Sabbat seinen Sinn als Feiertag zurück, indem er den Menschen die Chance gab, nicht nur ihre Gesetzestreue unter Beweis zu stellen, sondern Gott zu begegnen und ihn voller Freude zu preisen. Was erleben Menschen heute, wenn sie in Gottesdienste gehen, oder warum gehen sie überhaupt in die Kirche oder in die Gemeinde? Insgesamt gibt Jesus folgende Begründungen für einen neuen Umgang mit dem Sabbat bzw. dem Gesetz:

1. Die Priester brechen aufgrund ihres Amtes den Sabbat nicht, wenn sie am Sabbat entsprechende Opfer bringen, die Arbeit bedeuten (Matthäus 12,5).
2. Die Beschneidung wird auch am Sabbat vorgenommen, was bedeutet, dass die Gebote von unterschiedlicher Bedeutung sind, so-

dass im Zweifelsfall das eine hinter dem anderen zurücktreten muss (Johannes 7,22).

3. Jesus fragt die Pharisäer und Schriftgelehrten, die auf einen Fehler von ihm lauern: *Ist es erlaubt, am Sabbat Gutes zu tun oder Böses zu tun, Leben zu retten oder zu töten?* (Markus 3,4). Man kann also auch schuldig werden, wenn man aus einem engen Gewissen, Sicherheitsdenken oder der Angst, etwas falsch zu machen, gar nichts tut oder das normale Gefühl von Barmherzigkeit und Liebe ausschaltet.
4. Gott hält nichts von Pflichterfüllung und Opfern, die Barmherzigkeit und Liebe verdrängen (Hosea 6,6).
5. Es geht nicht nur darum, einen Gesetzesverstoß zu vermeiden. Überhaupt ist die Vermeidungsmentalität in christlichen Kreisen etwas sehr Lähmendes: Bloß nichts falsch machen! Jesus ist *gekommen*, um das Gesetz *zu erfüllen*, und zwar mit Leben, Gehorsam, Sinn und Glauben. Für ihn ging es darum, das Richtige aktiv zu tun, zu heilen, zu befreien, und das gerade auch am Sabbat.
6. Gesetzlichkeit macht nicht nur blind für die Menschen und ihre Nöte, sondern führt zur Verhärtung des Herzens. Das ist für unser Thema Scheidung wichtig, da Jesus auf der einen Seite Hartherzigkeit beklagt, die zu unnötigen Scheidungen führt (zum Beispiel weil keine Vergebungsbereitschaft da ist). Sie ist der Grund dafür, dass Mose den Scheidebrief eingeführt hat, damit nicht größeres Unrecht geschieht. Auf der anderen Seite gibt es aber auch eine Hartherzigkeit, die wie in Lukas 13 Heilung und in einem anderen Fall eine notvolle, unvermeidbare Scheidung untersagt. Wer aus Barmherzigkeit in besonderen Fällen eine Scheidung akzeptiert, muss mit der Hartherzigkeit und Verurteilung von Christen rechnen – die sich aber deswegen selbst den Zorn Gottes zuziehen (Markus 3,5). Unter Androhung von Strafe wird Menschen in Not die Hilfe verweigert, werden Seelen auf dem Altar der Gesetzlichkeit geopfert. Dabei brauchen die Kranken nicht den Richter, sondern den Arzt, der sagt: *Ich will Barmherzigkeit und nicht Schlachtopfer* (Matthäus 9,13).

All dies zu beachten, gelingt nur, wenn man von Gottes Prioritäten her lebt. Jesus selbst erklärt die am Sabbat Dienst tuenden Priester und seine Jünger, die am Sabbat Ähren ausraufen, für schuldlos; damit ist die Schuldfrage ohnehin geklärt (Matthäus 12,5-7). Ein andermal befiehlt Jesus einem Gelähmten, aufzustehen und seine Pritsche umherzutragen und damit seine Heilung zu demonstrieren, und zwar am Sabbat! Die kleinkarierten, strengen Juden um ihn herum registrieren gar nicht, was an ihm geschehen ist. Immerhin ist er nach 38 Jahren Lähmung *gesund geworden* (Johannes 5,5-10). Das ist doch ein Freudentag, der gebührend gefeiert werden muss! So weit kann es kommen, wenn wir engstirnig auf die vermeintliche Einhaltung eines Gebotes pochen: Wir können dabei übersehen, was Gott selbst gleichzeitig tut.

Dabei war Jesus keineswegs gesetzlos, auch wenn in den Augen der damaligen religiösen Führung nicht nur der Mann seine Pritsche, sondern Jesus *den Sabbat aufhob*. Denn daran, dass Jesus einen Zusammenhang zwischen der Krankheit und der Sünde dieses Menschen herstellte, kann man erkennen, dass ihm Sünde und Gesetzesübertretung keineswegs egal waren (Johannes 5,14-18). Wenn Jesus am Sabbat befiehlt: *Trag deine Pritsche weg und mache einen Rundgang!* (Vers 8; AE), dann ist das okay. Er ist die letzte Instanz, *der Herr des Sabbats*. Ihm ist das Gericht übertragen worden (Johannes 5,22). Daher entscheidet sich an ihm, was richtig und falsch ist.

Jesus ist die letzte Instanz, *der Herr des Sabbats.*

Was zählt, ist unser Herz

Für unser Thema stellt sich die Frage: Warum werden auf der einen Seite Scheidung und Wiederheirat nach dem alttestamentlichen Scheidebrief wegen der neutestamentlichen Gebotsauslegung Jesu verboten, während gleichzeitig der alttestamentliche Zehnte oft als eine der Säulen der neutestamentlichen Gemeinde gilt? Zehnter und Sabbat sind doch genauso alttestamentlich, genauso biblisch, allerdings auch genauso wenig neutestamentlich wie der Scheidebrief. Da es im Neuen

Bund immer auf unsere Motive und den Glauben ankommt, geht es an den Absichten Gottes vorbei, wenn z. B. der Zehnte aus Gesetzlichkeit, Angst oder Berechnung heraus gegeben wird. Das Gleiche gilt für eine leichtfertige Scheidungspraxis (mehr zum Scheidebrief ab Seite 86).

Jesus fordert uns gerade im Umgang mit Gesetzesvorschriften auf, *nicht nach dem Schein* und dadurch ungerecht zu urteilen, das heißt nach dem, was offensichtlich und vor unseren Augen geschieht (Johannes 7,24). Denn es kann sein, dass Menschen, deren Herz weit von Gott entfernt ist, ein Gesetz zum Schein beachten, weil sie wissen, wie sie bei den anderen Christen »Pluspunkte« sammeln können. Auf der anderen Seite können Menschen verurteilt werden, die allem Anschein nach ein Gebot nicht beachtet haben, aber unter den oben genannten Gesichtspunkten dem Willen Gottes näher waren als die anderen. Das ist ja das Verführerische an äußerlich erkennbarer Gesetzeserfüllung: Sie verleitet dazu, nur das zu sehen, *was vor Augen ist; aber der Herr sieht auf das Herz* dessen, der versucht, ein Gebot aus Liebe zu beachten (1. Samuel 16,7b). Letzten Endes gilt: Niemals darf das Wort des Herrn über den Herrn des Wortes gestellt werden. So wie der eine lernen muss, dass Jesus nie gegen sein eigenes Wort ausgespielt werden darf, so muss ein anderer einsehen, dass wir vielleicht eine Kirche des Wortes, aber vor allem die Gemeinde einer lebendigen Person sind, nämlich von Jesus.

Macht Gott Ausnahmen?

Jesus selbst bringt in einem Streitgespräch mit den Pharisäern über das Verhalten seiner Jünger die Ausnahme in Erinnerung, die der Priester Abjatar wegen David bezüglich der Schaubrote machte (1. Samuel 21,7). Der Priester wusste, dass mit Ausnahme der Priester niemand die Schaubrote essen durfte. Er wusste aber auch, dass David einer der erwählten Ausnahmemenschen Gottes war. Indem Abjatar David und seinen Leuten die Schaubrote gab, um ihren Hunger zu stillen, entschied er sich, eine Ausnahme von der Ausnahme zu machen: Er vernachlässigte eine Gesetzesvorschrift, um das Leben Davids und seiner Leute zu retten. Ein höheres Gut als die Unversehrtheit der Schaubrote stand auf dem Spiel. Der Hohepriester war nicht wie die Pharisäer zur Zeit Jesu durch eine falsche Fokussierung auf einzelne Verse und Gebote unfähig, Gottes grundlegende Absicht zu erkennen, nämlich seine *Barmherzigkeit*. Er merkte sofort, dass hier eine höhere Priorität in Gefahr war: Leib und Leben des Gesalbten Gottes. Deswegen nahm er eine Gesetzesübertretung in Kauf.

Das Gesetz regelt den Normalfall und schützt zum Beispiel die Schaubrote vor unbedachtem, leichtfertigem Zugriff. Ebenso schützt das Ehebruchverbot vor leichtfertiger Scheidung und Wieder(ver)heirat, die zur Zeit Jesu üblich waren. Wie Jesus der Herr des Sabbatgebotes ist, ist er auch der Herr des Ehebruchverbotes, das zum Schutz für den Menschen gemacht ist und nicht umgekehrt. Die Gebote sind den Menschen zum Segen und Schutz gegeben. Jesus kann als Herr darüber befinden, ob eine Beachtung des Gebotes eventuell Schaden anrichten würde (wie bei David).

Bei Markus heißt es in Bezug auf die Schaubrote: *die außer den Priestern niemand essen darf* (Markus 2,26). Diese Formulierung erinnert an die von Jesus genannte Ausnahme zum Scheidungsverbot *außer wegen Unzucht* (Matthäus 19,9). So wie die Priester auf das Essen der Schaubrote verzichten konnten, muss im Fall von ehelicher Untreue nicht automatisch diese Ausnahme in Anspruch genommen und die Ehe geschieden werden. Ebenso kann es wie bei David und den Schaubroten aber auch bei einer Scheidung zu einer Ausnahme kommen, ohne dass die Regel und das Gesetz damit grundsätzlich aufgehoben werden.

Wie Jesus der Herr des Sabbatgebotes ist, ist er auch der Herr des Ehebruchverbotes, das zum Schutz für den Menschen gemacht ist und nicht umgekehrt.

Eine Ausnahme als Notlösung

In direktem Zusammenhang, nämlich direkt vor der Geschichte über das Ährenausraufen am Sabbat, steht der Ruf und die Einladung Jesu an die *Mühseligen und Beladenen*, unter sein sanftes und erträgliches

Joch zu kommen. In Seinem Erbarmen begegnet Jesus der Not von Menschen und nimmt ihnen die von Menschen auferlegten *unerträglichen Lasten.* Daher sollen wir nicht Gott kritisieren, indem wir erneut *auf den Hals der Jünger ein Joch* legen, *das weder unsere Väter noch wir zu tragen vermochten* (Apostelgeschichte 15,10). Dazu gehört für mich das Joch der Ehelosigkeit nach gescheiterter Ehe.

Aus dem Abschnitt in Matthäus 12 lassen sich für unser Thema folgende Einsichten gewinnen:

- Weil die Jünger Hunger hatten, war das nach 5. Mose 23,26 grundsätzlich erlaubte Ährenausraufen für Jesus auch am Sabbat in Ordnung. Würde der Herr des Sabbats ganz anders entscheiden, wenn die im nächsten Vers zugestandene Entlassung mit Scheidebrief (5. Mose 24,1) ebenso durch eine besondere Not begründet wäre?
- Die Ausnahme, die für David und seine Männer gemacht wurde, hat nichts mit frevlerischer Eigenmächtigkeit zu tun, sondern hängt unmittelbar mit einer Not zusammen. Es gibt also nicht nur Ausnahmemenschen, sondern auch Ausnahmesituationen, die besondere Lösungen erfordern.
- David befand sich auf der Flucht vor dem König, der auch sein Schwiegervater war. Das bedeutete für ihn, letzten Endes *um des Reiches Gottes willen* seine erste Frau zu *verlassen.* Während er das tat, verließ der Herr ihn nicht, sondern stellte sich schützend zu ihm und half ihm in seiner Not durch den Hohepriester.
- Der Priester Abjatar machte es sich nicht leicht und äußerte seine Bedenken, sah aber keine Alternative und gab ihm schließlich das heilige Brot. Die einzige Bedingung war: Davids Männer mussten rein sein (1. Samuel 21,5-7). Daher meine ich, dass auch die aus schwerer Not getroffene Entscheidung, eine Ehe zu beenden, seelsorgerlich und priesterlich begleitet werden kann, wenn nicht unbereinigter Ehebruch und Unreinheit im Spiel sind.
- Abjatar hat auf vorbildliche Weise besonnen und in Verantwortung vor Gott entschieden. Gerade zu einem glaubwürdigen und ernsthaften Umgang mit der Schrift und den Geboten gehört es, immer wieder abzuwägen und zu hinterfragen, darüber zu beten und auf

den Heiligen Geist zu hören. Die daraus erwachsenden Entscheidungen werden nicht nur Gesetzestreue erkennen lassen (was manchmal der allzu bequeme Weg ist), sondern ebenso Augenmaß, Liebe zu Gott und Liebe zu den Menschen. Zu schnell haben sich etliche Gemeinden solcher unangenehmen »Fälle« entledigt und damit gleichzeitig wertvolle Christen verloren, die Christus mit seinem Blut erlöst und für sein Reich gewonnen hat. Wir kommen als Christen immer wieder in Situationen, in denen wir unterschiedliche Pflichten gegeneinander abwägen und sich scheinbar widersprechende biblische Wahrheiten zusammenbringen müssen.

- Es wird nirgends erwähnt, dass die Schaubrote in den darauf folgenden Jahrzehnten regelmäßig im Hause Davids auf den Tisch gekommen sind. Daher ist auch die Sorge unberechtigt, es könne zu einem Dammbruch kommen, wenn in einem Einzelfall nicht mit eiserner Strenge, sondern scheinbar zu barmherzig vorgegangen wird.
- Das von den Pharisäern beanstandete Ährenausraufen der Jünger am Sabbat beruhte lediglich auf einer Auslegung des Sabbatgebotes und war insofern nicht eindeutig eine Gesetzesübertretung. Wie oft werden im Zusammenhang mit Scheidung und Wiederheirat Verhaltensweisen als Gesetzesbruch gebrandmarkt, die gar nicht eindeutig den Geboten Gottes, sondern lediglich deren menschlicher Auslegung widersprechen! Das Essen der Schaubrote war jedoch gravierender, weil es tatsächlich eindeutig gegen eine Gesetzesvorschrift verstieß (3. Mose 24,9). Aber sogar hier war es möglich, dass weder David noch der Priester schuldig wurden. Das heißt, dass wir selbst in vordergründig eindeutigen Fällen mit Bewertungen zurückhaltend sein sollten.
- König Saul beschuldigte sowohl den Priester als auch David. Deshalb bezahlte der Hohepriester seine Barmherzigkeit mit dem Leben, während das von David verschont blieb (1.Samuel 22,11-19). So können auch heute wie Todesurteile anmutende Bewertungen von Scheidungen und Zweitehen durch verantwortliche Leiter im Gegensatz zu Gottes Urteil stehen und für den Einzelnen zu Katastrophen führen.

Das Gesetz als Pädagoge

Der Mensch braucht für sein praktisches Leben Ordnungen. Kinder brauchen sie in Erziehung und Entwicklung, um sich orientieren zu können. Sie sind aber nicht wie die »preußische Ordnung« Selbstzweck. Die Gebote begrenzen wie ein Zaun den guten Weg, wie Luther es einmal formulierte, und sie beschreiben gleichzeitig unsere Grenzen gegenüber der Freiheit des anderen. Auch die Natur hat Gott bestimmten Ordnungen unterworfen. Er selbst untersteht ihnen aber nicht. Der Mensch tut seinerseits gut daran, sich nach ihnen zu richten, obwohl er auch erleben kann, wie Gott immer wieder seine eigenen Ordnungen zum Beispiel für ein Wunder außer Kraft setzt.

Als die Apostel in Jerusalem sich auf die auch für Heidenchristen relevanten Bestandteile des mosaischen Gesetzes verständigten, hatten sie gleichzeitig die erzieherische und gewissensbildende Wirkung der fünf Bücher Mose vor Augen, die in ganz Europa verbreitet waren und in den Synagogen vorgelesen wurden (Apostelgeschichte 15,21). Aus dem gleichen Grund (und aus vielen anderen) ist es für Christen gut, das Alte Testament zu lesen. In Galater 3,24-25 weist Paulus dem Gesetz genau diese Funktion als Erzieher zu. Aber es handelt sich nur um einen Pädagogen mit einem zeitlich begrenzten Auftrag, das heißt: Er hat in dem Moment sein Ziel und seine Gültigkeit erreicht, wenn der Lehrende zu einem mündigen, eigenständigen Glauben gelangt ist.

In Bezug auf die alttestamentlichen Gebote hilft die Unterscheidung zwischen Geboten, die das kultische und soziale Leben der Israeliten regelten und insofern zeit-, personen- und ortsabhängig waren, und solchen, die in der Person und im Wesen Gottes direkt begründet und daher zeit- und ortsunabhängig sind. Wenn Gott durch Mose im Alten Bund mitteilen ließ, was ihm ein Gräuel ist, wird es im Neuen Bund kaum sein Wohlgefallen finden. Es widerspricht zum Beispiel Gottes Schöpfungsabsicht, wenn ein Mensch sexuell mit einem Tier, seinen nächsten Verwandten oder einer gleichgeschlechtlichen Person verkehrt; da ist es egal, ob es sich um einen Israeliten oder einen Angehörigen eines anderen Volkes handelt. Wenn ich Gott liebe, werde ich mich dafür interessieren, was ihm erklärtermaßen gefällt oder was er unausstehlich findet. Dabei ist es unerlässlich, die Gebote im Blick auf verschiedene Kulturen und Zeitepochen angemessen auszulegen. Dass manches, was es in alttestamentlicher Zeit einfach noch nicht gab (wie zum Beispiel das Internet), nicht ausdrücklich verboten wird, ist ebenso wenig ein Freibrief wie die unreflektierte Anwendung eines alten Gebotes (wie zum Beispiel der Fußwaschung) auf heutige, ganz andersartige Verhältnisse. Es ist wichtig und eine Hilfe, den Kontext eines Gebotes zu beleuchten und die Grundprinzipien Gottes in Bezug auf Einzelanweisungen und Einzelsituationen herauszuarbeiten.

> Es ist unerlässlich, die Gebote im Blick auf verschiedene Kulturen und Zeitepochen angemessen auszulegen.

Wenn aber die Freiheit vom Gesetz zur Abhängigkeit vom Zeitgeist und vom eigenen Ego führt, ist etwas schief gegangen. Auch wenn alles erlaubt sein sollte, soll mich nichts gefangen nehmen (1. Korinther 6,12; 10.23). Die Freiheit vom Gesetz muss von der Rücksichtnahme auf andere flankiert werden. Dabei geht es also nicht um die Frage, ob ein Verhalten als Sünde zu bewerten ist, sondern was dem Wohl des anderen dient.

Teil 2:

Ehe und Ehescheidung in Geschichte und Gegenwart

4. Ehepaare im Alten und Neuen Testament

Es ist spannend, die Bibel nach Ehepaaren zu durchforsten, deren Beziehung etwas näher beschrieben wird. Im Neuen Testament erfahren wir über das Privatleben der namentlich genannten Christen fast gar nichts, im Alten Testament ist die Ausbeute größer, aber dadurch auch ernüchternder. Das hängt natürlich mit den bereits erwähnten biblischen Zeiten, anderen Gesellschaftsstrukturen und Kriterien für das Gelingen einer Ehe zusammen. Man muss daher auch berücksichtigen, dass grundsätzlich ungewöhnliche, herausragende und daher erwähnenswerte Aspekte in das Alte und Neue Testament Eingang gefunden haben. Machen wir uns auf die Suche!

Vom Paradies bis Noah

Mit Adam und Eva fing alles an; sie führten die erste Ehe, bei ihnen begann nach dem Sündenfall auch die Fortpflanzung und der Geschlechterkampf. An der Paradiesgeschichte lässt sich die Prioritätenliste des Teufels gut erkennen: Sein erstes Ziel war es, die Beziehung der Menschen zu Gott, das zweite ihre Beziehung untereinander zu zerstören. Adam machte die furchtbare Erfahrung, welche negative Folgen es hat, Gott weniger zu gehorchen als Menschen: Die Frau, die ihm eine *Hilfe* sein sollte, »half« dem Teufel, ihn zu Fall zu bringen. Die Frau wiederum entschied sich gegen die Stimme des Mannes, der ihr die an ihn direkt gerichteten Worte Gottes mitgeteilt haben musste, und für die Stimme der Schlange (1. Mose 2,16-18). Man kann durchaus erwägen, ob Adam den Dialog Evas mit der Schlange von vornherein durch aufmerksame Zuwendung zu seiner Frau hätte unterbinden können. Tatsache ist, dass daraus der Anfang einer »unendlichen Geschichte« von Unterdrückung und Manipulation wurde. Statt Verantwortung für sein Fehlverhalten zu übernehmen, gab Adam Gott die Schuld, der ihn augenscheinlich in Bezug auf die Partnerwahl bevormundet hatte: *Die Frau, die du mir gegeben hast …* (1. Mose 3,12).

Es ist erschütternd, dass man schon beim ersten Menschenpaar trotz »paradiesischer« Voraussetzungen nicht von einer gut funktionierenden Ehe sprechen kann und so auch in dieser Hinsicht von den ersten Menschen ein langer Schatten auf alle nachfolgenden Generationen fällt. Gott hatte allerdings verheißen, dass durch Evas Nachkommen der Fehler eines Tages wieder gutgemacht werden sollte. Daher leuchtet es ein, dass die Fruchtbarkeit der Menschen in der Segenslinie des Alten Bundes eine besondere Bedeutung hatte und oft so umkämpft war.

Von Lamech wird berichtet, dass er sich zwei Frauen nahm, vor denen er sich mit seiner Brutalität und Unmäßigkeit brüstete (1. Mose 4,19.23-24). Das starke Geschlecht demonstriert hier wie schon Kain in ungeistlicher Weise und an der falschen Stelle seine körperliche Überlegenheit. Aber Muskelkraft kann die schon Adam fehlende innere Stärke, mit der er sich Eva und der Schlange gegenüber hätte durchsetzen sollen, nicht ausgleichen. Mit Lamech begann eine Zeit wachsender moralischer Dekadenz, sodass Gott zur Zeit Noahs das vernichtende Gericht über die Menschheit beschloss. Man kann nicht davon ausgehen, dass die Gedanken der Menschen *den ganzen Tag nur böse* waren, während sie gleichzeitig gute Ehen führten. Noah, der *Gunst in den Augen des Herrn fand,* war zwar nicht in der Lage, mit seiner Predigt die gottlosen Menschen zur Umkehr zu bewegen; seine Frau und seine Söhne mit ihren Frauen konnte er allerdings überzeugen, sodass sie mit ihm in die Arche gingen. Er und seine Söhne lebten monogam, sodass die Einehe ein Teil des Erbes war, das sie der Nachwelt als prägende Norm hinterließen, lange bevor es den Sinaibund und den Neuen Bund gab (1. Mose 6,5-8.18; 7,7; 1. Petrus 3,20; 2. Petrus 2,5).

Abraham und Sara

Die Ehe Abrahams mit Sara war von vielen Prüfungen und menschlichen Unzulänglichkeiten geprägt. Im Unterschied zu Eva folgte Sara dem Wort, das ihr Mann von Gott direkt empfangen hatte, und zog mit ihm (1. Mose 12,1-2). Abraham geriet zweimal in eine Situation, in der er sich nicht zu seiner Frau stellte. Verschiedentlich wurde der Versuch unternommen, diese Begegnungen mit dem Pharao und Abimelech positiv zu deuten (1. Mose 12,10-20; 20). Sicherlich steht dahinter der Wunsch, den »Vater des Glaubens« (Römer 4,11) wie andere geistliche Vorbilder und Leiter in einem möglichst fehlerfreien Bild erscheinen zu lassen. Was wäre aus den Verheißungen geworden, wenn er wegen Sara umgebracht worden wäre? Man darf aber nicht vergessen, dass Sara genauso unverzichtbar für den Plan Gottes war. Daher meine ich, dass bei Abraham hier zum einen fehlender Glauben deutlich wird und zum anderen die traurige menschliche Komponente, dass ein Ehemann seine Frau zum Ehebruch freigibt. Allerdings griff Gott rechtzeitig ein.

Eine weitere Unzulänglichkeit führt dazu, dass Hagar als Leihmutter missbraucht wird. Hier ist es Sara, die die Initiative ergreift. Abraham lässt sich darauf ein; statt auf die Stimme Gottes zu hören, gibt er seiner Frau nach (1. Mose 16). Als Hagar später nicht nur »Gebärmaschine« sein will, sondern sich als Mutter empfindet, sorgt Sara dafür, dass die »Nebenbuhlerin« von Abraham verstoßen wird. Diese Geschichte hat sicherlich die Ehebeziehung von Abraham und Sara stark belastet. In diesem Fall ist Abraham nachgiebig und steht loyal zu seiner hartherzig erscheinenden Frau. Gott ermutigt Abraham sogar, auf Sara zu hören. Aber er hat auch eine Verheißung für Hagar und Ismael, von dem ja viele arabische Moslems abstammen (1. Mose 17,20; 21,8-21). Später müssen Abraham und Sara menschlich und geistlich irgendwie neu zueinander gefunden haben, sonst wäre ihnen im hohen Alter ihr Isaak nie »geglückt«. Über Abraham wird außerdem noch berichtet, dass er nach Saras Tod noch einmal geheiratet und weitere Kinder in die Welt gesetzt hat (1. Mose 25,1-2).

Lot und seine Frau

Lot führte die Aussicht auf materielle Vorteile nach Sodom. Es ist wahrscheinlich, dass er dort die Frau heiratete, die bei seiner Befreiung durch Abram erwähnt wird (1. Mose 14,16). Lot und seine Frau konnten den moralischen Verfall Sodoms nicht aufhalten. Weder wurden die Schwiegersöhne für den Glauben Lots gewonnen noch seine Töchter zumindest insoweit positiv geprägt, dass sie von dem späteren schlimmen und folgenschweren Inzest abgelassen hätten (1. Mose 19,14-38). Welche Rolle Lots Frau und ihre Ehe bei alledem spielte, wissen wir nicht. Es scheint jedenfalls das Beispiel einer »glaubensverschiedenen« Ehe zu sein, bei der der ungläubige Partner, wenn es darauf ankommt, nicht mitgeht und zurückbleibt – worauf dann der Gläubige im wahrsten Sinne des Wortes »keine Rücksicht« nehmen darf. Deswegen erwähnt Jesus Lots Frau als warnendes Beispiel (Lukas 17,32-34).

Für Lot war es lebensnotwendig, nach vorn zu blicken und zu gehen in der Hoffnung, dass seine Frau ihm folgt. Sie hat sich durch den Blick auf das, was hinter ihr lag, durch die Fixierung auf ihre Vergangenheit festgelegt. Durch diesen Ungehorsam verlor sie ihr Leben und ihr Mann seine Frau. Sie war nicht bereit, im Vertrauen auf Gott und ihren Mann wirklich mit voranzugehen und vorwärtszublicken, sondern richtete ihren Blick auf die zurückliegenden positiven oder negativen Erfahrungen. Der Blick des Glaubens geht nach vorn und schließt ein, zu vergessen, was hinter uns liegt. Wer zurückblickt, ist für das Reich Gottes ungeeignet (Philipper 3,13; Lukas 9,62). Auch in einer Ehe kann sich derjenige als *nicht tauglich* erweisen, der so sehr am Vergangenen festhält, dass die Gegenwart und die gemeinsame Zukunft keine Chance haben. Lot ging jedenfalls den von Gott gewiesenen Weg und ließ seine Frau »rücksichtslos« zurück.

Isaak und Rebekka

Die Brautwerbung für Isaak in 1. Mose 24 ist zwar ein feines Beispiel einer von Gott geführten Partnerwahl. Tatsächlich war es keine Wahl zwischen verschiedenen Alternativen, auch nicht die eigenständige Partnerwahl der Betroffenen. Aber immerhin wird berichtet, dass Rebekka selbst eingewilligt hat, Isaaks Frau zu werden, was für die damalige Zeit schon sehr viel war. Deshalb war es noch keine Heirat aus Liebe – aber eine, die zu Liebe und einer anscheinend zunächst glücklichen Ehe führte (1. Mose 24,58.67). Auch für diese Ehe muss dann jedoch die Unfruchtbarkeit Rebekkas eine erhebliche Belastung gewesen sein. Nachdem Isaaks Gebete für Rebekka erhört wurden, erhielt sie während der Schwangerschaft von Gott die Zusage, dass sie Zwillinge bekommen und der Ältere dem Jüngeren dienen würde (1. Mose 25,21-23).

Irgendwie scheint es Rebekka nicht gelungen zu sein, ihrem Mann diese Verheißung so zu vermitteln, dass er daraufhin Jakob zum Erben einsetzte. Oder hat er nicht akzeptiert, dass Gott zu seiner Frau (statt zu ihm) gesprochen und seine größere Sympathie für Esau zurückzustehen hatte? Was ist aber von einer Ehe zu halten, in der die Frau schließlich ihren altersblinden Mann dadurch hintergeht, dass sie ihren Lieblingssohn zum Betrug anstiftet und das Komplott mit ihm gemeinsam durchführt (1. Mose 25,28; 27,1-17)? Isaak wiederum hatte zuvor seine Ehe durch den gleichen Fehler wie sein Vater Abraham belastet: Er verleugnet seine Frau vor König Abimelech. Aus seinem Verhalten und Gottes Reaktion kann aber noch eine andere Lehre gezogen werden: Gott akzeptiert es nicht, dass Isaak seinen Spaß mit Rebekka hat, aber nicht bereit ist, in guten wie in schlechten Tagen zu ihr zu stehen (1. Mose 26,7-11).

Esau, Jehudit und Basemat

Esau, der ältere Sohn von Isaak und Rebekka, missrät; er heiratet aus Trotz gleich mehrere stammesfremde (= ungläubige) Frauen, was seinen Eltern großen Kummer bereitet (1. Mose 26,34-35). Er lebt jedoch nach heutigem Verständnis »in geordneten Verhältnissen« und nicht in Unzucht. Warum wird er dann im Neuen Testament als *ein Hurer* bezeichnet (Hebräer 12,16)? Eine Prostituierte ist im engsten Sinne des Wortes jemand, der käuflich ist. Das trifft auch auf Esau zu, da er bereit war, sich sein für viele Generationen bedeutungsvolles Erstgeburtsrecht für den kurzen Genuss einer Speise von Jakob abkaufen zu lassen (1. Mose 25,29-34). Seitdem steht *Hurerei* bzw. *Unzucht* in einem geistlichen Zusammenhang mit *Götzendienst*. Auch in

3. Mose 20 stehen die Bestimmungen zu Götzendienst und Unzucht direkt beieinander, da beides todeswürdige Verunreinigungen waren, deren Verbot Gott mit seiner Heiligkeit begründete.

Auch im Neuen Testament finden wir in zwei Sendschreiben der Offenbarung den unmittelbaren Zusammenhang von Götzendienst und Unzucht (Offenbarung 2,14.20-22). Dabei geht sicherlich wie bei Bileam mit der geistlichen Befleckung durch Götzen die Verunreinigung durch ungeordnete sexuelle Beziehungen und im Fall von Isebel sogar mit konkretem Ehebruch einher. Insofern ist mit *Hurerei* eine Art von geistlichem *»Götzendienst«* gemeint, der sich (oft) in sexueller *Unzucht* manifestiert. Daher stellt auf keinen Fall jede Entlassung der Frau nach 5. Mose 24 einen Verstoß gegen das sechste der Zehn Gebote dar, aber in jedem Fall ein wie auch immer gearteter Götzendienst einen Verstoß gegen das erste. Deswegen macht es auch Sinn, dass Jesus zwar das sechste Gebot *Du sollst nicht ehebrechen* enger auslegte, aber nicht die Scheidebrief-Ordnung völlig aufhob. Als Ausnahme nannte er jedoch die Missachtung des ersten Gebotes, in dem es um Götzendienst und insofern Hurerei geht.

Ein Götze drängt sich an die Stelle Gottes – das kann Pornografie oder Sexsucht sein, genauso wie Habsucht, die unersättliche Gier nach mehr. Beidem ist die verunreinigende Wirkung gemein, weshalb *Unreinheit* in Verbindung mit *Unzucht* und *Habsucht* genannt wird, sodass der *Götzendiener* sowohl ein *Unzüchtiger* im engeren Sinne als auch ein *Unreiner* und ein *Habsüchtiger* sein kann (Epheser 5,3-5). In Bezug auf eine gefährdete Ehe kann der Götze, an dem jemand festhält, eine außereheliche sexuelle Beziehung sein, aber ebenso ein(e) »Verflossene(r)«, Vater oder Mutter, Bruder oder Schwester, ein abgöttisch geliebtes Kind, positive Erfahrungen, Hobbys, der Beruf, Verletzungen, negative Erinnerungen oder ganz einfach die Schuld des anderen. Alle diese beispielhaft genannten Götzen, denen jemand dauerhaft nachhängt bzw. nachhurt, können eine Ehe zerstören. Wer sie loslässt, kann seine Ehe retten – ansonsten tragen sie zum Scheitern der Ehe bei. Auf jeden Fall muss man sich Gedanken darüber machen, inwiefern der Begriff *Unzucht/Hurerei* wie bei Esau weiter gefasst und auch unabhängig von sexueller Verfehlung als Scheidungsgrund nach Matthäus 5 und 19 anzusehen ist. Ungeachtet dessen, ob Esau durch seine Frauen zum Götzendienst verleitet wurde und es erst durch diese Verbindungen zum Bundesbruch kam, hatte er sich bereits als käuflicher, götzendienerischer Mensch offenbart.

Jakob, Lea und Rahel

Als Jakob vor seinem auf Rache sinnenden Bruder flieht, wird er von seinem Vater ermahnt, sich eine verwandte bzw. gläubige Frau zu suchen (1. Mose 28,1-4). Seine Hochzeit mit Rahel war eine im Alten Testament nur selten erkennbare Liebesheirat (1. Mose 29,20). Sie wird aber durch die List Labans getrübt, die wie ein Spiegelbild seines eigenen Betrugs seinem Vater gegenüber wirkt. Plötzlich ist Jakob der Ehemann zweier Frauen. Zwischen Lea und Rahel beginnt ein Konkurrenzkampf um die Gunst des Mannes. Doch Rahels Motiv ist nicht Zuneigung, sondern Eigeninteresse. Aber Gott schreibt auch mit solchen Menschen Geschichte.

Jakobs Liebe zu Rahel wiederum hat weder ihre Eifersucht auf ihre Schwester Lea, noch ihren Streit mit ihm, noch die Neuauflage der alten Idee mit der Leihmutter von »Oma Sara« verhindert. Selbst als Gott Rahels sicherlich ehrliche Gebete um ein Kind erhört, gibt sie keine Ruhe, bis sie den ertrotzten zweiten Sohn bekommt. Dessen Geburt kostet sie das Leben und Jakob seine einzige geliebte Frau (1. Mose 30,1-3.22-24; 35,16-19). Die als Liebesbeziehung begonnene Ehe der beiden hinterlässt durch das unmäßige, egoistische, sich selbst und den Partner überfordernde Verlangen Rahels nach Kindern einen zwiespältigen Eindruck.

Die Kinder Israels

Leider ist von den Kindern Jakobs und ihrer vier Mütter auch nicht viel Rühmliches zu berichten. Dina, die einzige erwähnte Tochter, wagt sich buchstäblich zu weit in die Welt hinaus und wird vergewaltigt, was die unmäßige Rache ihrer Brüder provoziert (1. Mose 34). Ruben schläft mit seiner Stiefmutter und verliert wie sein Onkel Esau sein Erstgeburtsrecht (1. Mose 35). Doch wie sieht es mit Juda, dem Stammvater von David und Jesus aus? Seine Geschichte steht in 1. Mose 38 und beginnt damit, dass er eine Kanaaniterin heiratet. Seine Söhne waren böse bzw. taten, was *böse* war *in den Augen des Herrn* (Verse 7 und 10). Der älteste Sohn Judas musste wegen seiner Lebensführung sterben. Oder war der erste Knopf, dass Juda eine kanaanitische Frau heiratete, schon falsch geknöpft? Jedenfalls verweigerte der jüngere Bruder Onan die Pflicht des Schwagers, die Linie seines Bruders fortzusetzen, indem er mit seiner Schwägerin ein Kind zeugt. Gott spricht ein klares Urteil darüber, dass Onan sich zwar den Spaß, seinem verstorbenen Bruder und seiner Schwägerin aber nicht den Sohn gönnt: Er lässt auch ihn sterben. Die generelle Übertragung dieses Gottesurteils auf Onanie im Sinne von Selbstbefriedigung bzw. Masturbation halte ich für unverantwortbar; eine Parallele wäre allerdings gegeben, wenn jemand auf diese Weise seine eheliche Pflicht umgeht. Nach Onans Tod verheiratete Juda trotz seines Versprechens weder seinen dritten Sohn mit Tamar, noch heiratete er sie selbst nach dem Tod seiner eigenen Frau.

Da er aber anscheinend nicht sexuell enthaltsam leben konnte, suchte Juda sich eine Prostituierte, die er in der verkleideten Tamar zu finden meint. Gott stellt sich trotz ihrer moralischen Fragwürdigkeit zu der benachteiligten Witwe und Schwiegertochter Judas, indem er ihren Plan gelingen lässt. Ausgesprochen heuchlerisch ist, dass Juda wegen ihres vermeintlichen Ehebruchs die Verbrennung der Schwangeren fordert. Eigentlich hätte er, wie er später zugibt, längst ihrer Heirat mit seinem Sohn zustimmen sollen; zum anderen hatte sie ja mit ihm den angeblichen Ehebruch vollzogen, sodass er zumindest eine Mitschuld trug, abgesehen davon, dass sein Weg zur Hure auch nicht gerade rühmlich, wenn auch nach damaligem Recht nicht todeswürdig war. So etwas nennt man Doppelmoral. Aber Gott hat auch damit Geschichte geschrieben, denn er sorgt ausgerechnet durch diese fragwürdige Verbindung für den Fortbestand des Stammes Juda, aus dem ja der Messias kommen sollte. Er hat sich später auch nicht durch die Hure Rahab und die Ehebrecher David und Bathseba daran hindern lassen, an diesem Stamm festzuhalten.

Josef, der erste Sohn, den Jakob mit seiner geliebten Frau Rahel hatte, empfing nicht nur große Visionen und prophetische Träume, sondern erwies sich auch als charakterfester als seine Brüder, die ihn aus Neid an die Midianiter verkauft hatten. Er widersetzte sich den Verführungskünsten der Frau Potifars und musste dafür einen hohen Preis zahlen (1. Mose 37,11.28.36; 39,9.20). Aber der Herr war mit ihm und brachte ihn in hohe Positionen. Später heiratete er die ägyptische Priestertochter Asenat. Es mag sein, dass Josef seine Frau zum Glauben an den Gott seiner Väter geführt hat, das wird aber nicht berichtet. Obwohl sie also gewissermaßen eine Ungläubige war, segnete Gott ihn über die Maßen. Später erhält ausgerechnet einer ihrer Söhne – wieder einmal der Jüngere vor dem Älteren – durch die Hand Jakobs den Erstgeburts- und Vermehrungssegen der Sippe Abrahams (1. Mose 39,21; 41,41-45; 48,19-20). Das ist wieder ein Beispiel für Gottes überraschendes, oft unorthodoxes Handeln.

Mose, Zippora und die Kuschiterin

Wie Jakob vor Esau musste Mose vor dem Pharao fliehen. Wie Josef in Ägypten heiratete Mose in Midian eine heidnische Priestertochter. Zippora schenkte ihm zwei nicht weiter erwähnte Söhne (2. Mose 2,16-22) und begleitete ihn später auf dem Weg nach Ägypten. Bei der schwer verständlichen, dramatischen Begebenheit in einer Herberge (2. Mose 4,20.24-26) rettete Zippora ihren Mann durch die Beschneidung ihres Sohnes. Irgendwann muss Mose sie mit den Söhnen zu ihrem Vater Jetro nach Midian zurückgeschickt haben. Denn von dort kommt sie mit den Söhnen und Jetro wieder zurück (2. Mose 18,2-6). Die Intervention und der Rat Jetros, zur Entlastung von Mose weitere Verantwortliche einzusetzen, zeigt, dass Mose dazu neigte, sich zu sehr zu verausgaben. Jetro wollte damit sicher auch etwas für seine Tochter und Enkel tun, die ohnehin schon lange vom Ehemann und Vater getrennt waren.

Viel Zeit für ein normales Familienleben blieb während des Exodus sicherlich nicht. Wahrscheinlich mussten die Ansprüche der Ehefrau und der Kinder auf den Ehemann und Vater Mose weit zurückstehen. Wenn überhaupt von engen Beziehungen die Rede gewesen sein konnte, dann waren sie von übermäßigem Verzicht geprägt, der heutzutage selbst bei geistlichen Leitern mit großen Verantwortungsbereichen kaum tolerierbar geschweige denn vorbildlich erscheinen würde. Nichtsdestotrotz gibt es später Ärger wegen Moses heidnischer Frau. Die Vorwürfe ihrer Schwägerin Miriam können sich aber kaum auf die Midianiterin Zippora beziehen, da von einer Kuschiterin die Rede ist (4. Mose 12,1). Möglicherweise hatte Mose sie kurz zuvor geheiratet. Falls es wegen Zippora Unstimmigkeiten gegeben hätte, wären sie ja viel früher aufgekommen. Also ist entweder von einer zweiten Frau des Mose oder von Zipporas Tod vor dieser Heirat oder gar von einem anderen Ende ihrer Ehe mit Mose auszugehen.

Simson und die Frau aus Timna

Die tragische Geschichte des charakterlich wenig gefestigten Richters Simson ist gleichzeitig eine Aneinanderreihung problematischer Beziehungen. Gegen den Rat seiner Eltern besteht Simson auf einer ordnungsgemäßen Heirat mit der Philisterin aus Timna, auf der aber kein Segen lag. Es ging ihm bei dieser Frau nur um ihre äußere Attraktivität. Nach dem Streit mit ihren Angehörigen wird sie ihm unrechtmäßig weggenommen. Sein Zorn und sein Rachebedürfnis zeigen, wie sehr Simson sich von starken Gefühlen bestimmen ließ. Es ist positiv, wenn Männer zu tiefen Emotionen fähig sind, aber sie müssen lernen, sie zu kontrollieren. Das gelang Simson zeitlebens nicht. Simson bekommt seine Frau nicht zurück, stattdessen wird sie schließlich von ihren eigenen Stammesgenossen zusammen mit ihrem Vater verbrannt (Richter 14,7.19-15,6). Seitdem war auch er ein »gebranntes Kind«, dessen Gefühls- und Sexualleben zunehmend instabiler wurde; es scheint so, dass er sich wegen der unverarbeiteten Erinnerung an seine Frau nicht von Philisterinnen fernhalten konnte.

Simson sucht sowohl eine Prostituierte in Gaza auf wie auch immer wieder Delila, die er aber nicht heiratet. Die erotische Liebe zwischen Simson und Delila wurde zur Vorlage für etliche Bücher, Opern und Filme; eigentlich passt diese Story gut in unsere Zeit, in der viele Beziehungen fast ausschließlich von der Anziehung durch erotische und äußere Reize leben. Das sind allerdings oft gerade nicht die Voraussetzungen für eine dauerhafte, stabile Ehebeziehung. In der Simson-Geschichte zeigt sich ja auch, wie trügerisch diese Art von Liebe sein kann, bei der Leidenschaft am Anfang und Erniedrigung am Ende steht (Richter 16,1.4.15-21). Wie bei Juda sehen wir, dass es nach einer unfreiwillig beendeten Ehe *besser ist zu heiraten, als vor Verlangen zu brennen* (1. Korinther 7,9).

Elkana, Hanna und Penina

Hanna war die erste Frau des Leviten Elkana. Elkana liebte sie und versuchte sie über ihre Unfruchtbarkeit hinwegzutrösten (1. Samuel 1,5a.8). Trotzdem heiratete er als zweite Frau Penina, die ihm etliche Kinder gebar. Die Unfruchtbarkeit und die daraus resultierende Rivalität mit der fruchtbaren zweiten Frau kennen wir von Sara und Rahel (1. Samuel 1,2.7). Während diese Frauen Gott für ihr Geschick verantwortlich machten (1. Mose 16,2; 30,2), wird über Hanna ganz klar gesagt: *Der Herr hatte ihren Mutterleib verschlossen* (1. Samuel 1,5). Bemerkenswert bei Elkana und Hanna ist die Liebe des Ehemannes, der sich demonstrativ zu seiner geliebten Frau stellt: Er bemüht sich, die Not ihrer Unfruchtbarkeit etwas abzumildern, indem er ihr den doppelten Anteil vom Opfermahl zukommen lässt. Dennoch versteht er ihr Leid nur teilweise. Er erwartet, dass sie die fehlenden Kinder durch das, was sie an ihm hat, verschmerzen kann. Auf der einen Seite wird hier eine für antike Verhältnisse erstaunlich liebevolle, eben nicht leistungsorientierte Zuwendung eines Mannes zu seiner unfruchtbaren Frau erkennbar. Andererseits ist aber auch deutlich, dass es sogar in glücklichen Ehen Problembereiche geben kann, die nicht unbearbeitet bleiben dürfen. Denn Hanna konnte sich mit ihrer Situation nicht zufrieden geben. Daher ist es gerade im Vorfeld einer Ehe wichtig, miteinander über Kinderwunsch, berufliche und materielle Ziele sowie sonstige Bedürfnisse und Erwartungen aneinander zu sprechen. Denn all diese Fragen lösen sich nicht durch noch so viel Zuneigung in Luft auf.

Hanna ging es ja nicht darum, von ihren Kindern mehr zu empfangen als von ihrem Mann. Sie wollte vielmehr durch eigene Kinder ihren Wert in seinen Augen steigern. Es ist ein Bedürfnis jedes Menschen, nicht nur Liebe zu empfangen, sondern auch zu geben. Die Sehnsucht, ihrem Mann ein Kind zu schenken, das sie selbst stillen konnte, blieb unerfüllt. Doch dann geht Gott doch noch auf ihr Flehen ein und schenkt ihr einen Sohn. Dass es Hanna nicht um Selbstverwirklichung ging, erkennt man daran, dass sie Samuel direkt dem Herrn weihte – worauf er sie mit noch mehr Kindern segnete. Entsprechend kann Gott gebeugte Menschen, deren Liebe in einer Ehe abgewiesen und unterdrückt wurde, auf ihr Flehen hin mit einer neuen Chance z. B. in einer neuen Ehe und vielleicht sogar mit erneuter Elternschaft beschenken.

David und seine Frauen

Eigenartigerweise wurde wie Simson auch David, wenn auch aus einem ganz anderen Grund, seine rechtmäßige Ehefrau weggenommen und (ohne Scheidebrief) einem anderen gegeben, was auch sein persönliches Leben sicherlich durcheinander brachte. Die Ehe mit der ältesten Tochter Sauls kam trotz dessen Versprechen gar nicht erst zustande, die mit seiner zweiten Tochter Michal wurde durch seine Flucht vor seinem Schwiegervater unterbrochen. In der Zeit der Flucht nahm David Ahinoam aus Jesreel zur Frau, die ihm seinen ersten Sohn Amnon schenkte. Später kam die kluge Abigajil dazu, deren Mann durch ein Gericht Gottes starb. David konnte in dieser Situation nicht darauf hoffen, seine Frau Michal, die ihn ja liebte, wiederzubekommen, da Saul sie Palti gegeben hatte (1. Samuel 25,42-44).

Später fügte David seinem königlichen Harem noch andere Frauen hinzu, die ihm weitere Söhne und Töchter gebaren (2. Samuel 3,2-5; 5,13). Ich vermute, dass wie bei Simson die unfreiwillige Trennung von der ersten Frau eine Verletzung und Bindungsunfähigkeit ausgelöst hat. Möglicherweise haben die weiteren Ehen deswegen nicht zu tieferen Beziehungen geführt. Vielleicht sagt David deshalb beim Tod seines Freundes Jonathan, dass ihm dessen treue Liebe mehr bedeutete als die Liebe von Frauen (2. Samuel 1,26). Eine menschliche Tragödie wird am Rande geschildert, als David seine erste Frau Michal durch den General Abner und Isch-Boschet wieder zurückholen ließ. Ebenso wie die Liebe Michals zu David und ihre Ehe mit ihm ignoriert wurden, wurde nun die Liebe Paltis von David mit Füßen getreten (2. Samuel 3,13-16). Einen Scheidebrief von David an Michal, der ihre Rückkehr zu ihm unmöglich gemacht hätte (5. Mose 24,4), gab es nicht, sondern lediglich einen zornigen Schwiegervater namens Saul, der meinte, als König das Recht beugen zu können. Wieder wird deutlich, wie wenig in diesen Zeiten auf die Gefühle der Menschen Rücksicht genommen wurde, ganz davon abgesehen, dass die Königstochter wie ein Besitzstück hin- und hergeschoben wird. Natürlich kann man sagen, dass Palti sich nie auf die Ehe mit einer Frau hätte einlassen dürfen, die rechtmäßig David angetraut war. Es sei dahingestellt, ob David hier mehr aus Rachegelüsten oder aus politischem Machtkalkül heraus handelte, da er auf diese Weise endgültig das Haus Sauls auf seine Seite brachte.

Leider findet sich keine positive Aussage mehr über die innere Wiederherstellung dieser ersten Ehe Davids mit Michal. Es scheint eher so, dass ihre Liebe zu ihm erloschen und David ihr fremd geworden war: Für seine Art, seine Freude über Gott im Tanz auszudrücken, hatte sie nur Worte der Verachtung übrig. Hier spielte womöglich das Wissen um Davids Beliebtheit bei Frauen und den inzwischen angewachsenen Harem mit eine Rolle. Vielleicht war sie aber auch durch ihre schlimmen Erfahrungen im Laufe der Zeit bitter geworden, womöglich sogar Gott gegenüber, den David voller Begeisterung liebte. Gott schenkte ihr jedenfalls kein Kind von David (2. Samuel 6,20-23), sodass die Dynastie Sauls auch nicht durch seine Tochter fortgesetzt wurde.

David und Batseba

Die bekannteste »Beziehungskiste« im Alten Testament ist wohl die zwischen David und Batseba (2. Samuel 11). Sie wirft einige Fragen auf: Wie stand es zu diesem Zeitpunkt um Davids Beziehung zu Abigajil? War sie noch am Leben? Warum vergriff er sich an der Frau eines Untertanen, während er gleichzeitig mehr als genug eigene Frauen hatte? Nur weil die Äpfel aus Nachbars Garten besser schmecken? Wie hätte sich Davids Beziehungsleben entwickelt, wenn Michal ihm nicht weggenommen worden wäre? Angesichts von so vielen menschlichen Ungereimtheiten und Abgründen des Herzens wird aber auch deutlich, dass Gottes Geschichte mit seinen Leuten nie zu Ende ist und sich, wenn nötig, auch über harte Erziehungswege und Gericht fortsetzt.

Oft sieht man ja nur einen äußeren anstößigen Vorgang. Genau das wollte sich David zunutze machen. Er sorgte dafür, dass die Öffentlichkeit nichts von diesem »Fauxpas« mitbekam. Das führte schließlich vom Ehebruch mit daraus resultierender Schwangerschaft zum befohlenen Mord. Wenn man das Ende der Geschichte betrachtet, nämlich Salomo auf dem Thron Israels, bleibt ein unangenehmer Beigeschmack. Man kann nämlich nicht sehen, was innerlich bei David passiert ist. Irgendwann, leider erst durch den Propheten Natan, merkte der König, dass es nicht um den äußeren Schein, sondern um die innere Reinheit vor Gott geht, dem man ohnehin nichts vormachen kann (2. Samuel 12,1-15; Psalm 51). Das erinnert an die heuchlerischen Schriftgelehrten und Pharisäer zur Zeit Jesu, die es hinbekamen, äußerlich gerecht zu erscheinen, innerlich aber voller *Gesetzlosigkeit* und *Unreinheit* waren (Matthäus 23,25-28).

Gott sah jedoch die tiefe, ehrliche Buße Davids, auch wie er die Konsequenz seiner schlimmen Schuld willig und demütig auf sich nahm, und konnte ihn deshalb auf dem Thron halten. Wenn er sich selbst erhöht hätte, wäre er (wieder) zu Fall gekommen. Hätte er eigenmächtig Salomo als seinen Nachfolger erwählt, hätte Gott ihn nicht so bestätigen können. So konnte Gott David wiederherstellen und ihm ermöglichen, diese Frau zu heiraten. Den nächsten Sohn aus dieser ursprünglich ehebrecherischen Verbindung liebte der Herr so sehr, dass er ihn zu Davids Nachfolger auf dem Thron Israels erwählte (2. Samuel 12,24-25). Dass sich in dieser Skandalgeschichte der Wille Gottes Bahn brechen konnte, entsprach keineswegs der allgemeinen Erwartung. Auch die um viele Jahre älteren Prinzen begehrten auf. Gottes Wille an dieser Stelle durchzusetzen, bedeutete noch viel Kampf (1. Könige 1).

Aus dem 2. Buch Samuel erfahren wir, wie schwer David an den Folgen seiner Sünden zu tragen hatte. Leider hinterließ er auch seinen Söhnen kein gutes Vorbild, die seine Schwächen zum Teil noch extremer auslebten. Man denke nur an die Ausweitung des Harems von den ungefähr zehn Frauen Davids auf die 1000 Frauen Salomos. Ich glaube, dass weder der eine noch der andere Harem diesen Königen wirklich gut tat; aber der größere wäre wohl nicht entstanden, hätte es den ersten nicht gegeben.

Amnon und Tamar

Die Geschichte von Amnon und seiner Halbschwester Tamar ist ein drastisches Beispiel unzüchtig gelebter Sexualität. Scheinbar war Amnon so sehr in Tamar »verknallt«, dass er ihr Gewalt antat (2. Samuel 13,1-19). Selbst ihr Angebot, durch Davids Erlaubnis in Kürze seine rechtmäßige Frau zu werden, konnte seine Ungeduld nicht bremsen. Das sieht zwar wie leidenschaftliche Liebe aus, wie sie in vielen Filmen dargestellt wird, ist aber bloße ungezügelte Gier. Denn *ein Geduldiger ist besser als ein Held und wer sich selbst beherrscht* und seine Triebe im Zaum hält *besser als einer, der Städte gewinnt* oder als Weiberheld Frauen erobert (Sprüche 16,32). Unordnung und insofern Unzucht kommt immer dann in die Sexualität, wenn jemand nicht die Ordnung Gottes bejaht, anstrebt und auslebt oder wenn er sich zu ungeordnetem Sex anstiften und verführen lässt. Dazu gehört nach 3. Mose 20 und 5. Mose 22 aber auch Intimverkehr mit dem falschen Lebewesen (Sodomie), mit dem falschen Geschlecht (Homosexualität), mit dem falschen Menschen (mit Kindern, Verwandten oder

Verheirateten), mit einer Person des anderen Geschlechts zur falschen Zeit (ohne Treuezusage oder trotz Treuezusage zu jemand anderem), mit und ohne dessen Einwilligung (Vergewaltigung).

Aus diesem Grund tue ich mich schwer damit, jede aus dem Ruder gelaufene sexuelle Praktik, jeden Seitensprung, häufigen Partnerwechsel oder Bordellbesuch auf eine Stufe zu stellen mit einer womöglich jahrzehntelang gelebten Treuebeziehung zu einem Partner, bei der aus irgendeinem Grund der staatliche Trauschein fehlt, und sie ebenso als gelebte Unzucht bzw. Leben in Sünde zu bezeichnen. Abgesehen davon sind solche Beziehungen selbst unter Nichtchristen nicht selten von mehr Treue und Solidarität geprägt als manche christliche Ehen, denen zwar nicht der Trauschein, aber die gelebte gegenseitige Treue fehlt.

Die Geschichten von David und Batseba bzw. Amnon und Tamar zeigen, dass sexuelle Unordnung und Unzucht etwas mit der Verkehrung der Reihenfolge zu tun haben. Heute geht es oftmals zuerst für eine Nacht ins Bett (One-Night-Stand), bevor man sich tiefer in die Augen und ins Herz blickt. Aber Sexualität ist weit mehr als eine rein körperliche Vereinigung. Deshalb warnt Paulus sogar davor, mit einer Prostituierten zu schlafen – es hat Auswirkungen auf Geist und Seele (1. Korinther 6,15-18). Denn die intime Gemeinschaft soll das Ein-Fleisch-Werden besiegeln und bestätigen und nicht dessen Initialzündung sein. Es ist eben nicht die richtige Reihenfolge, sich und einander auszuprobieren im Bett und in der gemeinsamen Wohnung, um herauszufinden, ob man zusammenpasst. Wer sich noch nicht entscheiden kann, soll eben mit einer ganzheitlichen Gemeinschaft warten, bzw. der andere sollte ihn warten lassen. Damit kann man sich und dem anderen unter Umständen eine Menge Verletzungen ersparen.

Es ist allerdings nicht weise, zu heiraten (bzw. heiraten zu müssen), weil man miteinander geschlafen hat oder womöglich ein Kind unterwegs ist. Die bessere Reihenfolge ist: Weil man sich füreinander entschieden hat und langfristig füreinander Verantwortung übernommen hat, schenkt man sich ganz, verlässt Vater und Mutter und wird ein Fleisch, wozu auch gehört, miteinander zu schlafen und Kinder zu bekommen. Man heiratet ja auch nicht, weil man aus irgendeinem

Grund zwei passende Ringe zur Hand hat. Man besorgt sich Ringe, weil man heiraten will. Nun gibt es in unserer Zeit viele, die durch die Scheidung ihrer Eltern oder ihre eigene »gebrannte Kinder« sind. Das ist ein ernstzunehmendes Problem, das der Seelsorge und Beratung bedarf, damit man sich und seine Zukunft nicht blockiert.

Ahab und Isebel

Auch diese Ehe ist ein Negativbeispiel, bei dem menschliche und geistliche Defizite krass zutage treten. Auch Ahab hatte als Israelit eine Frau aus einem anderen Volk und einer anderen Religion geheiratet, sodass es nie zu einer geistlichen Einheit kommen konnte. Ahab war ein schwacher, manipulierbarer Mann, der seine Verantwortung nicht wahrnahm, sondern sich von seiner Frau entmündigen ließ. Damit war er ein gefundenes Fressen für Isebel, die ihn ohne Mühe verführen und kontrollieren konnte (1. Könige 21,25). Als Ahab König war, herrschte in Wirklichkeit Isebel. Hier sehen wir, dass sich die gleiche sündige Natur, die Männer zu Unterdrückern ihrer Frauen macht, auch in Frauen offenbaren kann, die ihre Männer dominieren. Besonders anschaulich wird dies in der Geschichte von Nabots Weinberg in 1. Könige 21, in der Isebel das Heft in die Hand nimmt und an ihrem Mann vorbei über Leichen geht. Interessant ist aber, dass Gott die Aufhebung bzw. Umkehrung der Eheordnung nicht akzeptiert. Wie Gott im Garten Eden Adam ansprach, spricht er nun durch Elia Ahab an und zieht ihn zur Rechenschaft, so als hätte er selbst den Mord an Nabot begangen. Immerhin lässt Ahab sich vom Wort Gottes treffen und tut Buße, sodass Gott ihn begnadigt.

Hosea und Gomer

Bei den Propheten des Alten Bundes ist der geübte Bibelleser ja auf Ungewöhnliches gefasst. Hoseas Geschichte gehört dabei zu den krasseren. Sein Privatleben wird von Gott benutzt, um seine Beziehung zu seinem Volk zu demonstrieren. Hosea sollte die Prostituierte Gomer heiraten, was viele Ausleger für ausgeschlossen und so anstößig halten, dass sie Hosea 1-3 schnell in die Schublade der Gleichnisse stecken. Es wird aber eher so gewesen sein, dass Hosea von sich aus nie auf die Idee gekommen wäre, eine Hure zu heiraten, es aber im Glauben und Gehorsam zu Gott tat (Hosea 1,2-3). Anscheinend hat Gomer in der Zeit danach, als sie mit Hosea kleine Kinder hatte, treu an seiner Seite gelebt, jedoch später die Prostitution wieder aufgenommen. Wer sich nun wann von wem getrennt hat, bleibt offen. Mit dieser Biografie hat Hosea sich sicher nicht nur Freunde unter den Frommen in Israel gemacht.

Gott fordert Hosea jedenfalls später auf, seine inzwischen verschuldete und versklavte Frau freizukaufen, zurückzugewinnen und erneut zu lieben (3,1-2). Das war ein Abbild seiner Geschichte mit Israel, das er trotz Götzendienst aus der ägyptischen Sklaverei befreit hatte. Er hatte mit seinem Volk einen Bund geschlossen, doch Israel kehrte ihm später den Rücken zu – und sollte doch zur Zeit Hoseas von ihm zurückgewonnen werden. Die Ehe Hoseas mit Gomer kann angesichts ihrer außergewöhnlichen Umstände als positives Beispiel für eine problematische Ehe gelten, die trotz schwieriger Voraussetzungen von Gott eingefädelt und nach einer Trennungszeit und Ehebruch wiederhergestellt wurde.

Zacharias und Elisabeth

Am Anfang des Lukas-Evangelium wird ein gealtertes Priesterpaar vorgestellt, das »einwandfrei« *in allen Geboten und Satzungen des Herrn* (Lukas 1,6) lebte. Das müsste zu einem gesegneten und erfüllten Leben reichen. Tat es aber nicht, *weil Elisabeth unfruchtbar war* (Vers 7). Obwohl Gott sich doch in früheren Zeiten an den unfruchtbaren Frauen der Erzväter verherrlicht hatte, kam Elisabeth nicht über die *Schmach* (Vers 25) hinweg, die es für sie bedeutete, kein Kind zu haben. Aus damaliger Sicht war sie als Ehefrau gescheitert. Tatsächlich wird im Gesetz des Mose Unfruchtbarkeit als Strafe genannt

(3. Mose 20,20-21), und wenn wir nicht ausdrücklich lesen würden, dass *beide gerecht vor Gott* waren, könnte man auf den Gedanken göttlicher Strafe kommen. Gott bestraft Zacharias dann eine Zeit lang mit Stummheit, da er trotz der Ankündigung durch einen Engel an deren Überwindung *nicht geglaubt* (Vers 20) hat, dass Elisabeth schwanger werden wird. Über das Ehepaar erfahren wir später, dass Gott nicht nur ihre *Schmach vor den Menschen* weggenommen und ihnen den ersehnten Sohn geschenkt hat, sondern dass Elisabeth offensichtlich Gott und ihrem Mann vertraute, sodass sie gemeinsam auf dem Namen *Johannes* bestanden (Verse 60-63).

Maria und Josef

Man übersieht angesichts der herausragenden Botschaft der Geburt Jesu leicht, dass am Anfang des Neuen Testaments die bemerkenswerte Geschichte eines verlobten Paares steht. Es ist mit der außerordentlichen Herausforderung konfrontiert, Eltern für den schon lange erwarteten Messias zu werden. Eigentlich fängt die Geschichte nicht mit Josef an, von dem im Matthäus-Evangelium zuerst die Rede ist, sondern mit Maria und dem Besuch des Erzengels Gabriel in Nazareth, der ihr die Schwangerschaft ankündigt. Sie hatte sich zu dieser Schwangerschaft durch den Heiligen Geist bereit erklärt, obwohl sie ahnen konnte, dass ihr Verlobter nicht begeistert darüber sein würde. Schließlich erwartete sie ein Kind, das er gar nicht gezeugt hatte. Und so kam es auch: Josef reagiert auf die Schwangerschaft seiner Verlobten verständlicherweise irritiert und zugleich edel, da er zwar die Verlobung durch einen Scheidebrief auflösen, Maria aber nicht als Ehebrecherin öffentlich bloßstellen wollte (Matthäus 1,19). Er liebte sie sicherlich. Dann aber spricht Gott im Traum zu ihm.

Gott trägt auf diese Weise dafür Sorge, dass sein Sohn bei einem Elternpaar aufwächst. Dazu ist Josef mit allen Konsequenzen bereit. Er nimmt Maria zu sich, bringt aber so viel Respekt und Selbstdisziplin auf, dass er noch nicht mit ihr intim wird (Matthäus 1,25). Da er mit ihr als seiner schwangeren Verlobten in Bethlehem ankommt (Lukas 2,5), bleibt offen, wann er sie geheiratet bzw. die Ehe mit ihr vollzogen hat. Aus Ägypten nach Nazareth zurückgekehrt, übte Josef dort seinen Beruf als Zimmermann aus und hatte mit Maria weitere Kinder (Matthäus 2,19-23; 13,55-56; Lukas 2,23). Wenn man bedenkt, unter welchen Voraussetzungen sich Josef und Maria verlobten, dann wurde ihr Leben durch die ungeplante Schwangerschaft ziemlich auf den Kopf gestellt. Dieses ungewöhnliche Paar war füreinander und für das Reden Gottes so empfindsam, dass sie es schafften, alles gemeinsam zu bewältigen, woran andere junge Paare zerbrechen oder weswegen sie auseinandergehen. Dass sich diese Mühe gelohnt hat, ist unbestreitbar, da dieses wunderbare Kind sie später über die Maßen gesegnet hat.

Herodes und Herodias

In der Familie der Herodianer ging es über Generationen hinweg drunter und drüber. Neben vielen von Machtgier und Angst motivierten Morden innerhalb der Familie stehen inzestuöse Beziehungen. Schon die Ehe von Herodias mit Philippus, dem Bruder von Herodes Antipas, war zumindest dadurch problematisch, dass sie als Tochter des Aristobul dessen und Herodes' Nichte war. Als Herodes seinem Bruder Philippus die Frau ausspannte, beging er Ehebruch, übernahm die Hypothek einer inzestuösen Beziehung und verstieß gegen das mosaische Gebot (3. Mose 18,16; 20,21). Weil Herodias bereits die Frau seines Bruders gewesen war, erklärte Johannes der Täufer diese Ehe als unerlaubt und bezahlte dafür mit seinem Leben. Wieder haben wir es (wie bei Ahab) mit einem gefühlsgesteuerten, gleichzeitig entscheidungsschwachen und verantwortungslosen König zu tun, der von Frauen in seiner Umgebung manipuliert wird. Wahrscheinlich hätte er Johannes von sich aus nie umgebracht, weil er sich zwar über ihn ärgerte und seiner öffentlichen Wirksamkeit ein Ende setzte, ihn aber andererseits gerne hörte (Markus 6,18-28).

Aquila und Priszilla

Aquila und Priszilla sind das einzige dienende christliche Paar, das im Neuen Testament erwähnt wird. Bereits im Alten Testament gibt es Beispiele von Ehepaaren, bei denen beide ihren Platz im Dienst einnehmen. Das oft als Beleg für weibliche Leiterschaft zitierte Beispiel von Deborah und Lappidot (Richter 4 und 5) sollte nicht unbeachtet bleiben, aber auch nicht zur Regel hochstilisiert werden; vielleicht zeigt Gott ja dadurch einfach, dass er nicht in Verlegenheit kommt, wenn Männer ihre Verantwortung nicht wahrnehmen. Das zur Zeit des Königs Josia in Jerusalem dienende Paar Hulda und Schallum ist ein Beispiel für unterschiedliche Berufung bei Eheleuten: Sie ist eine Prophetin, er der Hüter der Kleider (2. Könige 22,14). Eine Frau ist von Gott nicht nur als Anhängsel des Mannes gedacht; ebenso wie sie ihm eine Hilfe sein kann, sollte sie von ihrem Mann in dem eventuell nur ihr anvertrauten Dienst unterstützt werden.

Aquila und Priska stehen schließlich für ein Ehepaar, das sich als Team sowohl in beruflicher als auch in geistlicher Hinsicht ergänzt. Abgesehen davon, dass sie Handwerkskollegen von Paulus waren, setzten sie ihr Leben für ihn aufs Spiel (Apostelgeschichte 18,2-3; Römer 16,3-4). Einer ihrer Dienste bestand darin, einige lehrmäßige Lücken des Evangelisten Apollos auszufüllen. Ansonsten beherbergten sie eine Hausgemeinde (Apostelgeschichte 18,26; 1. Korinther 16,19). Die Tatsache, dass Priska bzw. Priszilla überwiegend zuerst genannt wird, wenn Paulus das Paar erwähnt, hat zu verschiedenen Spekulationen geführt, unter anderem über ihre Leiterschaft. Der Grund dafür könnte aber einfach in ihrem höheren sozialen Status liegen. Entscheidend ist, dass sie offensichtlich als Team harmonisch agierten und so ein ebenso inspirierendes wie seltenes Vorbild eines neutestamentlichen Ehepaares darstellen.

Zusammenfassung

Sowohl die Unterdrückung der Frauen durch die Männer als auch die Manipulation und Gängelei der Männer durch die Frauen sind Ergebnisse der gestörten Beziehung des ersten Menschenpaares zu Gott und untereinander. Gerade das Alte Testament malt uns die Menschen äußerst realistisch mit all ihren Stärken und Schwächen vor Augen, sodass wir selbst die großen Helden und die Erzväter nicht überhöht und fern von uns betrachten müssen. Sie sind Menschen wie wir, denen sich Gott allerdings wunderbar offenbart und mit denen er seine Geschichte geschrieben hat. Wir haben auch gesehen, dass im Alten Testament immer wieder Mehrehen oder Ehen zwischen gläubigen Männern und ungläubigen Frauen vorkommen, die von Gott geduldet bzw. genehmigt werden, was allerdings nie Auskunft über die ursprünglichen Absichten Gottes geben kann. Bei all diesen Begebenheiten sollte man genau darauf achten, inwiefern Gott dabei vorkommt oder sogar mitwirkt. Gott ist immer bei den Schwachen und Benachteiligten zu finden. So hat er die Stimme Hagars gehört, auch wenn sie sich vorher falsch verhalten hatte. Er verhinderte zwar nicht die Erbschleicherei Jakobs, erzog ihn aber später, stellte sich tröstend zu Lea, der ungeliebten Frau Jakobs, und verhalf Tamar zu ihrem Recht. Die magere Ausbeute der Ehegeschichten im Neuen Testament hängt sicher zum einen damit zusammen, dass die meisten Schriften hier nicht biografisch angelegt sind, zum anderen mit der weniger familienbetonten Thematik des Neuen Testaments.

5. Ehescheidung und Wiederheirat im Alten Testament

Der Scheidebrief (5. Mose 24,1-4)

Innerhalb des Alten Bundes gab es die Möglichkeit, dass sich der Mann von seiner Frau scheiden lassen konnte. Das diesbezügliche Gebot steht im Zusammenhang mit verschiedenen Vorschriften nach dem Muster »Wenn-Dann-Aber«, z. B: *Wenn* ihr Gelübde ablegt, dann haltet sie ein, oder wenn ihr an einem Weinberg bzw. Getreidefeld vorbeikommt, dann dürft ihr Trauben essen bzw. Ähren pflücken, aber kein Gefäß bzw. keine Sichel benutzen (5. Mose 23,22-26). Dementsprechend heißt es dann: Wenn ein Mann seiner Frau einen Scheidebrief gegeben hat, dann kann er sie nicht wieder zurücknehmen. Dementsprechend erscheint der Scheidebrief als Zugeständnis; er war nicht verboten, sondern ausdrücklich erlaubt, aber wenn er ausgestellt wurde, dann galten bestimmte Einschränkungen. Der Zusammenhang beweist aber auch, dass die Ehe nicht mit einem Gelübde vor Gott verbunden war, sonst würde ja die Vorschrift über den Scheidebrief gegen die über das Gelübde drei Verse zuvor verstoßen. Scheidung wäre dann eine Sünde, weil durch sie ein Gelübde gebrochen würde. Der Scheidebrief, den der Ehemann seiner Frau mitzugeben hatte, sollte deutlich machen, dass sie nicht ausgerissen und untreu geworden ist. Im Unterschied dazu genügt es heute noch bei Moslems, dass der Mann dreimal sagt: »Ich verstoße dich!«

»Seit Jahrhunderten kann sich ein Mann in einem arabischen Land durch ein gesprochenes Wort von seiner Frau scheiden lassen. Die so geschiedene Frau ist berechtigt, ihre Kleidung mitzunehmen, und der Mann kann ihr nichts von dem nehmen, was sie am Leib trägt. Deshalb bekommen Münzen im Kopfschmuck, Ringe und Halsketten in diesem Augenblick der Not für die geschiedene Frau eine so große Bedeutung (...) Zweifellos waren in nichtjüdischen Ländern zur Zeit des Alten Testaments derlei Scheidungsbräuche gang und gäbe. Deshalb

schränkte das mosaische Gesetz die Macht des Ehemannes, sich von seiner Frau ohne Weiteres scheiden zu lassen, ein, indem es von ihm forderte, ihr einen schriftlichen Scheidebrief zu geben (vgl. 5. Mose 24,1). Es ist wichtig, dass nach jüdischem Gesetz die Sünde des Ehebruchs nichts mit dem Thema Scheidung zu tun hatte.«[15]

Das alttestamentliche Gebot hatte also die Funktion, Unrecht einzudämmen. Durch den Scheidebrief stand weder seiner noch ihrer Wiederverheiratung etwas im Wege, sie wurde normalerweise erwartet. Der Mann sollte sich die Scheidung von seiner Frau allerdings reiflich überlegen, da sie danach für ihn als unrein bzw. unberührbar galt, sodass eine erneute Heirat mit der verstoßenen Ehefrau nach ihrer zweiten Ehe ausgeschlossen war. Die Formulierung *Wenn er etwas Anstößiges gefunden hat* deutet auf einen gravierenden Scheidungsgrund hin, was aber nicht näher umrissen wird. Während also in den Evangelien nur Unzucht als Grund genannt wird, gab es im Alten Bund verschiedene (gravierende) Scheidungsgründe neben dem Ehebruch. Denn auf Ehebruch stand die Todesstrafe (5. Mose 22,22-24). Der Tod des Ehebrechers ermöglichte dem Hinterbliebenen eine neue Ehe. Das ist alttestamentlicher Schriftstandard.

Der alttestamentliche Scheidebrief hatte die Funktion, Unrecht einzudämmen.

Auch heutzutage macht es im Falle einer Scheidung schon einen Unterschied, ob ein Partner *verstoßen* oder *verlassen* wird. Wer sich heute trennen will, kann sowohl in der gemeinsamen Wohnung bleiben, als auch ausziehen. Der *Scheidebrief* bedeutete aber generell, die Ehefrau konkret *wegzuschicken* bzw. *zu verstoßen*. Es bedeutete, dass ein Mann seine bisherige Ehefrau *aus seinem Haus entlassen* hat, sodass sie ausziehen und ohne eventuell vorhandene Kinder entweder in ihr Elternhaus zurückkehren oder bei einem anderen Mann einziehen musste, wenn der sie heiraten wollte. Der Scheidebrief sollte hierbei als soziale Unterstützung dienen. In der Praxis des Scheidebriefs war dann Trennung gleich Scheidung. An die Stelle der ersten trat dann oft kurzfristig (nicht wie heute nach Trennungsjahr und Scheidungsverhandlung) die zweite Ehefrau, die dann ihren Platz an der Seite des Mannes und grundsätzlich als Stiefmutter der Kinder einnahm.

Etwas anderes ist es allerdings, wenn ein Mann oder eine Frau sich vom Partner distanziert, ihn also aus einem bestimmten Grund zurücklässt und der Partner dann mit oder ohne Kinder in seinem bisherigen sozialen Umfeld weiterleben kann. Das ist nicht automatisch ein böswilliges Verlassen, zumal wenn Hausrat, soziale Versorgung und gewohntes Umfeld des Partners erhalten bleiben. Salomo kann in seinen Weisheitssprüchen ein gewisses Verständnis für den Mann nicht verbergen, der in eine Ecke seines Daches oder in die Wüste flieht, weil er z. B. vor der Streitsucht seiner Frau das Weite sucht (Sprüche 19,13; 21,9.19; 25,24; 27,15). Hier wie in anderen Fällen wählt jemand unter mehreren Übeln das kleinere. In dem einen Fall schickt also ein egoistischer Mann aus einem meistens ehebrecherischen Grund seine Frau in die Wüste, um sich eine andere zu holen, und behält Haus und Kinder. Im anderen Fall geht der Mann selbst in die Wüste, wenn er sich von seiner Frau trennt, sie und gegebenenfalls die Kinder im Haus zurücklässt und sich eine dürftige Bleibe sucht. Das kann der Unterschied zwischen *entlassen* und *verlassen* sein.

Jesus kritisierte nicht den Scheidebrief selbst, sondern den leichtfertigen Umgang damit.

Jesus kritisierte nicht den Scheidebrief selbst, sondern den leichtfertigen Umgang damit. Aus den gravierenden Gründen für eine Scheidung waren nämlich inzwischen beliebige geworden. Jesus war nicht gekommen, um für Israel das Gesetz aufzulösen, sondern um es zu erfüllen (Matthäus 5,17).

Bis dass der Tod euch scheide (Römer 7,2-3)

Auch Paulus bestätigt, dass die Gebote selbst *heilig*, also von Gott inspiriert, ausgewogen und *gerecht* sind. Einige Verse vorher illustriert er anhand einer durch Tod bzw. durch Ehebruch beendeten Ehe einer Frau, was eine rechtmäßige und was eine unrechtmäßige Befreiung vom Gesetz ist (Römer 7,2-3.12). Die Frau wurde natürlich nicht in jedem Fall eine *Ehebrecherin* genannt, wenn sie zu Lebzeiten ihres ersten Mannes einen anderen heiratete; dann nämlich nicht, wenn sie von ihrem Mann einen Scheidebrief erhalten hatte und daraufhin erneut heiratete. *»Dieser Abschnitt lehrt nicht, dass allein der Tod eines Ehepartners dem anderen Partner eine Wiederheirat erlaubt, denn hier geht es überhaupt nicht um die Lehre von Scheidung und Wiederheirat. Sowohl Christus selbst als auch Paulus haben dieses Thema an anderer Stelle behandelt.«*[16] Der ganze Text ist eine Illustration für die Befreiung vom Gesetz aus der den Römern vertrauten Perspektive des Alten Testaments. Durch die Keule des daraus konstruierten absoluten Scheidungs- und Wiederheiratsverbots für Christen wird sie ins glatte Gegenteil verkehrt.

Will man für das Thema Scheidung dennoch aus diesem Abschnitt Erkenntnisse gewinnen, sollte man auch hier genau hinsehen bzw. hinhören: In Vers 2 ist von einer *Frau* die Rede, *die einem Mann untersteht*. Das griechische Wort bleibt in vielen Übersetzungen völlig unberücksichtigt oder wird nur mit *verheiratet* wiedergegeben. Es macht aber klar, dass die Frau natürlich nicht an den Ehemann gebunden ist und ihm untersteht, nachdem er sie ent- oder verlassen hat. Da Paulus den Römern ein Bild aus dem Gesetz gibt, bedeutet es in der Anwendung auf Christen, dass die Frau eines Mannes, der selbst die Ehe gebrochen hat, frei für eine neue Ehe ist. Denn im Alten Bund wäre er gesteinigt worden und *gestorben*, sodass sie *frei vom Gesetz* und *keine Ehebrecherin ist, wenn sie eines anderen Mannes wird* (Vers 3). Sie wird also nicht *eine Ehebrecherin genannt,* weil *sie noch einmal heiratet* und der Mann noch lebt, der sie verlassen, entlassen oder betrogen hat. Eine Ehebrecherin bzw. ein Ehebrecher ist, wer sich auf ein außereheliches Verhältnis einlässt. Von daher ist die Wendung »bis dass der Tod euch scheide«, die aus diesem Zusammenhang stammt, bei Trauungen durchaus zwiespältig und verzichtbar.

Es stimmt ja, dass eine Frau im Alten Testament bis zu ihrem Tod an den Mann gebunden war, es sei denn, er hat ihr einen Scheidebrief gegeben. Dann wurde sie nämlich nicht Ehebrecherin genannt (und gesteinigt). Der Mann wiederum wurde nicht Ehebrecher genannt, wenn er zu Lebzeiten seiner ersten Frau der Mann einer anderen wurde, da er ja mit dem Scheidebrief seine erste Ehe legal beenden konnte. Diese Möglichkeit hatte die Frau normalerweise nicht. Daran sehen wir, dass sich eine zu unbedarfte Übertragung auf den Mann und erst recht eine Verallgemeinerung für den Neuen Bund verbietet.

Hasst Gott wirklich Ehescheidung?

Genau genommen regelt 5. Mose 24,1 lediglich, *wie* der Scheidebrief angewendet werden soll. Das entspricht Formulierungen, die z. B. die Speiseopfer näher bestimmen (3. Mose 1,1; 2,1.4; 3,1). Weder diese Speiseopfer noch den Scheidebrief hat Gott befohlen. Deshalb stellt Jesus klar, dass der Scheidebrief lediglich ein Zugeständnis war (Matthäus 19,7-8). Daraus wurde jedoch im Laufe der Jahrhunderte eine leicht zu handhabende Regel, bei der man sich scheinbar auf göttliches Recht berufen konnte. Diesen Verfall, der sogar in Priesterfamilien Einzug hielt, beklagt Gott durch den Propheten Maleachi. Die Untreue der Priester zeigte sich in der Vernachlässigung ihres Lehrdienstes, aber auch in der Heirat mit Ungläubigen bzw. der Untreue *der Frau der Jugend* gegenüber (Maleachi 2,7-15). Insofern kann man sicherlich sagen, dass Gott Ehescheidungen verabscheut, die ihren Grund in der Untreue haben und dann mit dem Scheidebrief legalisiert werden.

Aber kann Gott wirklich etwas hassen, was er durch Mose (wenn auch als Zugeständnis) seinem Volk ermöglicht und im Gesetz verankert hat (Maleachi 2,16)? Die Frage muss gestellt werden, weil unter anderem mit diesem Vers immer wieder die Unauflösbarkeit der Ehe begründet wird. Heinzpeter Hempelmann z. B. zitiert diesen Vers auf 145 Seiten nicht weniger als 15 mal und bezeichnet ihn als *»Fundamentalaussage«*[17] zum Thema Scheidung; und das, obwohl er im Unterschied zu etlichen anderen Stellen aus dem Alten Testament kein einziges Mal im Neuen Testament zitiert oder überhaupt erwähnt wird. Dennoch ist es erhellend, ihn genauer zu untersuchen; und das wäre auch all denen ans Herz zu legen, die im Unterschied zu mir die Wichtigkeit dieser Stelle für das Thema Scheidung betonen.

Kann Gott wirklich etwas hassen, was er durch Mose seinem Volk ermöglicht und im Gesetz verankert hat?

Man staunt nicht schlecht, wenn man sich Maleachi 2,16 im Hebräischen und in den verschiedensten Übersetzungen betrachtet. Egal wie mächtig man des Hebräischen ist, wird man gerne zugeben, dass dieser Vers und die vorausgehenden alles andere als leicht zu übersetzen und eindeutig auszulegen sind[18]. Allein das wäre ein Grund, ihn nicht als Schriftbeweis heranzuziehen. Die unverwechselbare hebräische Form für *ich hasse* bzw. *ich habe gehasst* in der 1. Person findet sich an vielen Stellen im Alten Testament (z. B. Jeremia 44,4; Amos 5,21; Sacharja 8,17; Psalm 26,5; 31,7; Sprüche 5,12), wo sowohl Gott als auch Menschen sagen: *Ich hasse* bzw. *hasste.* Die durch das Zitat im Neuen Testament (Römer 9,13) vielleicht bekannteste Stelle steht 27 Verse vorher in Maleachi 1,3, wo es heißt: *Esau habe ich gehasst.* In Maleachi 2,16 fehlt dieses *ich*; dennoch legen viele mit der Übersetzung *ich hasse* dieses Wort Gott in den Mund (Elberfelder, Schlachter, Menge, Bruns, Gute Nachricht, Hoffnung für alle). Dabei kommen nur zwei Übersetzungen infrage: entweder *er hat gehasst* oder *hassend*, was ungefähr auf das Gleiche hinausläuft und mit dem späteren *er bedeckt mit Frevel sein Kleid* zusammenpasst. Luther hat die 3. Person berücksichtigt, nur wenige haben sich für *hassend* bzw. *mit Hass* entschieden und sind damit der griechischen und der lateinischen Übersetzung gefolgt (Buber-Rosenzweig, Einheitsübersetzung, Pattloch).

Entscheidet man sich für *hassend* oder *aus Hass zu entlassen,* dann wird damit ausgesagt, dass es in Gottes Augen Unrecht ist, *mit* oder *aus Hass* zu entlassen – ein auch aus neutestamentlicher Sicht wertvoller Gedanke. Es ist aber naheliegender, diese Form wie an den anderen Stellen, an denen sie vorkommt, mit *er* zu übersetzen (5. Mose 12,13; 16,22; Sprüche 6,16; 2. Samuel 13,22). Daraus ergibt sich jedoch ein ganz anderer Sinn, nämlich: *Er hasste zu entlassen, sprach der Herr, der Gott Israels, und deckte Unrecht auf sein Kleid* (Übersetzung des Autors). Hier stellt sich dann die Frage: Wer ist mit *er* gemeint? Ich glaube, dass von Abraham die Rede ist, dem es *sehr missfiel* (LB), Hagar fortzuschicken, was aber Sara und Gott von ihm verlangten (1. Mose 21,11.14, dort dasselbe Wort für *entlassen* wie in Maleachi 2,16 und 5. Mose 24,1). Abraham ist dann auch der im vorausgehenden Maleachi 2,15 angesprochene *Eine*, der damit anfing, *der Frau seiner Jugend* und *seines Bundes* untreu zu werden. *Was erstrebte der Eine?* Warum schlief Abraham mit Sarahs ägyptischer Magd? Was wollte er damit erreichen? *Nachkommenschaft von Gott.* Selbst Abraham brachte sich also in eine Situation, in der er etwas tat, was er eigentlich hasste. Umso mehr sollen sich die Israeliten davor hüten, ihre israelitischen Frauen zu entlassen und ausländische Frauen zu nehmen.

Bevor man diese zugegeben ungewohnte Auslegung[19] als abwegig abtut, sollte man sich auf die Suche nach einer Alternative machen. Sie sollte nicht nur grammatikalisch akzeptabel sein und die Frage beantworten, wer in Vers 16 gemeint ist, sondern auch die erheblichen Schwierigkeiten bei der Auslegung der vorangehenden Verse auflösen.

Die Auflösung der Mischehen durch Esra und Nehemia

Obwohl Gott sicher (wie Abraham) Scheidung grundsätzlich verabscheut, forderte er sie durch Maleachis Zeitgenossen Esra und Nehemia. Die Auflösung hunderter Mischehen mit ausländischen Frauen bedeutete, dass diese Frauen mit Scheidebrief entlassen und weggeschickt wurden, und das nicht, weil sie Ehebrecherinnen waren, sondern lediglich weil sie einem anderen Volk bzw. Gott angehörten (Esra 10,10-19; Nehemia 13,1-3.23-31). Hier wird wieder Gottes Prioritätenliste erkennbar. Der Bund mit ihm ist hier der höhere Wert, der gefährdet war und den es zu schützen galt. Die Untreue ihm und seinem Gesetz gegenüber führte zu den Mischehen. Deren Auflösung war aus Gottes Sicht das kleinere Übel und eine ebenso notvolle wie heilsame Maßnahme. Da es Gott dabei um den Erhalt seines Volkes Israel ging, ist davon auszugehen, dass die nun geschiedenen Israeliten Zweitehen eingingen und erneut Familien gründeten.

> Die Auflösung der Mischehen war aus Gottes Sicht das kleinere Übel und eine ebenso notvolle wie heilsame Maßnahme

An anderer Stelle wird beschrieben, wie Gott selbst an den Punkt kam, dem untreuen und unbußfertigen Israel den Scheidebrief zu geben. Allerdings nimmt er Juda später wieder an (Jeremia 3,1.6-10).

6. Ehescheidung und Wiederheirat im Neuen Testament

Bei allem Abwägen einzelner Evangelienstellen sollte man sich bemühen, immer wieder die Grundanliegen Jesu ins Auge zu fassen. Worauf lag sein Augenmerk? Wenn wir uns diese Frage stellen, haben wir die richtige Blickrichtung. Jesus wollte den Menschen Gottes ursprüngliche Gedanken über die Ehe nahebringen und dabei auch die Bedeutung der Treue besonders betonen. Nach Matthäus 5,28ff kommt es zur Untreue, wenn ein durch äußere Reize ausgelöstes Begehren nicht kontrolliert wird. Daher betrachtet es Jesus bereits als Ehebruch, wenn wir unser Begehren wuchern lassen.

Worum geht es Jesus?

Jesus fordert immer zum Glauben heraus und zeigt in der Bergpredigt, wie wichtig Gott bei all unserem (auch frommen) Tun die Haltung unseres Herzens ist. Das ist der Grund, weshalb sich Jesus gegen eine leichtfertige Scheidungspraxis wendet. Sie basierte zwar auf dem seit Mose erlaubten Scheidebrief, wurde aber zur Absegnung ehebrecherischer und niedriger Motive missbraucht. Ebenso mutet es eigenartig an, wenn Christen einen Weg suchen, der äußerlich legitim, unter Berücksichtigung der Motive aber alles andere als Gott wohlgefällig ist. Das kann dazu führen, dass christliche Ehepartner in den Ehebruch getrieben werden, damit die Ehe »wegen Unzucht« geschieden werden kann, oder dass ein ungläubiger Ehepartner vom gläubigen Teil dazu gebracht wird, die Scheidung einzureichen, sodass der von Paulus erlaubte Scheidungsgrund anwendbar ist. Das Ergebnis ist dann, dass zwar dem Buchstaben des Gesetzes entsprechend verfahren, dessen Ziel aber verfehlt wird. Wenn solch ein Vorgehen akzeptiert wird, sind wir kein bisschen weiter als damals, als das Gesetz gegen Gottes Absichten missbraucht wurde. Wer die Intention eines Gesetzes nicht mehr wahrnimmt, verfehlt leicht das Ziel.

Im Umgang mit dem Gesetz und der Bibel kann man grundsätzlich auf zwei Seiten vom Pferd fallen, entweder in die Jauchegrube der falsch verstandenen Freiheit oder in das Dornengestrüpp der engstirnigen Gesetzlichkeit. Beides führt am Ziel vorbei. Eine gute Schriftauslegung berücksichtigt das Prinzip der fortschreitenden Offenbarung, das der ganzen Bibel und der Geschichte Gottes mit sterblichen Menschen innewohnt. So gibt es auch innerhalb des Neuen Testaments Lehrthemen, die sich fortschreitend entfalten und insofern sowohl eine historische als auch inhaltliche Dynamik besitzen. Die unter der Inspiration des Heiligen Geistes entstandenen Evangelien enthalten verschiedene Schwerpunkte, die für unterschiedliche Lesergruppen gedacht waren. Ich nehme in den darin enthaltenen Jesus-Worten über Ehescheidung eine inhaltliche Weiterentwicklung von Lukas über Markus zu Matthäus wahr. Die unterschiedlichen Versionen sind für mich nicht Widerspruch, sondern Ergänzung. Sicherlich hat Jesus über einzelne Themen nicht nur ein einziges Mal, sondern zu verschiedenen Gelegenheiten zu verschiedenen Menschen Unterschiedliches und doch Übereinstimmendes und sich Ergänzendes gesagt.

Eine gute Schriftauslegung berücksichtigt das Prinzip der fortschreitenden Offenbarung.

Der Schutz der Frau

In Lukas 16,18 ist die Grundaussage Jesu zum Thema Scheidung enthalten. Er bezeichnet es als Ehebruch, wenn die Ehefrau wegen einer anderen Frau *entlassen* wird. Die von Lukas verwendeten Verbformen drücken (wie in Markus 10,12) eine Gleichzeitigkeit von entlassen und heiraten aus. Jesu vorrangiges Anliegen war es, die in der jüdischen Gesellschaft zum Verschiebegut degradierten Frauen zu schützen – daher dieses klare und kompromisslose Wort, das keine Ausnahme macht. Wörtlich heißt es: *Jeder seine Frau Entlassende und eine andere Heiratende bricht die Ehe*. Warum? Weil in dem Fall ein vorhandenes Band gewaltsam gelöst, das heißt gebrochen wird. Man bedenke aber, dass nicht jeder Entlassende die Ehe bricht, so wie ja auch nicht jeder Heiratende die Ehe bricht, sondern *jeder Entlassende und Heiratende*. Deswegen bedeutet ein neuer Partner als Trennungsgrund immer Ehebruch. Daher sind die bei Matthäus und von Paulus genannten Gründe Unzucht und ungläubiger Partner hier nicht erwähnenswert, da ein Entlassen oder Verlassen in diesen Fällen nicht wegen eines neuen Partners geschieht und auch nicht unmittelbar zu einer neuen Ehe führt bzw. führen soll.

Die Worte über das Heiraten einer vom Mann entlassenen Frau zeigen allerdings, dass man auch später in den Ehebruch eines anderen hineingezogen werden kann. Daher ist es angemessen, vor dem Heiraten Geschiedener genau die Vorgeschichte und sehr gewissenhaft den Stand der Dinge zu prüfen. Das kategorische *Jeder, der …* fehlt aber hier. Im Zusammenhang mit Scheidung kommt dieses Wort außerdem in der provozierenden Frage der Pharisäer vor: *Ist es einem Mann erlaubt, aus jeder beliebigen Ursache seine Frau zu entlassen?* (Matthäus 19,3). Da Jesus dies offensichtlich verneint, dürfen wir nicht ins andere Extrem fallen und an die Stelle von *aus jeder Ursache erlaubt* ein *aus jeder Ursache verboten* setzen. Nach Lukas spricht Jesus allerdings jeden schuldig, der seine Frau entlässt, um eine andere zu heiraten.

Ehebruch im Herzen

In Matthäus 5,32 betrifft das Wort Jesu jeden, der seine Frau wegschickt, ohne dass dabei Unzucht eine Rolle spielt. Es heißt aber nicht, dass der Mann dann selbst die Ehe bricht; er verleitet vielmehr seine ungerechtfertigt entlassene Frau zum Ehebruch. Wie bei Lukas klingt auch hier die zweite Vershälfte nicht mehr so kategorisch.

Die Übersetzung *die Ehe brechen* lässt mehrere griechische Grundworte vermuten; es handelt sich aber nur um eins, nämlich *ehebrechen*. Das dazugehörige Eigenschaftswort *ehebrecherisch* wird ja auch nicht mit mehreren Worten übersetzt; sonst müsste es z. B. heißen: *Eine die Ehe (…) brechende Generation sucht ein Zeichen.* Aber es heißt *eine ehebrecherische* (Matthäus 12,39; Markus 8,38). Sicherlich lebten in der von Jesus gescholtenen Generation etliche Ehebrecher. Er beklagte aber in erster Linie ihre ehebrecherische und treulose Gesinnung. Genauso bezeichnete Jakobus die als *ehebrecherische* Menschen, die zwischen *Freundschaft* mit *der Welt* (Jakobus 4,4) und Gott hin und her schwanken, auch wenn nicht jeder von ihnen buchstäblich Ehebruch begeht. Die Hingabe an zwei Partner (hier Gott und Welt) verunreinigt und bringt Konflikte. Deshalb fordert Jakobus solche Menschen auf, *die Hände* und *Herzen* zu reinigen und ihre Wankelmütigkeit aufzugeben (Jakobus 4,8). Daher kann an den entsprechenden Evangelienstellen übersetzt werden: *Wer seine Frau entlässt und eine andere heiratet, verhält sich ehebrecherisch.* Ebenso verhält sich ja der Mann ehebrecherisch, der eine fremde Frau begehrlich betrachtet, auch wenn er nicht mit ihr schläft.

Das Wort *ehebrechen* steht wie *Unzucht* schon im Alten Testament inhaltlich in engem Zusammenhang mit Götzendienst und Verführung im umfassenden Sinn, weshalb es auch im Neuen Testament für die Beschreibung von *Götzendienst* und *Bundesbruch* Gott gegenüber gebraucht wird (Offenbarung 2,20-22). Daher ist die Bewertung eines Ehebruchs sicher eindeutiger, wenn ein Bundesbruch mit Gott, also ein Missachten und Ignorieren der verbindlichen Beziehung zu ihm, mit einer neuen Beziehung oder Ehe einhergeht. Götzendienst besagt: Hier will jemand etwas oder jemanden um jeden Preis haben, setzt diese Beziehung statt der Beziehung zu Gott an die erste Stelle. Das ist die eigentliche Sünde, die sagt: Ich nehme mir jetzt das, was ich brauche und was mir Gott anscheinend nicht gibt und von dem ich mir mehr Glück verspreche, als Gott mir zu geben bereit ist. Die Folge davon ist oft Ehebruch im doppelten Sinn. Genau das beschreibt Jesus in der Bergpredigt. Der Mann ist wegen der von ihm begehrten Frau, seinem Götzen, bereit, Gottes Gebot zu übertreten und seine bzw. ihre Ehe zu brechen und damit sowohl die Beziehung zu Gott als auch die zum jeweiligen Ehepartner aufs Spiel zu setzen.

Der *Vater, der im Verborgenen sieht* (Matthäus 6,4.18), freut sich über alles, was wir für ihn im Verborgenen getan haben, und belohnt es. Er wird aber auch *das Verborgene der Menschen* richten und *die Absichten der Herzen offenbaren* (Römer 2,16; 1. Korinther 4,4-5).

Daher sollen wir nicht *vor der Zeit,* also voreilig, ein Urteil fällen. Menschliche Urteile, auch die über uns selbst, sind ohnehin nicht entscheidend. Jeder bekommt *sein Lob* oder seinen Tadel *von Gott,* darauf kommt es letztlich an. Gerade in Bezug auf Ehebruch und Scheidung geht es in der Bergpredigt vor allem um das, was im Verborgenen geschieht, also um die Herzensmotive. Im Ergebnis soll das Sichtbare dem Unsichtbaren entsprechen. Es gibt viele Ehen, die nach außen hin okay sind, einfach wegen der Tatsache, dass keiner äußerlich erkennbar die Ehe verlassen hat, und doch *übertünchten Gräbern* gleichen (Matthäus 23,27). Und es gibt Ehen, die als vorbildlich und beneidenswert gelten, um deren Erhalt jedoch gleichzeitig mit mehr oder weniger Erfolg gerungen wird. So achtet Jesus bei jeder Ehekrise, Scheidung und Wiederverheiratung, aber auch bei nur äußerlich aufrechterhaltenen Ehen allein auf die dahinter liegenden Motive (Matthäus 5,27-32). Gott sieht auch, wenn eine Ehe nur durch die Angst vor materieller Not zusammengehalten wird.

Gott sieht auch, wenn eine Ehe nur durch die Angst vor materieller Not zusammengehalten wird.

Die drei meist mit *außer wegen Hurerei* übersetzten Worte haben nicht eine so eindeutige Bedeutung, wie man erwarten mag. Sicherlich wird hier gesagt: Wenn der Grund zur Entlassung nicht Unzucht ist, kann eine Ehe bestehen bleiben und soll nicht zerbrochen werden. Jesus sagt aber nicht, was es genau mit dem Unzuchtsgrund auf sich hat. Natürlich hört man zunächst heraus, dass der, der sich scheiden lassen will, dem anderen Fremdgehen, also einen *Fall von Unzucht,* vorhalten kann. Das ist ja auch nach wie vor der häufigste, aber keineswegs einzig denkbare Fall. Um Unzucht geht es nämlich auch, wenn das Fremdgehen oder andere sexuelle Untreue durch verweigerte sexuelle Gemeinschaft provoziert wird. Das kann durchaus eine Variante sein, wenn die Ein-Fleisch-Beziehung, die *Gott zusammengefügt hat*, gegen Gottes Willen bereits in der Ehe geschieden wurde (Matthäus 19,6). So wie die intime sexuelle Gemeinschaft in der Ehe das Ein-Fleisch-Werden besiegelt, besiegelt die dauerhafte Verweigerung der sexuellen Gemeinschaft die Scheidung. Natürlich gibt es Beziehungen, Phasen und Krankheitssituationen, in denen das intime Miteinander nicht gelingt, in denen aber andere Elemente der Paarbeziehung willentlich aufrechterhalten werden und die Ehe wie ein Auto auf drei statt auf vier Zylindern läuft. Es ist auch klar, dass eine nur durch Sexualität zusammengehaltene Ehe auf Dauer ebenso stark gefährdet ist, wenn nämlich der seelische und geistliche Austausch fehlt und von einer oder beiden Seiten nicht mehr gewollt ist. Wenn es aber kein Zylinder mehr tut, dann ist der Motor hin.

Wegen Unzucht

Unzucht wird im Neuen Testament dreimal im Zusammenhang mit Ehe und Scheidung genannt, davon zweimal als akzeptable Ausnahme für die Entlassung der Frau und einmal als Grund zur Heirat. Die Formulierung der Ausnahme in Matthäus 5,32 kann unterschiedlich übersetzt werden. Hier einige infrage kommende Varianten: *Außer wegen eines Falles von Unzucht*; *außer in einer Angelegenheit von Unzucht* (vgl. Apostelgeschichte 15,6; Philipper 4,15); *außer Unzucht ist Anlass* (vgl. Apostelgeschichte 10,29; 19,38); *außer es geht um Unzucht*[20]; *außer der Berücksichtigung*[21] *von Unzucht; außer der Anrechnung von Unzucht* (vgl. Philipper 4,8.15.17); *außer der Rechtfertigung* (der Entlassung) *durch Unzucht; außer aus dem vernünftigen Beweggrund der Unzucht* (vgl. Römer 12,2; 1. Petrus 2,2).

Da »wegen Unzucht« weitgehend als einzige Ausnahme für eine zulässige Trennung bzw. Scheidung gilt und daher über das weitere Leben etlicher Christen entscheidet, ist es nicht spitzfindig, sondern verantwortungsvoll, sich auch die von Matthäus 5,32 abweichende Wortwahl des Grundtextes in Matthäus 19,9 genauer anzusehen. Jeder, der auf diese Einzelaussage im Neuen Testament besonderen Wert legt, muss auch hier die möglichen Übersetzungsmöglichkeiten gewissenhaft abwägen. Für das auch hier oft mit »wegen« wiedergegebene Wort gibt es an den über 175 Stellen im Neuen Testament allein in der Elberfelder, und in der Luther-Übersetzung nicht weniger als 23 Übersetzungsmöglichkeiten. Außerdem hat es oft auch eine zukünftige Bedeutung, z. B. *auf Glauben hin*, *auf Hoffnung hin* (Apostelgeschichte 2,26; 3,16, 26,6; Römer 4,18; 8,20; 1. Korinther 9,10), *zur Freiheit* (Galater 5,13)*; zur Unreinheit* (1. Thessalonicher 4,7)*; zu guten Werken* (Epheser 2,10)*; zum Verderben* (2. Timotheus 2,14); *wegen der kommenden Drangsale* (Jakobus 5,1). Daher kann sich »wegen Unzucht« ohne Weiteres auf einen noch nicht eingetretenen Fall beziehen. Für die Übersetzung von Matthäus 19,9 kommen folgende Varianten infrage: *unter der Bedingung* bzw. *aufgrund von Unzucht; bedingt* bzw. *begründet durch Unzucht; in Beziehung* bzw. *mit Rücksicht auf Unzucht; unter Berücksichtigung von Unzucht* (in dem Fall mit Matthäus 5,32 identisch).

Die Formulierung *außer im Hinblick auf Unzucht* (Vers 9) bezieht sich eigentlich nicht auf die Scheidebriefpraxis, da nach dem mosaischen Gesetz Ehebrecher zu Tode gesteinigt wurden und so wiederum der Tod die Menschen geschieden hat. Nun hat Jesus die Steinigung als Strafvollzug abgelehnt, weil er selbst die Todesstrafe für unsere Sünden auf sich genommen hat. In ihm ist ein anderes Zeitalter angebrochen. Gott hat *kein Gefallen am Tod dessen, der sterben muss*, sondern ruft ihn auf, umzukehren und zu leben (Hesekiel 18,32). Wenn nun einerseits dem betrogenen Ehepartner im Alten Bund aufgrund der Todesstrafe das Eingehen einer weiteren Ehe zustand und Jesus andererseits die Todesstrafe für alle Sünden auf sich genommen hat, wird mit dem Wort Jesu *außer im Hinblick auf Unzucht* gleichzeitig die Möglichkeit zur Wiederverheiratung angedeutet. Nur durch die Gnade in Jesus, die uns Vergebung ermöglicht, kann unsere *Gerechtigkeit vorzüglicher als die der Schriftgelehrten und Pharisäer* werden, und nur ihretwegen werden wir *in das Reich der Himmel eingehen* (Titus 2,12; Matthäus 5,20). So wollen wir auch in Bezug auf Ehe, Scheidung und Wiederheirat unsere *Hoffnung ganz auf die Gnade* setzen und auch miteinander gnädig umgehen, also der uns erwiesenen Gnade gemäß (1. Petrus 1,13; LB)!

Wenn sexuelle Gemeinschaft verweigert wird

Das Auffallende ist ja, dass Unzucht sowohl als Grund für eine legitime Scheidung wie auch als Grund zum Heiraten genannt wird. Da es offensichtlich bereits Fälle von Unzucht in der korinthischen Gemeinde gab und die jungen Christen in einer berüchtigten Hafenstadt in Zukunft diesbezüglich besonders verführbar sein würden, riet Paulus *wegen Unzucht* zur Ehe. Die meisten Übersetzungen haben an dieser Stelle eher die Vermeidung von zukünftiger bzw. drohender Unzucht als bereits eingetretene Unzucht vor Augen. *Wegen Unzucht*, nämlich um ihr vorzubeugen, werden Ehen geschlossen; aus dem gleichen Grund, *wegen Unzucht*, können sie geschieden werden.

Wenn ein Ehepartner nun dem anderen die zugesagte sexuelle Gemeinschaft bewusst und langfristig verweigert und der Ehepartner nicht die Gabe der Ehelosigkeit hat, dann wird der Satan ihn in Versuchung führen (1. Korinther 7,5).

Der eine *entlässt* den anderen quasi in die Unzucht. Verrückterweise würde die dann ungeordnet gelebte Sexualität ausgerechnet dem, der sich dem anderen in schuldhafter Weise entzogen hat, einen gültigen Scheidungsgrund liefern. Das Ergebnis wäre dann, dass der, der eigentlich die Hauptschuld am Scheitern der Ehe trägt, legitimiert wäre, erneut zu heiraten. Denn tatsächlich kam es *wegen Hurerei* zur Scheidung. Der andere wiederum erscheint als der schuldige Teil, der nach Meinung vieler nicht wieder heiraten darf, gleichzeitig aber meistens nicht zum ersten Partner zurückkehren kann und so erneut und noch tiefer in die Sünde getrieben wird. Ist es dann nicht besser, wenn einer *um der Unzucht willen*, nämlich damit sie nicht passiert, die Scheidung von dem Eheunwilligen begehrt? Er lässt sich ja scheiden im Zusammenhang mit Unzucht, um der *Unzucht willen*, die ihm droht.

Zuvor schrieb Paulus: *Flieht die Unzucht* (1. Korinther 6,18)! Wie soll man vor der Unzucht fliehen, wenn die sexuelle Gemeinschaft in der Ehe nicht (mehr) möglich ist? Natürlich kann und soll derjenige unnötigen Versuchungen aus dem Weg gehen. Aber eigentlich ist er ja, *um Unzucht* zu vermeiden – hoffentlich nicht nur deswegen! –, die

Ehe eingegangen. Auf diese Weise ist er erfolgreich vor der Unzucht geflohen, bis der Partner ihn »auf Entzug gesetzt« hat.

»Wegen Unzucht« bedeutet also nicht automatisch und nicht ausschließlich *im Fall von Unzucht*. Dieses *wegen* kann sich sowohl auf vorhandene, bereits eingetretene oder zukünftige, befürchtete Unzucht beziehen. Zum Beispiel wird wegen der morgen drohenden Preiserhöhung heute noch schnell eingekauft, oder wegen eines Hurrikans, der noch gar nicht da ist, verlassen Leute ihre Häuser. In der gleichen Weise kann »wegen Unzucht« sich sowohl auf einen eingetretenen als auch auf einen zukünftig drohenden Schaden beziehen, dem jemand durch Trennung zu entgehen versucht. Da Paulus als Grund für die Ehe ebenfalls *Unzucht* nennt, kann *wegen der Angelegenheit von Unzucht* hier auch bedeuten, Unzucht zu vermeiden. Denn wenn nach Paulus das Leben in der Ehe Unzucht abwendet (1. Korinther 7,2), dann gilt das auch für eine Ehescheidung nach Matthäus, wenn einer sich dem anderen in der Ehe entzogen hat.

Wenn einer der Ehepartner dann aus der Ehe ausbricht, weil er die sexuelle Abstinenz nicht mehr ausgehalten hat, fällt die oft oberflächlich vorgenommene Unterscheidung zwischen einem schuldigen und unschuldigen Teil schwer. Diese Unterscheidung ist aber in vielen Gemeinden die Grundlage dafür, ob eine zweite Ehe zugestanden oder abgelehnt wird. Daher komme ich zu folgendem Schluss: Wenn es für eine geordnet gelebte Sexualität ratsam ist zu heiraten, kann es ebenso ratsam erscheinen, wegen drohender Unzucht die Ehe aufzulösen, sollte einer der Partner die Sexualität generell nicht leben wollen. Sicherlich darf dieser Aspekt nicht isoliert betrachtet werden. Unbedingt müssen die Hintergründe angesprochen und offengelegt werden, um keine voreiligen Konsequenzen zu ziehen.

Wenn es für eine geordnet gelebte Sexualität ratsam ist zu heiraten, kann es ebenso ratsam erscheinen, wegen drohender Unzucht die Ehe aufzulösen.

Hartherzigkeit

Während das Wort Jesu über die Scheidung bei Lukas nicht mit einer bestimmten Begebenheit verknüpft wird, ist es bei Markus und in Matthäus 19 in die Diskussion über den Scheidebrief eingebettet. In Matthäus 19,7 sehen wir, dass die, die Jesus in die Falle locken wollen, Gottes Wort verdrehen, indem sie behaupten, Mose habe *geboten*, den Scheidebrief zu geben. Jesus stellt richtig, dass Mose es lediglich *wegen (...) Hartherzigkeit gestattet* hatte. Es gibt kein Gebot zur Ehescheidung, aber ein Gebot, Unrecht einzudämmen – und damit auf dem Boden des Alten Testaments eine Erlaubnis zur Scheidung. Daher wird man diesem Text und der Intention Jesu nicht gerecht, wenn man nur aus den letzten Versen allein die Lehre über Scheidung (und Wiederheirat) ableitet.

In Markus 10,5 nennt Jesus die Hartherzigkeit der Menschen als Grund für den Scheidebrief. In der Tat spielt bei Scheidungen Hartherzigkeit eine große Rolle. Das heißt aber nicht, dass jede Entlassung bzw. Scheidung nach 5. Mose 24 Ehebruch und Sünde ist. Wir sollten uns nicht anmaßen, so wie Gott die Herzen zu kennen und etwas als Sünde zu deklarieren, was von Jesus nicht generell verneint wurde. Gott erkennt ehebrecherische Motive und Gedanken ohnehin, ob nun in, vor oder nach einer Ehe. Wir dürfen nicht in das Fahrwasser der falsch motivierten Fragestellung der Pharisäer geraten. Wer fragt: »Darf man sich scheiden lassen?«, muss sich die Gegenfrage gefallen lassen, ob es wirklich darum geht, ehrlich in der Schrift zu forschen und Gottes ewige Absichten zu erkennen, um sie auf unsere heutige Lebenswelt anzuwenden. Eine Diskussion zu führen, die letzten Endes nur zum Ziel hat, ein Fehlverhalten zu verurteilen, geht an Jesu Gedanken vorbei.

Jesus geht es in dieser Auseinandersetzung um Folgendes: Er ringt um das, was Gottes ursprünglicher Wille war. Ehescheidung soll nur unter schlimmsten Umständen möglich sein – wie eine Notbremse, wenn nichts anderes mehr funktioniert. Eine Notbremse ist aber nicht dasselbe wie eine geölte Tür, die damals wie heute oft zu leichtfertig durchschritten wird. Nicht einmal Unzucht erzwingt unausweichlich

Ehescheidung, sondern die Hartherzigkeit, die mit und ohne Unzucht dazu führen kann, dass keine Versöhnung mehr möglich ist. Einerseits wird die Ehe also mit der Perspektive einer lebenslangen Bindung eingegangen, bis der Tod scheidet, andererseits ist sie zerbrechlich, wenn Sünde und Hartherzigkeit zusammenfallen. Hier scheidet letztlich auch der Tod die Ehe. Denn jede Ehe ist auf Vergebung und Versöhnung angewiesen. Werden Vergebung und Versöhnung nicht gelebt, stirbt die Ehe.

Vergebungsbereitschaft

Jesus nimmt den Pharisäern die Illusion, sich auf den von Mose zugestandenen Scheidebrief berufen zu können. Denn Jesus lässt alle damals üblichen Gründe für eine Scheidung – außer Unzucht – nicht gelten. Das war für damalige Verhältnisse eine enorme Einschränkung und bedeutete gleichzeitig eine Aufwertung der Frau. Nur in Markus 10,12 finden wir für die römische bzw. heidenchristliche Leserschaft, in deren Kultur es auch Frauen möglich war, sich scheiden zu lassen, eine auf die Frau bezogene Formulierung. Den Jüngern gegenüber nennt Jesus Unzucht nicht als Ausnahme, weil es ihm um ein ehebrecherisches Verhalten dessen geht, der wegen eines neuen den bisherigen Partner sausen lässt. Außerdem hat ein Jünger Jesu immer die Chance und Aufgabe, sein Herz vor Unversöhnlichkeit und Härte zu bewahren. Unzucht kann der Auslöser für eine harte Reaktion sein, die den Fehltritt des Partners nicht verzeiht. Tatsächlich besteht aber in solch einem Fall die Möglichkeit, sich scheiden zu lassen, sofern das Fremdgehen als so schmerzhaft erlebt wird, dass der betrogene Ehepartner nicht mehr an der Ehe festhalten will.

> Jesus lässt alle damals üblichen Gründe für eine Scheidung – außer Unzucht – nicht gelten.

Damit legitimiert Jesus jedoch keineswegs die Hartherzigkeit. Wer seinen Ehepartner, der ehrlich, womöglich unter Tränen und mehrfach um Vergebung bittet, abblitzen lässt, verhält sich alles andere als christlich. Falls eine Scheidung dem betrogenen Partner dennoch unumgänglich erscheint, muss er irgendwann später ungeachtet einer erneuten Heirat an den Punkt kommen, *seinen Schuldigern zu vergeben*, es sei denn, er verzichtet darauf, dass Gott ihm ebenso vergibt. Hartherzigkeit ist oft auf der Seite des Unzüchtigen anzutreffen, weil Sünde hart macht. Es gibt aber auch den Fall, dass nicht Unzucht Hartherzigkeit, sondern Hartherzigkeit Unzucht hervorruft.

In der Übersetzung »Hoffnung für alle« lautet Markus 10,12: *Wenn sich ein Mann von seiner Frau trennt, um eine andere zu heiraten, dann ist das Ehebruch.* Wie wir sehen, fehlt in diesem Vers zwischen *entlassen* und *heiraten* das beide Verben verbindende *und.* Dieses im Deutschen eingefügte *und* hat die Kommentatoren auf den Gedanken gebracht, dass das Eingehen einer weiteren Ehe Ehebruch ist, egal ob sie wenige Monate oder Jahrzehnte nach der Trennung stattfand. Im Zuge dieser Auslegung öffnet sich für Christen, die ihr Ehe- und Scheidungsdesaster endlich verarbeitet und überwunden haben, mit einer rechtmäßigen und womöglich heilenden neuen Ehe der Abgrund der Hölle. Der Akzent der Worte Jesu liegt aber nicht auf etwas, was irgendwann in der Zukunft geschieht (Wiederheirat), sondern auf der Hartherzigkeit, die eine bestehende Ehe zerstört und durch die ein Partner den anderen innerlich oder äußerlich von sich stößt.

Der Seelsorger Jesus

In Johannes 4 geht es im Unterschied zu den anderen Evangelientexten nicht um eine theoretische Diskussion, sondern um einen einzelnen Menschen mit einer individuellen Geschichte und Jesu Reaktion darauf. Das entspricht der häufigen Erfahrung von Christen, die anderen in ihrer persönlichen Problematik, zum Beispiel vor, während und nach einer Trennungssituation begegnen. Jesus ist nicht nur der beste Rabbi, sondern auch als guter Hirte der beste Seelsorger, der je über diese Erde gegangen ist. Daher kann es kein Fehler sein, sondern nur hilfreich, seiner Vorgehensweise nachzuspüren. Jesus ging es im Gespräch mit der Samariterin primär um Ehrlichkeit in der Beziehung zu Gott. Daher ist es bedeutungsvoll, dass er einerseits von etlichen rechtmäßigen Ehemännern dieser Frau ausgeht und andererseits am Ende den Unterschied zu ihrem jetzigen »Lebensabschnittsgefährten« hervorhebt. Die Samariterin beschönigt nichts; sie erkennt ihr Fehlverhalten (Verse 29 und 39), ohne sich verurteilt zu fühlen. Dabei fallen weder das Wort *Unzucht* noch das Wort *Ehebruch* oder gar die ebenso verbreitete wie unbiblische Formulierung »in Sünde leben«.

Vielleicht hat die Samariterin zu anderen Leuten immer von »meinem Mann« gesprochen. Als Jesus sie auf ihn anspricht, will sie nicht lügen und sagt: *Ich habe keinen Mann*. Jesus bestätigt das – und ebenso, dass sie nach offensichtlich fünf Ehen nun mit einem Mann zusammenlebt, den sie nicht wirklich ihren Ehemann nennen kann. Jesus spricht es lediglich an. Das dürfen wir auch tun, zum Beispiel wenn wir mit unverheirateten Paaren in der Gemeinde zu tun haben. Er verurteilt sie nicht und hat auch nicht als Erstes mit ihr über Sünde gesprochen. Daher sollten wir Jesu Vorbild folgen und in solch einem Fall auch nicht direkt über Sünde sprechen. Falls sich die Frau (oder ihr Partner) ein Hintertürchen offen halten wollte und nicht zu radikaler Treue bereit war, entspricht das nicht Gottes Gedanken über Ehe und dem Zusammenleben der Geschlechter. Wir erfahren aber nicht, auch wenn einige sich das wünschen würden, ob Jesus dieser Frau zur Heirat mit ihrem Lebensgefährten, zur Trennung von ihm, zum Alleinbleiben oder gar zur Rückkehr zu einem der noch lebenden Ex-Partner (Nr. 1, 2, 3, 4 oder 5?) geraten hat. Wichtig ist, dass sie sich vom Messias persönlich angesprochen fühlte und herausfordern ließ. Genau dies bedeutet Bußfertigkeit bzw. Bereitschaft zur Umkehr.

Jesus erregte oft Anstoß, weil er entweder Schemata infrage stellte oder das Bedürfnis nach ihnen nicht befriedigte. Deswegen ist jeder, der ihm glaubt, herausgefordert, sich direkt an ihm zu orientieren. Der rote Faden im Wirken Jesu, der durch jeden Entwurf einer christlichen Ethik hindurchgehen muss, besteht darin, das Wesen Gottes auf Erden zu verwirklichen. Sein häufiges *Ich aber sage euch* in der Bergpredigt sollte weder die alttestamentlichen Gebote auflösen, noch seine Jünger zu einer Truppe machen, die das Gesetz noch strenger einhält als

Es war nicht Jesu Ziel, dass man seine Worte als Keule gegen andere missbraucht.

die Pharisäer. Schon gar nicht war es Jesu Ziel, dass man seine Worte als Keule gegen andere missbraucht. Vielmehr zielt er als der Herzenskundige in allem auf die Motive ab; auf das, was im Herzen passiert, wenn einer zum Beispiel um einer anderen Frau willen aus der Ehe aussteigt oder eine Frau verführerisch nach einem fremden Mann schielt. Er sieht auch, wenn jemand gegen die Sünde kämpft, um seine Integrität ringt und dennoch fällt.

Ehe und Ehescheidung in der Gemeinde

Man kann aus dem Alten Testament eine Menge über die Prinzipien Gottes, seinen Bund mit Israel und die Beziehung einzelner Menschen zu Gott lernen. Jedoch lässt sich vieles nicht unmittelbar auf den christlichen Glauben anwenden. Ebenso erfahren wir in den Evangelien alles Entscheidende über Jesus, die Erlösung durch Kreuz und Auferstehung, die Nachfolge und das Reich Gottes. In ihnen können wir wiederum nichts Erschöpfendes über die Gemeinde lesen. Erst ab der Apostelgeschichte erfahren wir Genaueres darüber, wie Menschen seit Pfingsten das von Jesus erworbene Heil angenommen und den Heiligen Geist empfangen haben, wie sie der Gemeinde hinzugetan wurden und sich das Evangelium unter den Nationen ausbreitete. Das brachte neue Fragen mit sich, die unbedingt geklärt werden mussten, aber nicht allein aus den Worten Jesu an seine jüdischen Jünger und Zeitgenossen beantwortet werden konnten. Der 1. Korintherbrief ist einer von den Briefen an eine Ortsgemeinde, die auf die besonderen Belange und Fragen von Menschen eingehen, die vor kurzem Christen geworden sind. Insbesondere müssen sie unterstützt werden, wenn es darum geht, neue moralische Maßstäbe zu finden. Daher hilft uns das 7. Kapitel über Ehe, Ehelosigkeit, Scheidung und erneute Heirat besonders, da wir als Christen aus den Nationen unter ähnlichen Voraussetzungen in einer nichtchristlichen Umwelt nach Gottes Maßstäben fragen wollen.

Gott wusste, dass es für den Menschen nicht gut ist, allein zu sein (1. Mose 2,18). Deswegen hat er die Frau aus seiner Seite genommen und an seine Seite gestellt. Damit es nicht zu Partnerwechsel und fehlgeleiteter Sexualität kommt, was alles mit *den Hurereien* gemeint sein kann, *habe jeder seine eigene Frau, und jede habe ihren eigenen Mann.* Das bedeutet, dass eine dritte Person, ein weiterer Intimpartner des gleichen oder des anderen Geschlechts, dem sexuelle Gemeinschaft gewährt wird, zerstörerisch für die Ehe ist. Eine dritte Person ist, abgesehen davon, dass ein eigenes Kind die Ehe bereichern kann, genau eine zu viel. Ebenso bringt das bloße Verheiratetsein nichts, wenn nicht beide Ehepartner die Ehe wirklich führen wollen. Genau zwei Personen sind nötig, um eine Ehe zu bilden und aufrechtzuerhalten. Daher gehen Ehen kaputt, in denen einer zu viel Platz haben will, und Ehen, in denen einer zu wenig seinen Platz einnimmt. Zum Tennis-Doppel braucht man nicht fünf sondern genau vier Spieler, zum Skat braucht man den dritten Mann, zum Tandemfahren und für die Ehe sind genau zwei Leute erforderlich, nicht mehr und nicht weniger.

Sich entziehen

Nach Meinung vieler Ausleger war die Gemeinde in Korinth mit folgendem Problem konfrontiert: Auf der einen Seite gab es Leute, die ihre Sexualität ungeordnet auslebten, was für die aus dem heidnischen Korinth stammenden Christen wie für viele unserer Zeitgenossen normal war; auf der anderen Seite standen die radikalen Asketen, für die Sexualität etwas Schmutziges war, weshalb sie sogar vorhandene Ehen auflösen oder zumindest nicht mehr vollziehen wollten. Paulus findet zu seinen weisen, ausgewogenen Ratschlägen, indem er für ein geordnetes, sexuell aktives Eheleben plädiert, um Unzucht abzuwenden, sein Vorbild und damit die gabenabhängige Berechtigung zur Askese präsentiert und schließlich Freiheit zum Heiraten gewährt.

Ich glaube, dass unfreiwillige Askese eine der Ursachen für Ehebruch und damit für Scheidungen ist. Es ist offensichtlich: Wenn Sexualität in der Ehe nicht gelebt wird, ist ein Verheirateter immer angreifbar, und zwar *wegen der Unenthaltsamkeit. Unenthaltsamkeit* ist nicht dasselbe wie *Unreinheit* und *Unzucht*; *Unenthaltsamkeit* kann von Verheirateten nicht auf Dauer erwartet werden. Paulus geht es darum, dass wir der falschen Askese widerstehen sollen. Wer sich entzieht, ist sich dessen vielleicht nicht bewusst, weil er zu sehr mit sich selbst beschäftigt ist. Deshalb muss darüber unbedingt gesprochen werden. Vielleicht will er aber auch mit seinem Verhalten Druck ausüben; damit wird sein Partner auf die Dauer nicht leben können. Was ist, wenn die Ehegemeinschaft nicht wiederhergestellt werden kann? Soll dann demjenigen, der in der Ehe keine Askese leben konnte, nun die Enthaltsamkeit nach der Ehe auferlegt werden?

> Soll demjenigen, der in der Ehe keine Askese leben konnte, nun die Enthaltsamkeit nach der Ehe auferlegt werden?

Die Frage ist natürlich: Warum verweigern Frauen oder Männer den sexuellen Verkehr mit ihren Ehepartnern? Um den anderen zu verlassen – oder weil sie bereits verlassen worden sind? Weil es ihnen keinen Spaß mehr macht oder weil sie es nicht mehr mit dem anderen aushalten? Weil ihnen ein anderer Sexualpartner attraktiver erscheint oder weil der eigene Ehepartner *den natürlichen Verkehr verlassen* hat, ohne sich auf einen außerehelichen Sexualkontakt eingelassen zu haben? Wir sehen hier, wie leicht bei aller Schuldverstrickung Ursache und Wirkung in der nachträglichen Bewertung vertauscht werden können.

Bemerkenswerterweise finden wir einige Verse nach den Worten Jesu über die Ehescheidung in Markus 10,19 das nur hier erwähnte Gebot *Du sollst nicht vorenthalten* bzw. *berauben!* Es stammt nicht aus den Zehn Geboten. Um solch ein *Vorenthalten* geht es aber in 5. Mose 15,7 und in 2. Mose 21,10 (übrigens nur 23 Verse nach dem Ehebruchsverbot!), und zwar in der Anweisung, der ersten Frau *den ehelichen Verkehr nicht zu verweigern*, falls ein Mann *nach ihr noch eine zweite Frau heiratet* (Hfa). Diese Stelle bezieht sich auf den sexuellen Umgang in der Ehe. Daher ist es nicht abwegig, es mit der Verwendung desselben Wortes in 1. Korinther 7,5 in Verbindung zu bringen, wo es auch darum geht, dass Ehepartner sich körperlich *entziehen. Vorenthalten* bedeutet, etwas nicht zu geben, was man hat, dem anderen aber moralisch oder juristisch zusteht. Manche übersetzen *berauben*, was insofern zutrifft, weil ein Partner der Möglichkeit *beraubt* wird, seine Sexualität in der gegenseitig zugesagten und Gott wohlgefälligen Weise zu leben. Wenn wir sexuelle Untreue und Pornografie unter Christen beklagen, muss auch danach gefragt werden, ob sich der Ehepartner vielleicht entzieht. In Jesaja 58,1-10 ruft Gott dazu auf, jede Art von Schuld und Gewalt loszulassen, sodass die Mitmenschen nicht unter dem *Joch* von Anklage und Unversöhnlichkeit festgehalten werden. Dazu gehört der Appell, *dass du dich deinem Fleisch nicht entziehst* (Vers 7; LB). Damit könnte gemeint sein, sich in der Ehe nicht sexuell zu verweigern, was bisweilen als Druckmittel oder Racheinstrument benutzt wird. Wenn dieses ungerechte Joch in einer Ehe nicht rechtzeitig abgeschafft wird, kann es passieren, dass einer unter diesem Joch zusammenbricht.

Wenn man auf der einen Seite mit Recht vor Sex ohne Ehe warnt, muss man auf der anderen Seite auch vor Ehe ohne Sex warnen. Das Sexualleben soll von der Ehegemeinschaft weder durch intime Außenkontakte noch durch generellen Entzug der Intimität abgespalten werden. Kommen die zwei, die einmal *ein Fleisch* geworden sind, (außer in Übereinkunft bzw. aus gesundheitlichen oder Altersgründen usw.) überhaupt nicht mehr intim zusammen, trennen sie sich im wahrsten Sinn des Wortes allmählich; sie vollziehen die Ehe nicht mehr, und es ist lediglich eine Frage der Zeit, wann einer sich einen neuen Intimpartner sucht oder diesen inneren Trennungsvorgang äußerlich durch räumliche Trennung und Scheidung dokumentiert und ratifiziert. Aber *was Gott zusammengefügt hat, soll der Mensch nicht* trennen (Matthäus 19,6). Das hat nichts, aber auch überhaupt nichts mit Vergewaltigung in der Ehe zu tun oder mit der Vorstellung, der Ehepartner habe quasi als Sexmaschine immer zur Verfügung zu stehen. Aber es muss auch einmal deutlich gesagt werden, dass die gerade in christlichen Kreisen religiös verbrämte sexuelle Askese nicht lebbar ist. Die Ewigkeit wird offenbaren, wie viele Ehen an diesem Punkt gescheitert sind; möglicherweise deutet aber bereits die Scheidungsrate in christlichen Kreisen darauf hin.

Ehelosigkeit

In 1. Korinther 7,6-8 empfiehlt Paulus seine eigene Ehelosigkeit zur Nachahmung. Aber worin besteht sein Vorbild? Über seine Biografie ist unterschiedlich spekuliert worden. Wenn wir uns am Standard seiner Zeit und an der jüdischen Kultur orientieren, müssen wir davon ausgehen, dass er einmal verheiratet war. Als *Sohn von Pharisäern* wurde man in seiner Zeit per Ehevertrag zwischen den Eltern im Alter von ca. zehn bis fünfzehn Jahren standesgemäß verheiratet, die Ehe wurde dann spätestens mit Anfang zwanzig vollzogen. *»Nach rabbinischer Anschauung ist das Ehelichwerden ein Pflichtgebot.«*[22] *»Nach Apg 26,10, wo Paulus sich an der Urteilsprechung beteiligt, gehörte er dem Hohen Rat an. Dazu musste er verheiratet sein«*[23] und mindestens 30 Jahre alt. Es ist einfach nicht vorstellbar, dass ein Pharisäer, *auferzogen in dieser Stadt, zu den Füßen Gamaliels unterwiesen nach der Strenge des väterlichen Gesetzes* (Apostelgeschichte 22,3; 8,1; 23,6; 26,5; Philipper 3,5), im Hohen Rat Sitz und Stimme hatte, ohne verheiratet zu sein! So ist es das Wahrscheinlichste, dass Saulus von Tarsus ein von seinen Eltern ausgesuchtes jüdisches Mädchen aus einer ebenso angesehenen Familie geheiratet hatte, zum Zeitpunkt seiner Bekehrung verheiratet und wahrscheinlich Vater mehrerer Kinder war.

Wenn das zutrifft, stellt sich die Frage: Was passierte, als Saulus zum Paulus wurde? Wohl genau das, was seitdem in so vielen jüdischen (und in ähnlicher Weise in moslemischen) Familien geschieht: Wer Christ wird, wird von seiner eigenen Familie verstoßen und die Ehefrau von ihrer Herkunftsfamilie zurückgeholt, es sei denn, sie bekehrt sich selbst auch; und schon ist ein junger Christ geschieden. Dass dies oder Ähnliches Saulus widerfahren ist, lassen u. a. auch 1. Korinther 7 und Epheser 5 erkennen: Hier äußert er sich als Insider über die Ehe, auch wenn er zu dem Zeitpunkt ein Single war. Theoretisch könnte er auch verwitwet gewesen sein, als er den 1. Korintherbrief schrieb – etwa 20 Jahre nach seiner Bekehrung. Das ist immer noch wahrscheinlicher, als dass er zeitlebens Junggeselle geblieben ist. Falls er jedoch geschieden war, muss diese Scheidung von den anderen Aposteln als legitim anerkannt worden sein.

Wenn eins von beidem zutrifft, dann rät Paulus denen, die einmal wie er verheiratet waren und nun entweder geschieden oder verwitwet sind, zur Ehelosigkeit. Wenn er sich als Beispiel erwähnt, ruft er eben nicht dazu auf, Junggeselle bzw. Jungfrau zu bleiben, da in den Versen, in denen er von sich spricht, auch nicht von der Jungfrau oder dem Junggesellen, sondern von den Geschiedenen und Verwitweten die Rede ist. Er möchte dies aber als gut gemeinten Rat verstanden wissen, den jeder in einer solchen Situation ernst nehmen und prüfen möge. Paulus macht daraus aber kein Gesetz. Denn er weiß, dass es *besser* ist *zu heiraten, als zu brennen* (1. Korinther 7,9), das heißt sich vor Sehnsucht nach einem Partner um gar nichts mehr kümmern zu können, weder um den Herrn noch um sich selbst.

Paulus weiß, dass es *besser ist zu heiraten, als zu brennen.*

Das kann nur heißen: Es ist für Verwitwete wie Geschiedene besser, wieder zu heiraten, als eine unerträgliche Ehelosigkeit hinzunehmen. Denn Ehelosigkeit ist eine Gabe. Sie kann allerdings geschenkt werden, wenn sich der/die Geschiedene bzw. der/die Verwitwete danach ausstreckt. Dazu möchte Paulus anregen, da man auch nicht automatisch denken soll, man müsse unbedingt wieder heiraten; das stimmt nämlich auch nicht.

Die Unenthaltsamen sollen (wieder) heiraten

Wenn sie sich aber nicht enthalten können, sollen sie heiraten. In 1. Korinther 7 werden drei Gruppen erwähnt: die *Unverheirateten* (Verse 8, 11, 32, 34), die *Witwen* bzw. Witwer (Vers 8) und die *Jungfrauen* bzw. Junggesellen (Verse 25, 28, 34, 36-38). Da die Bedeutung von *Jungfrau/Junggeselle* und *Witwe/Witwer* eindeutig ist, bleibt die Frage, wer mit der ersten Gruppe gemeint ist. In unserem Sprachgebrauch sind die Ledigen die Unverheirateten, die noch nie geheiratet haben. In Luthers Sprache bzw. Übersetzung ist der Ledige der, der los und ledig, also frei ist. Wir kennen noch Redewendungen wie »sich ent-ledigen«, »aller Bande ledig«, also von etwas frei sein. Das griechische Wort bezeichnet einen Menschen, der vom Eheband befreit ist. In Vers 8 wird ein Unterschied zwischen *den Unverheirateten und den Witwen* gemacht, in Vers 34 jedoch zwischen Unverheirateten (Ledigen) und Jungfrauen bzw. Junggesellen. Es kann sich daher nur um eine weitere Gruppe außerhalb der Ehe handeln; das sind Leute ohne Ehegatten, die nicht mehr in der Ehe leben, also die Geschiedenen in der Gemeinde. Zu ihnen sagt Paulus: *Es ist besser zu heiraten, als zu verbrennen, wenn sie sich nicht enthalten.* Zu diesem Ergebnis kommt auch John MacArthur[24]: *»Ledig (oder »unverheiratet«) ist ein Begriff, der im NT viermal verwendet wird, und zwar nur in 1. Kor (vgl. Vers 11.32.34). Dieser Vers macht klar, dass ledig etwas anderes ist als verwitwet. Vers 11 identifiziert die Geschiedenen als »Unverheiratete«, die zu unterscheiden sind von den »Verwitweten« (Vers 39.40; d. h. ledig durch Tod des Partners) und Jungfrauen (Vers 25.28; d. h. nie verheiratet). Wenn der Begriff »unverheiratet« (auch mit »ledig« übersetzt) vorkommt, bezieht sich das also immer auf die ehemals Verheirateten, die jetzt alleinstehend, aber nicht verwitwet sind. Das sind die Geschiedenen. Wahrscheinlich wollten diese ehemals Verheirateten wissen, ob sie als Christen wieder heiraten dürfen und sollten.«*

Die meisten deutschen Übersetzungen verwenden die Formulierung *nicht enthalten können.* Davon ist aber im Grundtext ebenso wenig die Rede wie in der Parallelstelle 1. Korinther 9,25, wo es heißt: *Er ist enthaltsam in allem.* Das bedeutet, dass es immer Geschiedene und Verwitwete gibt, die mit dem Alleinsein klarkommen. Sie sollten sich durch ihre Umgebung nicht aus der Ruhe bringen lassen und die Vorteile der Ehelosigkeit für sich entdecken, die Paulus hervorhebt. Die anderen – und das wusste Paulus auch – kann man kaum mit »Wiederheirat ist Sünde«-Sprüchen abspeisen. Sie gehen ihren Weg in die Sünde, in die Welt oder einfach in eine andere Gemeinde oder entscheiden sich, was für Paulus *besser* ist, erneut zu heiraten. Das Beste ist ohne Frage, dass es nicht zur Scheidung kommt. Falls aber doch, sollen Aussöhnung und Wiederherstellung der Ehe nicht ausgeschlossen werden. Wenn das unmöglich ist, besteht die Möglichkeit einer neuen Ehe. In der Bibel und in der Seelsorge geht es bei diesem

Thema oft nicht um gut oder schlecht, sondern um *besser* (Verse 9 und 38) und schlechter – also darum, was das kleinere Übel ist.

Halten wir fest: Paulus geht, was Geschiedene betrifft, von beiden Möglichkeiten aus, nämlich dass sie allein bleiben wie er (was er besser findet), oder erneut heiraten, was aufgrund von Vers 2 *(um der Unzucht willen)* und von Vers 8 *(besser als zu brennen)* ein notwendiges Zugeständnis ist. Es ist nichts damit gewonnen, dass Geschiedene und Verwitwete als unruhige, unausgeglichene Geister in Gemeinden umherirren und womöglich in Unzucht geraten bzw. andere dazu verführen. Wenn Paulus jüngeren Witwen zur Wiederheirat rät, was würde er dann wohl jüngeren Geschiedenen raten?

Widerspruch zwischen Vers 9 und Vers 11?

Für alleinstehende Frauen, die keine Jungfrauen mehr waren, ordnet Paulus an, dass sie wegen *ihrer Unenthaltsamkeit* heiraten sollen. Andererseits betont er kurz darauf, dass die geschiedene Frau, falls Versöhnung nicht zustande kommt, *unverheiratet* bleiben soll. Ist das nicht ein Widerspruch?

1. Allein *bleiben* heißt nicht automatisch »für immer«. Auch ein Sklave, der zum Glauben gekommen ist, soll zunächst bei seinem Herrn bleiben, andererseits später die Chance nutzen, frei zu werden (Verse 20, 21 und 24). Wenn der Sklave *nicht für immer im Haus* (Johannes 8,35) bleibt, warum soll dann die Geschiedene für immer geschieden bleiben?[25] Außerdem hat die hier verwendete griechische Form fast nie den Charakter eines Befehls, sondern meistens den einer Aufforderung wie: *Jeder habe seine eigene Frau* (Vers 2). Sie kann aber auch für ein Angebot *Wer will, nehme das Wasser des Lebens umsonst* (Offenbarung 22,17) oder sogar für eine Bitte gebraucht werden: *Dein Name werde geheiligt, dein Reich komme, dein Wille geschehe* (Matthäus 6,9-10). Sicherlich ist mit dem *Bleiben* in Vers 11 gemeint, dass die geschiedene bzw. getrennt lebende Frau nicht vorschnell eine neue Beziehung beginnen soll, insbeson-

dere wenn sie mit sich selbst und dem ersten Mann nicht im Frieden und daher unversöhnt ist.

2. Die geschiedene Frau soll zur Versöhnung bereit sein. Das bedeutet: Falls der Mann an einer Versöhnung nicht interessiert ist, erfüllt die Frau mit ihrer Bereitschaft dazu dennoch die von Paulus genannte Bedingung. Natürlich ist es wünschenswert, dass auch sie selbst initiativ wird, um die Situation zu befrieden und den Zwist zubeenden. Spätestens ab dem Zeitpunkt, an dem der Mann seinerseits neu gebunden ist, trifft das *Bleibe allein* auf sie nicht mehr zu.

Versöhnen bedeutet nicht unbedingt, in die alte Ehe zurückkehren.

3. *Versöhnen* bedeutet nicht unbedingt, die Ehebeziehung wiederherstellen, in die alte Ehe zurückkehren, sondern aufarbeiten, zu dem Frieden finden, zu dem wir *berufen* sind, womöglich materieller Ausgleich. *Versöhnen* kann auch einseitig geschehen. Das macht den Weg für das Gelingen einer neuen Ehe frei. *Sie soll sich versöhnen lassen* schließt auch ein, für seelsorgerliche Begleitung offen zu sein.

Trennung und Scheidung

Paulus erwähnt zwar Unzucht als Grund für die Ehe, aber in Vers 10 und 11 nicht als Scheidungsgrund. Da er aber ausdrücklich ein Gebot des Herrn zitiert, haben wir die entsprechenden Evangelienstellen auch hier im Hinterkopf. Dieses Gebot gilt *denen, die geheiratet haben*, also den Männern, da die Frauen geheiratet bzw. verheiratet wurden (Vers 39). Interessant ist aber, dass Paulus eindeutig auch auf trennungs- bzw. scheidungswillige Frauen Bezug nimmt, die sich ihren Männern entzogen (um sich sexuell »rein« zu halten). Das Problem war bei diesen Frauen also nicht, dass sie fremdgingen (weshalb Paulus es hier nicht als Scheidungsgrund nennt), sondern das Gegenteil: Askese. Auch der Mann soll sich nicht von seiner Frau zurückziehen und sie aus asketischen Gründen *verlassen*. Die Formulierung in Vers 10 beschreibt zunächst nur den Vorgang der Trennung, der mit unbarmherziger Askese oder Gefühlskälte innerhalb der Ehe beginnen und mit Scheidung enden kann. So ist auch das Wort Jesu zu verstehen: *Was Gott zusammengejocht hat, soll der Mensch nicht voneinander trennen* (Matthäus 19,6; Übersetzung des Autors). Aus der Verbform ist jedoch nicht erkennbar, wer die Initiative zur Trennung ergreift. Wie in der ähnlichen Formulierung in Lukas 16,18 kann ohne Weiteres der Mann als handelnde Person gemeint sein. Inhaltlich trifft ja beides zu: *Sie* soll – nach der Anweisung Jesu – nicht vom Mann geschieden werden bzw. *sich nicht scheiden lassen.* Heutzutage können sich weder Mann noch Frau selbst scheiden, sondern höchstens die Scheidung beantragen und sich auf diese Weise scheiden lassen.

In Vers 11 sehen wir den Einschub von Paulus, der eindeutig die Frau betrifft. In der Weiterführung von Vers 10 kommt er dann wieder auf das den Mann betreffende Gebot des Herrn zurück. Da die Verse 10 und 11b sicher nicht dasselbe aussagen sollen, bezieht sich Vers 10 auf die allgemeine Aussage *nicht scheiden*, Vers 11a auf das Verhalten der Frau und Vers 11b wiederum unter dem Aspekt des Verlassens spezifisch auf den Mann. Askese in der Ehe macht sich mit Unzucht nicht die Finger schmutzig, treibt den anderen aber in die Arme eines oder einer anderen.

Nochmals sei festgestellt, dass in diesen Versen im Unterschied zu unpräzisen Übersetzungen weder eindeutig von *scheiden,* noch von *verstoßen* oder *entlassen* der Frau durch den Mann, noch von *aussöhnen*, sondern von *scheiden* oder *trennen*, vom *Verlassen* des Mannes und von *versöhnen* die Rede ist. Daher sollte man sich in der Auslegung nicht zu sehr einengen und so tun, als gäbe es nur eine mögliche Erklärung zu diesen Versen. *Versöhnen* steht in der gleichen Form wie die bekannte Aufforderung im anderen Korintherbrief: *Lasst euch versöhnen mit Gott!* (2. Korinther 5,20). Das lassen die meisten Übersetzungen leider nicht erkennen. Es geht jeweils um ein Geschehenlassen. Da Gott der aktive Teil war, der *die Welt mit sich selbst versöhnt hat* und *ihnen die Übertretungen nicht zurechnete* (2. Korinther 5,18-19), ist der passive, wenn auch unverzichtbare Part des Menschen, diese Versöhnung dankbar anzunehmen und ihr Raum zu geben. Daher kann Paulus in 1. Korinther 7,11 auch nicht daran gedacht haben, dass die Frau, die sich von ihrem Mann getrennt hat (zum Beispiel weil sie von ihm geschlagen wurde), nun aktiv in einer Mischung aus Reue und Masochismus die Initiative zur Versöhnung ergreifen soll. Wenn ihr allerdings ehrlich Versöhnung angeboten wird, ist sie herausgefordert, diese anzunehmen und geschehen zu lassen. Das griechische Wort für *versöhnen* heißt unter anderem auch *ausgleichen*, was sich ganz konkret auf einen Versorgungs*ausgleich* und ein Befrieden unterschiedlicher Ansprüche beziehen kann. (Mehr dazu S. 176ff).

Wiederheirat verboten?

Viele Auslegungen stimmen darin überein, dass die Trennung der Frau von einem ungläubigen Partner in der griechischen Welt nicht automatisch als Scheidung zu betrachten ist (im Unterschied zur jüdischen Scheidebriefpraxis). Das bedeutet: Ein Christ, der bei einer Trennung die Auflagen von Paulus beherzigt, ist kein im Ehebruch lebender und unter Gemeindedisziplin stehender Sünder, sondern benötigt als Gemeindeglied Begleitung, Beratung und Unterstützung.

Es stellt sich die Frage, ob das vermeintliche Wiederverheiratungsverbot in Vers 11 in Verbindung mit Vers 27 und 28 nur für die Frau gilt. Dafür spricht zwar, dass mehr Frauen als Männer nach Scheidungen unverheiratet bleiben. Das hat aber sicherlich nichts damit zu tun, dass alleinstehende Frauen weniger einsam sind. *»Ein Verbot der Wiederheirat für den Mann erwähnt Paulus nicht.«*[26] Wenn dem so ist, wäre damit die Initiative zur Wiederherstellung der Ehe oder zu einer erneuten Heirat dem Mann überlassen. Wenn er sich also aufgrund ihrer (äußerlich oder innerlich vollzogenen) Trennung scheiden lässt und neu heiratet, ist das Thema erledigt. Wenn aber nicht, sollte sie sich demnach ernsthaft über die Rückkehr in die Ehegemeinschaft Gedanken machen; insbesondere dann, wenn der Mann nach wie vor in Liebe an ihr als *seiner Frau hängt* (Matthäus 19,5) und für sich eine neue Partnerschaft ablehnt. Die gleiche Gewissenhaftigkeit ist aber auch umgekehrt geboten. Insofern ist dieser Vers parallel auch auf den Mann anwendbar. Paulus geht es *»nicht darum, dass etwa erst die Wiederheirat von Geschiedenen bzw. die Heirat mit einem geschiedenen Partner als Ehebruch zu gelten hat«*[27].

Was aber, wenn auch nach der Trennung Feindseligkeiten und Unversöhnlichkeit nicht aufhören oder die Rückkehroption durch eine neue Beziehung von einer Seite vereitelt wird? Nach dem Grundsatz aus Vers 15 muss die Berufung zu einem Leben *in Frieden* berücksichtigt werden. Wenn also nur eine einseitige Versöhnung möglich ist, soll dieser Geschiedene[28] nicht zum Alleinsein verdonnert sein, wenn er weiß, dass er sich nicht enthalten kann (Vers 9). Allerdings soll dann eine neue Ehe wie bei der Witwe *im Herrn zustande kommen* (Vers 39). Für den anderen geschiedenen Teil besteht dann die Aufgabe, zu vergeben, statt anzuklagen, und loszulassen, statt sich ungesund an den anderen zu klammern. Für alle denkbaren Eventualitäten sind die beiden Grundsätze zu berücksichtigen, dass wir *zum Frieden berufen* sind und alle Entscheidungen *im Herrn geschehen* sollen.

Was aber, wenn auch nach der Trennung Feindseligkeiten und Unversöhnlichkeit nicht aufhören?

Scheidung von einem ungläubigen Partner

Auch für die Jungfrauen gab Paulus lediglich seine Meinung weiter (Vers 25). Das sollte doch erlaubt sein. Das verunsichert jedoch Menschen, die stark vom Gesetz geprägt und mit vielen Regeln aufgewachsen sind. Hier wird aber auch das Prinzip deutlich, dass wir nicht für alle Fragen, die an uns herantreten, wie aus einem Rezeptbuch ein biblisches Gebot zur Hand haben. Manche Leser, die gern ein geschlossenes Lehrgebäude besitzen, werden enttäuscht sein, dass ich für einige Sachverhalte und Bibelstellen verschiedene Auslegungen und Übersetzungen anbiete bzw. stehen lasse. Ich finde es unverantwortlich und irreführend, wenn bei manchen Versen bisweilen so getan wird, als wäre ihre Erklärung völlig eindeutig. Es gibt, wie ich bereits gezeigt habe, in der Tat eindeutige Stellen, die keinen Zweifel darüber lassen, was auf keinen Fall oder was auf jeden Fall gemeint ist. Anderes wird erst klar durch den Kontext und den Vergleich mit Parallelstellen. Wieder anderes bleibt in der Schwebe.

Worin liegt bei Paulus der Unterschied zu der Zeit von Esra und Nehemia, in der ja wie bereits erwähnt Mischehen aufgelöst wurden? Damals hatten sich die gläubigen Juden heidnische Frauen genommen und standen in Gefahr, sich zum Götzendienst verführen zu lassen. Paulus bewertet jedoch den positiven Einfluss eines mit dem Heiligen Geist erfüllten Christen stärker als den des ungläubigen heidnischen Ehepartners aus Korinth. Es wäre aber ebenso ein Fehler zu meinen, man könne deshalb als Christ einen Nichtchristen heiraten, wie das zur Zeit von Nehemia und Esra bzw. Maleachi geschah, da dies kaum *im Herrn geschehen* kann. In der Formulierung *nicht geknechtet* (Vers 15) zeigt sich die Barmherzigkeit und Güte Gottes. John MacArthur schreibt in seinem Kommentar zu 1. Korinther 7,15: *»Bei einer berechtigten Scheidung geht die Schrift stets von Wiederheirat aus.«*[29]

Wenn sich also der eheunwillige ungläubige Partner abwendet, dann kann sich für den Gläubigen eine Art Gefängnis öffnen, sodass er sich *nicht* mehr *geknechtet* fühlt. Soll ihm nun das Joch der Ehelosigkeit wie ein neues Gefängnis auferlegt werden? Vielleicht erlebt er das Ledigsein gar nicht als Gefängnis, weil er die Gabe der Ehelosigkeit bekommt. Hat er sie aber nicht, dann hat er eine andere *Gnadengabe* (Vers 7) und darf heiraten. Dadurch mag er bei Christen in Ungnade fallen; bei seinem gnädigen Gott wird er dennoch geborgen sein.

Wer heiratet, sündigt nicht

Obwohl es recht viele Bibelstellen zum Thema Scheidung gibt, kommt das Hauptwort *Scheidung* nur an einer weithin unbeachteten Stelle vor, und zwar in 1. Korinther 7,27, wo es oft mit *Lösung* wiedergegeben wird. Das dazugehörige Verb hat verschiedene Bedeutungen. Hier im selben Vers, in dem es um Scheidung geht, bedeutet es dementsprechend *scheiden* bzw. *lösen*. Das Wortpaar *gelöst/gebunden* kommt ja auch in anderen Zusammenhängen als Gegensatzpaar vor, z. B. wenn es um den Gebrauch von Autorität geht. Ich glaube, dass man im Einzelfall auch ein Eheband unter Gottes Autorität lösen kann; dazu muss Gott nicht den Tod eines Ehepartners herbeiführen. Natürlich gibt es immer wieder Menschen, die ihre eigenmächtigen Wege durch Berufung auf Gottes Autorität rechtfertigen wollen und damit den Namen des Herrn missbrauchen und entehren. Das darf aber nicht dazu führen, Gottes Souveränität zu verleugnen. Beim Binden und Lösen in Vers 27 geht es jedenfalls eindeutig darum, die vorherige Bindung eines Mannes an seine Frau aufzuheben.

Paulus rät angesichts kommender Notzeiten, *dieses* Ledigsein, nämlich das eines geschiedenen Mannes, nicht ohne Weiteres zu verändern (Vers 26). Für den Verheirateten bedeutet das, dass er keine Scheidung, für den bereits Geschiedenen, dass er keine erneute Heirat anstreben soll: *Bist du an eine Frau gebunden*, bleibe dabei, *bist du frei* von einer Ehebindung, suche keine neue (Vers 27). Wer sich bereits *von einer Frau gelöst hat* bzw. *geschieden wurde, sündigt nicht* im Falle einer etwaigen (Wieder-)Heirat, genauso wenig wie eine *Jungfrau* (Vers 28) es tun würde. Leider bieten etliche Übersetzungen zwar für das Hauptwort *Lösung* oder *Trennung* an, aber das damit verwandte unmittelbar folgende *lösen* ist in kaum einer Übersetzung wiederzuerkennen; bei den meisten klingt es eher nach einem Zustand bzw. einer Eigenschaft: *frei, nicht gebunden, ledig, los. An eine Frau gebunden* gehört zu *von einer Frau gelöst*. Die hier verwendete Form kann sowohl *bist du gelöst* als auch *hast du dich gelöst* bedeuten. Das Gleiche gilt für die entsprechende Form von *binden*, sodass es sowohl *bist du gebunden* (Passiv) als auch *hast du dich gebunden* bedeuten kann.

Paulus rät zwar den Geschiedenen, ledig zu bleiben (wie er selbst), bestätigt aber unmissverständlich, dass man nicht sündigt, wenn man trotz dieser Empfehlung wieder heiratet, ebenso wenig wie die Jungfrau. Eine solche Unterscheidung macht Paulus auch in Vers 34, wo er sowohl von der Unverheirateten als auch von der Jungfrau spricht. John MacArthurs Kommentar[30] zu Vers 27 lautet: *»Hier geht es um Scheidung. (…) Die Ehe ist eine völlig berechtigte und geistliche Alternative sowohl für Geschiedene (auf biblischer Grundlage) als auch für Jungfrauen.«* Selbst wenn zusätzlich Witwer gemeint sein könnten, ist die Aussage klar: Sie sündigen nicht, wenn sie wieder heiraten;

gerade wenn sie nicht enthaltsam sind bzw. leben[31], sollen sie sogar heiraten. Das heißt keineswegs, dass man es sich mit dem Thema Scheidung und Zweitehe leicht machen kann. Davor warnen die Worte Jesu in den Evangelien, auf die Paulus Bezug nimmt, hinreichend. Scheidung und Wiederheirat aber kategorisch als Sünde zu bezeichnen[32], entspricht nicht den biblischen Formulierungen und widerspricht sogar direkt 1. Korinther 7,28!

Bekommt die Frau »lebenslänglich«?

Paulus sagt nun selbst später in 1. Korinther 7,39, dass die Frau *gebunden* ist, *solange ihr Mann lebt.* Wie passt das mit den Versen 9, 15 und 28 desselben Kapitels zusammen? Hier sehen wir, wie manchmal ein Prinzip (Ehe auf Lebenszeit) und ein Sonderfall (Scheidung, Ehe mit ungläubigem Partner) aufeinander prallt; sie können nur durch forschendes Bibelstudium, hörendes Gebet und geistgeleitete Seelsorge zusammengebracht werden. Es fällt auf, dass (jedenfalls in den entscheidenden alten Handschriften) im Vers 39 die Formulierung *durch Gesetz* fehlt, das in der Parallelstelle Römer 7,2 vorkommt. Paulus hatte nicht vor, seine Anweisungen und Ratschläge als Gesetz zu verordnen oder mit dem alttestamentlichen Gesetz zu begründen, das für die Heidenchristen in Korinth sowieso nie gegolten hatte. Daher folgere ich aus diesem Vers:

Paulus hatte nicht vor, seine Anweisungen und Ratschläge als Gesetz zu verordnen.

- Solange es *ihr Mann* ist, ist sie an ihn *gebunden.* Das heißt: Wenn sie *wegen Unzucht* von ihm geschieden oder aus anderen Gründen von ihm ver- oder entlassen worden ist, ist es nicht mehr *ihr Mann* bzw. sie ist dann nicht mehr seine Frau. Vielleicht ist ihr ehemaliger Mann inzwischen der Mann einer anderen. Auf jeden Fall ist sie nicht mehr an ihn *gebunden.*
- Da im Neuen Testament von *entschlafen* nur dann die Rede ist, wenn ein Christ stirbt (z. B. Matthäus 27,52; Apostelgeschichte

7,60; 1. Korinther 11,30; 15,6; 1. Thessalonicher 4,13-15), bezieht sich die Formulierung *wenn aber der Mann entschlafen ist* auf einen gläubigen Mann. Das bedeutet: Wenn sich der ungläubige Partner von seiner gläubigen Frau getrennt hat, spielt es für ihre erneute Heirat keine Rolle, ob er gestorben ist oder nicht. Sie oder im umgekehrten Fall er sind *nicht geknechtet* und bereits vor seinem Tod *frei, geheiratet zu werden.*

- *Nur im Herrn* geschehe es. Das gilt generell für alle sensiblen Prozesse im Zusammenhang mit Scheidung und erneuter Heirat (auch von Verwitweten) und meint zunächst, dass eine Heirat dann *im Herrn* geschieht, wenn beide Beteiligten gläubig sind.

Zusammenfassung

Paulus hat die Worte Jesu richtig verstanden und machte es den Korinthern nicht leicht, die Ehe zu scheiden. Er legte aber auch nicht wie seine alten Pharisäer-Kollegen *unerträgliche Lasten* auf (Matthäus 23,4), weil er davon ausging, dass wir frei vom Gesetz sind. So wird in 1. Korinther 7 das Gebot des Herrn, sich nicht scheiden zu lassen, als Ideal hochgehalten. Die Stelle *wenn sie sich scheidet* beschreibt dann die Konfrontation mit dem realen Leben und erwähnt ein zweites Ideal, nämlich *ehelos* zu bleiben bzw. sich mit dem Partner *versöhnen zu lassen.* Wenn die Ehe allerdings nicht wiederhergestellt werden kann, ist dennoch eine einseitige Versöhnung, ein Loslassen der Verletzungen möglich – und dann besteht auch die Chance einer neuen Ehe. Wenn weder das erste noch das zweite Ideal realisierbar sind, würde sonst eine Lebenshölle drohen, in der der Mensch buchstäblich brennt und leidet (Vers 9). Paulus hat den von Jesus als Ausnahme genannten Punkt Entlassung bzw. Scheidung *um der Unzucht willen* in 1. Korinther 7 nicht erwähnt. Er spricht aber die Problematik an, wenn sich einer der Ehepartner prinzipiell sexuell entzieht oder einer der Partner ungläubig ist. Es ist abgesehen davon ohnehin sehr die Frage, ob ein Mensch ein Verbot auf Scheidung und Wiederheirat aussprechen darf. Insbesondere dann, wenn Ehebruch, Unzucht, sexuelle Verweigerung oder ein ungläubiger Partner möglicherweise der Scheidungsgrund gewesen ist, sollte man mit einem Urteil zurückhaltend sein.

7. Scheidung und Wiederheirat in der Kirchengeschichte

Nachdem wir bisher die alttestamentlichen Voraussetzungen und den neutestamentlichen Umgang mit Scheidung und Wiederheirat betrachtet haben, möchte ich nun einen groben Überblick über die Zeit nach Abfassung des Neuen Testaments geben. Hier zeigt sich, wie stark Verkündigung und Seelsorge doch von den Entwicklungen, Bewegungen und Gegenbewegungen der Kirchengeschichte geprägt sind. Ein Blick auf die vergangenen Jahrhunderte ist deswegen sehr lohnenswert.

Zur Zeit der Apostelschüler bis zur Reichskirche, also vom 2. bis 4. Jahrhundert, war Wiederverheiratung unter gewissen Umständen mit Berufung auf das Neue Testament möglich und anerkannt. Danach war in der römisch-katholischen Kirche bis zum 12. Jahrhundert in folgenden Fällen Wiederverheiratung möglich[33]: bei Ehebruch, Glaubensabfall eines Partners, Hexerei, sexueller Verweigerung oder Unfrieden bis hin zu Lebensbedrohung.

Ab dem 12. Jahrhundert tauchte immer stärker die Lehre auf, nach der nur noch *Trennung von Tisch und Bett* möglich, Scheidung aber unmöglich war, falls beide Ehepartner getaufte Christen waren und die Ehe vollzogen hatten. Auffällig ist hierbei, dass diese Lehre erst recht spät in der römisch-katholischen Kirche auftaucht, und zwar genau zu der Zeit, in der das Zölibat für Priester und Ordensleute obligatorisch wurde. Fast gewinnt man den Eindruck, dass die Priester, die selbst nicht mehr heiraten durften, nun den anderen keine Möglichkeit zur Wiederheirat mehr gelassen haben. Die offizielle Argumentation war (entgegen der Schöpfungsordnung Gottes), dass Ehelosigkeit das höchste Ideal sei, wohingegen die Ehe nur der Schwachheit wegen gestiftet wurde. Daher »durfte« jeder, der nicht (mehr) verheiratet war, das höhere Ideal leben.

Auffallend ist außerdem, dass sich genau in dieser Zeit die Ostkirche von der Westkirche abgespalten hatte. Da die orthodoxe Kirche das Zölibat nie obligatorisch einführte und die Wiederverheiratung unter Umständen ermöglichte, entsprach das in der Westkirche eingeführte Verbot der Wiederverheiratung dem Bedürfnis nach Abgrenzung von der Ostkirche und wurde später auf dem Rücken der Betroffenen wie eine Waffe gegen die vermeintliche Orthodoxie benutzt.

Doch wie gingen die Reformatoren des 16. Jahrhunderts mit dem Thema Scheidung um, und welche Reaktion löste das aus? Luther hat eine erneute Heirat nach begründeter Scheidung anerkannt. Als Scheidungsgründe galten bei ihm: Eheunfähigkeit, Ehebruch, Hurerei ohne Versöhnungsmöglichkeit, Verweigerung der Ehepflichten, was er mit Ehebruch gleichsetzt[34], böswilliges Verlassen, Glaubensgründe (z. B. ein katholischer Partner)[35] und andere gleichwertige Gründe (wie zum Beispiel Tötungsabsicht).

Luther hat eine erneute Heirat nach begründeter Scheidung anerkannt.

In den *Schmalkaldischen Artikeln* wird ausdrücklich betont, dass die Ehe *dem Bande nach* gelöst werden kann, ohne dass ein Makel zurückbleibt. Auch die Täufer der Reformationszeit, die als strenggläubige Bibelchristen angesehen wurden, räumten ein, dass eine Scheidung unter bestimmten Umständen möglich sei, ebenso eine spätere Wiederverheiratung (gilt auch für die Quäker).

1531 löste König Heinrich VIII. die englische Staatskirche von der römisch-katholischen Kirche, weil sie seine eigene Scheidung von Katharina Aragon nicht akzeptierte. Daher lebt in ihr sowohl katholisches als auch reformatorisches Erbe weiter und die entsprechende Theologie, die eine Scheidung als möglich betrachtet.

Im Tridentinischen Konzil (1545-1563) ging es der römisch-katholischen Kirche um die Abwehr der Reformatoren, die ja unter bestimmten Umständen Ehescheidung und Wiederverheiratung bejahten. Daher ist es nicht verwunderlich, dass die katholische Kirche seitdem die Wiederverheiratung verbietet. Inhaltlich wurde auf diesem Konzil ansonsten Folgendes entschieden[36]: Unterschieden wird zwischen zwei Eheformen, nämlich der Ehe nach dem Naturrecht, die als *gültige Ehe* anzusehen ist, und der sakramentalen Ehe. Demnach haben die eine gültige Ehe geschlossen, die nicht zur katholischen Kirche gehören und nicht katholisch getauft sind. Das Sakrament der Ehe spenden sich aber nur getaufte Katholiken; nur deren Ehe gilt als unauflöslich. Der Streit um die Mischehenfrage wurde so entschieden, dass glaubensverschiedene Ehen lediglich als gültige, also auflösbare Ehen anzusehen sind.

Bis in unsere Zeit hinein wird daher in der römisch-katholischen Kirche die Ehe als gültiges Sakrament betrachtet, wenn beide Partner vor einem katholischen Priester, der Sakramentsgewalt besitzt, getraut worden sind. Gelöst werden kann eine sakramentale Ehe nur nach 1. Korinther 7,15, und zwar durch die gemäß Matthäus 18,18 beanspruchte apostolische Vollmacht. Die Ehe muss nicht mehr weitergeführt werden, falls sie trotz gültiger Trauung nicht vollzogen wurde. Die Formulierung *nicht gebunden* wird dabei als Freiheit zur Wiederverheiratung verstanden. Zu der Weiterentwicklung der reformatorischen Positionen später mehr.

Aus alledem folgt, dass die Lehre, Scheidung und Wiederheirat seien aus biblischer Sicht nicht möglich, relativ neu ist. Sie ist vielmehr durch Kirchenstreit und Zölibat gewachsen, kann sich aber nicht auf das Neue Testament und das Urchristentum berufen.

8. Ethische Aspekte

Es gibt in der Schöpfung Gottes einen wichtigen Unterschied zwischen Mensch und Tier: Der Segen der Fruchtbarkeit wird pauschal über den Tieren aus-, ihnen aber nicht zugesprochen. Daher liegt ein triebhafter natürlicher Zwang auf der Tierwelt; Tiere können nicht individuell zu diesem Segen Stellung nehmen (1. Mose 1,22-25). Interessant ist auch, dass viele Tierarten nicht zu einer dauerhaften partnerschaftlichen Bindung in der Lage sind. Dem Menschenpaar wird der Segen der Fruchtbarkeit persönlich zugesprochen (1. Mose 1,26-28). Daraus erwächst Verantwortung für ihren Umgang mit Fruchtbarkeit. Der Segenszuspruch an den Menschen hat keine zwanghafte Wirkung, sondern ist begleitet mit einem Auftrag, den er annehmen kann oder auch nicht. Der Mensch kann sich mit Schuld beladen. Würde er schuldfrei bzw. schuldunfähig gesprochen, dann wäre er wie ein triebhaftes Tier. Die Bürde der Freiheit, sich gegen Gott und seine Gebote entscheiden zu können, wäre ihm genommen – aber ebenso seine ganz besondere Würde.

Man darf hierbei nicht vergessen, dass nicht nur der Fruchtbarkeitssegen, sondern auch die Einehe zur Paradiesordnung gehört. Jesus orientiert sich in ethischen Fragen daran, wie es am Anfang (gedacht) war, auch wenn schon bald nach dem Sündenfall Scham, Rückzug und gegenseitige Schuldzuweisungen Einzug hielten. Die Dauerhaftigkeit von Ehe und Liebe ist deswegen ein Kennzeichen der paradiesischen Ordnung. Nach dem Sündenfall muss auch der Gläubige mit der Realität eigener und fremder Schuld und Scham umgehen, und daher hat auch die Notordnung der Scheidung ihre Berechtigung in einer gefallenen Welt.

Die Dauerhaftigkeit von Ehe und Liebe ist ein Kennzeichen der paradiesischen Ordnung.

Unauflöslichkeit der Ehe – die katholische Sakramentslehre

Der in der katholischen Theologie entwickelte Begriff der unauflösbaren Ehe hängt unmittelbar mit dem Verständnis der Unauflöslichkeit eines gespendeten Sakraments zusammen. Auch im evangelischen Raum gibt es die Vorstellung, dass die Ehe unauflösbar sei[37], was allerdings stärker mit dem Verständnis des Ehebundes zusammenhängt (dazu später mehr). Wir müssen daher unterscheiden zwischen dem biblischen Prinzip einer auf Lebenszeit angelegten Ehe, die grundsätzlich nicht aufgelöst werden soll, und der katholischen Konstruktion der Ehe als Sakrament, das auch durch Scheidung nicht aufgelöst werden kann.

Seit dem Kirchenvater Augustinus (354-430) ist für die Taufe[38] und andere katholische Sakramente wie die Priesterweihe und eben auch[39] für die Ehe beansprucht worden, sie seien unauflöslich bzw. unaufhebbar gültig. In Bezug auf Scheidung und Wiederheirat ist von Augustinus überliefert, dass ein gewisser Pollentius ihm geklagt habe: *Ein Mann, der sich von seiner Frau trennt und eine andere heiratet, hat nur dann eine Chance, sich nach einer gewissen Bußzeit wieder mit der Kirche zu versöhnen, wenn er seine frühere Frau umbringt. Denn ein Mörder kann nach einer bestimmten Bußzeit wieder zur Eucharistie zugelassen werden, ein wieder verheirateter Geschiedener dagegen nicht.* Augustinus hielt dagegen: Erstens gehöre es sich für einen Christen nicht, einen anderen Menschen umzubringen; zweitens stelle ein Mord eine abgeschlossene Tat dar und könne deshalb gesühnt werden, eine ungültige Ehe hingegen sei ein dauerhaftes und fortdauerndes Fehlverhalten.

Hier wird deutlich, wohin ein abgehobenes Sakramentsverständnis bezüglich der Ehe führen kann, das weder mit dem Geist Jesu und der Heiligen Schrift noch mit der Liebe Gottes zum Menschen und seiner Barmherzigkeit übereinstimmt. Natürlich verdanken wir Augustinus auch wertvolle Erkenntnisse, aber seine Einstufung der sexuellen Begierde als Erscheinungsform der Sünde hat seitdem die ganze abendländische Kirche nachteilig geprägt[40]. Dabei hatte ihn die in der antiken griechischen Philosophenschule der Stoa entwickelte Vorstellung geformt, *»dass Intimverkehr nur gerechtfertigt sei, wenn er mit dem Ziel ausgeübt wird, das die Natur auch dem Menschen vorgibt, nämlich die Weitergabe und Erhaltung des Lebens«*[41]. Bis in die Gegenwart bestimmt diese Vorstellung die katholische Tradition[42], die in den evangelischen Kirchen auch erst nach dem Zweiten Weltkrieg allmählich überwunden wurde.

Richtig ist, dass eine Ehe, ein Amt und eine biblisch vollzogene Taufe nicht sofort durch diesen oder jenen Fehler komplett hinterfragt werden und an menschlichen Schwächen scheitern muss. Gefährlich ist aber die Vorstellung, dass der Fortbestand einer Ehe, die geistliche Autorität eines Amtes und die Gültigkeit der Taufe auch völlig unabhängig vom Willen und Verhalten der beteiligten Personen durch ihren sakramentalen, also unauflöslichen Charakter garantiert sein soll. Aus diesem Sakramentsverständnis heraus verwirft die katholische Kirche jedoch bis heute die Auflösung der Ehe. Daher kann aus schwerwiegenden Gründen eine bürgerlich-rechtliche Scheidung zwar um ihrer juristischen Wirkungen willen begehrt werden, sie wird aber von katholischer Seite aus nur akzeptiert, wenn sie lediglich als Aufhebung der ehelichen Lebensgemeinschaft[43] betrachtet wird und keiner der Beteiligten eine andere Ehe eingehen will.

Diese überzogene Vorstellung der Ehe hat zu den verrücktesten Auswüchsen geführt, die in ihrer Schriftferne der modernen Abkehr von der Institution der Ehe in nichts nachsteht. Außerdem produziert sie gerade in unserer Zeit eine Winkelakrobatik im römisch-katholischen Kirchenrecht, nach dem auch sakramental geschlossene Ehen durch ein kompliziertes Dispensverfahren für ungültig erklärt bzw. aufgehoben, statt geschieden werden können. Die dafür zuständigen Stellen haben Hochkonjunktur, da sie dem Wunsch entsprechen, auch als Geschiedener Mitglied der Kirche zu bleiben und am Abendmahl teilnehmen zu können. Gleichzeitig steigert diese Praxis keineswegs die Glaubwürdigkeit der katholischen Kirche und ihrer seelsorgerlichen Kompetenz.

Lutherische und reformierte Theologie

Der aus dem katholischen Sakramentsverständnis stammende Begriff der Unauflöslichkeit ist im lutherischen und reformierten Bereich für die Taufe wie auch die Ehe leider übernommen worden. Luther sagt über die mit der Kindertaufe zusammenhängende Kirchenmitgliedschaft: *»Bist du aus dem Schiff gefallen, tritt wieder herein. Es ist ein ewig Geschenk, character indelebilis* (= unauflöslicher Charakter). *Gottes Wort fällt darum nicht, ob ich (gleich) falle und nicht glaube.«*[44] Die Ehe bezeichnete Luther allerdings, wie bereits erwähnt, als *ein weltlich Ding* und einen *weltlichen Stand.*[45]

Luther bezeichnete die Ehe, wie bereits erwähnt, als *ein weltlich Ding* und einen *weltlichen Stand.*

Für den reformierten Theologen Karl Barth sind alle (als Kinder) Getauften *Träger eines character indelebilis*, der *unter allen Umständen* bleibt[46]. Mit der Frage der Unauflöslichkeit der Ehe geht er allerdings behutsamer und seelsorgerlich angemessener um. Auch Helmut Thielicke greift in seiner mehrbändigen Ethik auf den sakramentalen Begriff der unauflöslichen Ehe zurück. Er schränkt zwar ein, dass es zum Beispiel durch Kriegswirren später für nichtig erklärte Eheschließungen geben kann, glaubt aber, dass die *»Bindung von Mann und Weib im Sinne der Schöpfungsordnung (…), auch nicht im individuellen Fall«* aufgehoben werden kann. Vielmehr komme es zu einer *»de-facto-Lossagung vom andern (…). Diese Lossagung wird dann durch den Scheidebrief nicht »vollzogen«, sondern nur als geschehen »bestätigt«. Das Verbot der Wiederverheiratung Geschiedener (…) hat, wie gesagt, nur Sinn, wenn die einmal gestiftete eheliche Verbindung einen character indelebilis hat.«*[47]

Die Ehe wird als absolut unauflöslich betrachtet; die Absolutheit duldet keine Einschränkung. Mit dem Hinweis auf die Worte Jesu *(Wer sich von seinem Weibe scheidet, der bricht die Ehe)* spricht der Theologe Rudolf Bohren von der *»völligen Unauflöslichkeit der Ehe«*[48]. Er stellt zwar zutreffend fest: *»Gott gibt uns sein Wort, um uns vor leichtfertiger Sünde zu bewahren.«* Auch will er nicht, dass wir aufgrund der Worte Jesu *»über die Geschiedenen oder Wiederverhei-*

rateten zu Gerichte sitzen«. Gleichzeitig stellt er aber den, der sich *»scheidet, weil er eine Hübschere gefunden hat«*, mit dem, für den die Ehe *»ein Ort der Qual geworden«* ist und sich deshalb scheidet, auf eine Stufe: *»Das Motiv zur Scheidung ist beides Mal das Gleiche: Man glaubt, der Sinn des Lebens liege im Glücklichsein!«* Diese Pauschalierung halte ich für unverantwortlich. Sie zeugt von geringer Erfahrung im Umgang mit betroffenen Christen, von denen es vielen bei ihrer Trennung nicht um das Glücklichsein, sondern um das nackte Überleben geht.

Es ist immer die Frage, wen welche These wann trifft. Bohren hat sicherlich Recht: Wer leichtfertig seine Ehe infrage stellt, muss zu Opferbereitschaft aufgefordert werden. An jede schwere Ehe soll *»der Ruf zur Kreuzesnachfolge«* ergehen. Das darf aber nicht das einzige und letzte seelsorgerliche Wort bleiben. Interessanterweise relativiert Bohren selbst im Weiteren die kurz vorher absolut gesetzte Unauflöslichkeit der Ehe, indem er sie ins Subjektive verlegt und im Widerspruch zum Vorigen sagt: *»Für mich ist die Ehe unauflöslich, weil ich an Christus glaube. Aber wenn ich an Christus glaube, kann ich niemanden zur Unauflöslichkeit der Ehe zwingen!«* Dann stellt er unter dem Hinweis auf die von Paulus kommentierten Mischehen fest, *»dass die Unauflöslichkeit der Ehe nur durch Christus und in Christus, in seinem Geiste gegeben ist«*. Darin eingeschlossen ist nun aber auch, dass sich einer der Ehepartner vom Glauben abwendet. Demnach muss man doch Abstriche am völlig unauflöslichen Charakter der Ehe machen und ihn mehr als unbedingt gewollte Vorgabe und Intention statt als ehernes Gesetz verstehen.

Zu diesem Thema hat sich auch der holländische Autor Josef Grotenhuis hilfreich geäußert: *»Die Dauerhaftigkeit, die Gott mit dem Status »Ehe« verbindet, ist keine Last, sondern etwas Schönes und Großes. An diesem Ideal ist festzuhalten. Es soll als Vorsatz am Anfang einer christlichen Ehe stehen (…) Die Unauflöslichkeit der Ehe ist ein erstrebenswerter Idealzustand. Dennoch kann eine Ehe auch scheitern, ohne dass die Treue zu Bruch gegangen ist (…) Hier ist eine seelsorgerliche Begleitung notwendig (…) Die Seelsorge sucht Wege der Verständigung und Versöhnung.«* Falls das nicht gelingt, *»wird* *die Seelsorge helfen bei der Gewissensbildung, aber die letzte Gewissensentscheidung ist eine Sache des Einzelnen zu seinem Gott. Bei dieser Entscheidung kann niemand sich selbst belügen. Nur aus Ehrlichkeit, Demut und einem zerschlagenen Herzen entsteht eine Entscheidung, die ein Gewissen zur Ruhe bringt. Eine Gewissensentscheidung, verbunden mit Anerkennung eigener Schuld und Sünde, ist immer zu respektieren.«*[49]

»Eine Gewissensentscheidung, verbunden mit Anerkennung eigener Schuld und Sünde, ist immer zu respektieren.«

In dem Sinne schreibt auch Wolfgang Schrage[50]: *»Das Herrenwort selbst wird zwar nicht beliebig verändert oder abgeschwächt, aber Paulus hält es auch nicht mit Palmström, dass nicht sein kann, was nicht sein darf, und er verficht angesichts faktisch gescheiterter bzw. scheiternder Ehen kein sozusagen metaphysisches Unauflöslichkeitsprinzip.«*

Die Worte Jesu

Gerade das Jesus-Wort, dass nicht geschieden werden soll, *was Gott zusammengefügt hat*, sagt nicht, dass die Ehe tatsächlich unauflöslich ist und nicht geschieden werden *kann*[51]. Sonst hätte Jesus nicht das *soll* verwendet und in diesem Zusammenhang über eine wegen Hartherzigkeit und Unzucht auflösbare Ehe sprechen müssen. Die Frage, die an Jesus herangetragen wurde und die er beantwortete, war nicht, ob es *möglich* ist, eine (im Volk Gottes geschlossene) Ehe zu scheiden, sondern ob und unter welchen Umständen es *erlaubt* ist. Wenn es unter großen Einschränkungen von Jesus zugestanden wird, ist Scheidung dann erstens keine Sünde, und zweitens ist sie durchführbar, die Ehe damit auflösbar, eine erneute Heirat eingeschlossen.

Der am Anfang der Schöpfung für Mann und Frau angekündigte Verschmelzungsprozess (Markus 10,6) schließt ein, dass das bewusst und gewollt gelebte Ein-Fleisch-Werden nicht ohne Weiteres aufgelöst werden kann und soll. Aber so wie ein plötzlicher Tod eines Ehepartners diese unauflöslich scheinende Einheit gewaltsam beendet, kann ein Ehebruch oder »Beziehungstod« zur Auflösung der Ehe führen. So enthält die oft bei der Trauhandlung benutzte Formulierung »bis dass der Tod euch scheidet« sowohl das Bekenntnis zur Dauerhaftigkeit als auch eine konkrete Einschränkung. Aber auch wenn sich Eheleute auseinanderleben, entflechten sie mehr und mehr ihr Ein-Fleisch-Sein; sie haben keine Gemeinsamkeiten mehr, kommen nicht mehr sexuell zusammen und erleben sich nicht mehr als Einheit. Die kann zwar unter Gebet, durch den ernsten Willen beider Beteiligten und eventuell unter seelsorgerlicher Begleitung wiedergewonnen werden; der Erhalt der Ehe ist aber nicht durch ihren sakramental-unauflöslichen Charakter garantiert.

Ich glaube an Gottes Führung – auch im Bereich der Partnerschaft. Ein sehr schönes Beispiel dafür ist die bereits erwähnte Geschichte von der Brautsuche für Isaak (1. Mose 24). An ihr wird deutlich, wie es gelingen kann, unter Gottes Führung einen gläubigen Partner zu finden. Trotz der für alle offensichtlichen Fügung Gottes war aber schließlich Rebekkas Wille und ihre persönliche Entscheidung gefragt. Sie erst ließ diese göttliche Führung wirksam werden (1. Mose 24,58). Das zeigt, welche Rolle für eine christliche Ehe der Wille Gottes *und* der Wille aller Beteiligten spielt. Es ist nämlich durchaus möglich, dass Menschen vor oder in der Ehe *den Ratschluss Gottes für sich selbst wirkungslos machen* (Lukas 7,30). Sicherlich steht eine Ehe auf der Basis menschlichen Willens und göttlicher Führung auf festem Fundament. Sie ist dadurch aber nicht unzerstörbar. Auf der anderen Seite kann auch eine ohne besondere Zeichen, vielleicht sogar vor der Bekehrung geschlossene Ehe unter dem Segen Gottes halten und darf nicht leichtfertig bzw. scheinfromm hinterfragt werden (»Hat Gott uns damals überhaupt zusammengeführt?«).

Für falsch halte ich aber eine Sakramentslehre, die sich nicht auf das Neue Testament berufen kann. Die reformatorische Theologie hat sich zwar auf zwei biblische Zeichenhandlungen, nämlich Taufe und Abendmahl, beschränkt, aber doch ein Sakramentsverständnis weitergeführt, das sich nachteilig auf die Ehe und die Seelsorge an Geschiedenen ausgewirkt hat. Abgesehen davon ist mit den Sakramenten ein großes Glaubwürdigkeitsproblem der Kirchen verbunden, das schon

Dietrich Bonhoeffer als evangelischer Pfarrer beklagte: *»Man gab die Verkündigung und die Sakramente billig, man taufte, man konfirmierte, man absolvierte ein ganzes Volk, ungefragt und bedingungslos (…). Wann wurde die Welt grauenvoller und heilloser christianisiert als hier? Was sind die 3000 von Karl dem Großen am Leibe getöteten Sachsen gegenüber den Millionen getöteter Seelen heute?«*[52] Das und vor allem die fehlende Verankerung in der Schrift ist für mich Grund genug, mich von jeder Sakramentslehre zu distanzieren; mit ihr sind magische Vorstellungen[53] und trügerische Garantien über ihre Gültigkeit verbunden.

Die Ehe als Bund

Viele Christen benutzen Begriffe, die nicht aus der Bibel stammen und sich dennoch im Sprachgebrauch als vermeintlich biblisch etabliert haben. Dazu gehören unter anderem Sakrament, Kirche, Traualtar und auch Ehebund. Diese Begriffe können durchaus hilfreich sein – man darf sie nur nicht überstrapazieren und mit den biblischen auf eine Stufe stellen. Sie können nämlich auch Schaden anrichten, weil sie Missverständnisse produzieren und in die falsche Richtung weisen. Paulus ermahnt Timotheus vor seinem Tod, an dem *Muster der gesunden Worte* (2.Timotheus 1,13), die er von ihm gehört hat, festzuhalten. Das ist auch meine Maxime, egal welche Kirche, Tradition oder noch so bekannte Lehrer außerbiblische Begriffe verwenden.

Viele Christen benutzen Begriffe, die nicht aus der Bibel stammen und sich dennoch im Sprachgebrauch als vermeintlich biblisch etabliert haben.

Derek Prince[54] und andere[55] begründen ihre Lehre über den Ehebund hauptsächlich mit den beiden alttestamentlichen Stellen Sprüche 2,16 und Maleachi 2,13-14. In beiden Fällen ist jedoch nicht eindeutig vom Bund des Mannes mit der Frau die Rede. In Maleachi 2 ist fünf Mal vom Bund Gottes mit Israel bzw. Levi die Rede. Warum soll es in Vers 14 plötzlich um einen anderen Bund gehen? Gott ringt ja im ganzen Buch Maleachi um die Wiederherstellung des einen Bundes mit allen seinen Ordnungen. Daher bedeutete es einen Bundesbruch, wenn Priester und Leviten sich ausländische Frauen nahmen oder Ehebruch begingen, weil das laut der am Sinai durch Mose offenbarten und von den Israeliten akzeptierten Bundesbedingungen verboten war. Leicht führte dabei ein Bundesbruch zu weiteren Treuebrüchen. In dem Augenblick, in dem sie eine Israelitin wegschickten, wurden sie gleichzeitig ihrem Bund mit Gott und ihren Frauen untreu. Das berechtigt aber nicht, von der Frau des Bundes auf einen Bund mit der Frau zu schließen.

In Sprüche 2,16 liegen die Dinge noch ein wenig anders. Auch hier geht es zunächst um die Warnung, sich nicht auf eine ausländische (= nichtisraelitische) Frau einzulassen. Danach ist nicht vom Bundesbruch des Mannes die Rede (der es dennoch tut), sondern von *ihrem* Bundesbruch; und zwar bricht sie *den Bund ihres Gottes* und *verlässt* gleichzeitig treulos ihren Mann. Selbst wenn es um eine fremde israelitische Frau ginge (im Sinne von: die Frau eines anderen Israeliten), besteht das Verwerfliche darin, dass sie mit dem Übertreten des sechsten Gebots den Bund mit ihrem Gott bricht. Auch dieser Vers rechtfertigt nicht, den Begriff »Ehebund« abzuleiten. Schon gar nicht rechtfertigen diese nur zwei indirekten Belege aus dem Alten Testament, diesen Begriff in so vielen Vorträgen, Predigten, Seminaren, Büchern und Foren dermaßen zu strapazieren.

Der Bund zwischen Menschen

Am Begriff »Ehebund« ist dennoch sinnvoll, dass er den Charakter gegenseitiger Treue, Verantwortung und langfristiger Zusammenarbeit auch unter Belastungen unterstreicht. Die Zusage erfolgt feierlich und öffentlich. Das sind die Kriterien, die auch im Alten Testament auf die Bünde und Verträge zwischen Menschen zutreffen. Die ergiebigsten Beispiele dafür sind der Bund zwischen Abraham bzw. Isaak und Abimelech (1. Mose 21,27; 26,28), Jakob und Laban (1. Mose 31,44), David und Jonathan (1. Samuel 18,3; 20,16), David und Abner (2. Samuel 3,12-13) und Salomo und Hiram (1. Könige 5,26). Bei diesen Bündnissen geht es um gegenseitige, zum Teil langfristige Zusagen, aber auch um ganz zweckorientierte Arbeitsbündnisse, die inhaltlich den Charakter eines Vertrags haben. Das Ehebündnis zwischen Mann und Frau wird von Christen nicht mit Gott, sondern vor Gott und hoffentlich unter seinem Segen geschlossen. Insofern kommt es schon zu einer *dreifachen Schnur* (Prediger 4,9), wo Gott »der Dritte im Bunde« ist. Die Begründung eines speziellen Ehebundes aus dieser wiederum alttestamentlichen Stelle, wie Derek Prince sie vornimmt, ist jedoch nicht zwingend[56]; ebenso wenig wie seine Deutung des *Erkennens* von Mann und Frau: *»Wenn ein Mann mit einer Frau zusammenkam in einem Bund, der durch Gottes Anerkennung besiegelt war, so sagt die Schrift, dass er sie »erkannte«. Wenn es jedoch eine unerlaubte Beziehung war, die Gott nicht bestätigt und anerkannt hatte, so sagt die Schrift, dass er bei ihr »lag«.*[57]

Diese These ist im Alten Testament nicht belegbar. Denn nicht nur *Adam erkannte seine Frau*, sondern beispielsweise auch die rohen homosexuellen *Männer von Sodom* wollen die bei Lot eingekehrten Engel *erkennen*, woraufhin dieser ihnen statt ihrer seine *zwei Töchter* anbietet, *die keinen Mann erkannt haben* (1. Mose 19,48). Ebenso widerfährt es dem Leviten in Gibea, den ruchlose *Männer der Stadt* in Benjamin *erkennen wollen*, nachdem er bei einem dort lebenden *alten Mann* eingekehrt ist. Sie akzeptieren seine Frau als Ersatz, *und sie erkannten sie*, was bedeutete, dass sie in schockierender Weise *ihren Mutwillen mit ihr die ganze Nacht hindurch bis an den Morgen* trieben (Richter 19,22-25)! Wie wir bereits gesehen haben, war auch das Verhalten von Juda nicht gerade rühmlich und moralisch einwandfrei, da er mit seiner Schwiegertochter schlief (wenn auch in der Meinung, sie sei eine Prostituierte). Nachdem er überführt worden war, heißt es: *Und er erkannte sie künftig nicht mehr* (1. Mose 38,26), was ja nur heißen kann, dass er sie vorher erkannt hat. Weder homosexuelle Betätigung noch Vergewaltigung oder Prostitution werden von Gott akzeptiert; diese Vorfälle werden aber entgegen der These von Derek Prince nicht mit *bei ihr liegen*, sondern mit *erkennen* beschrieben. Deshalb kann von einer exklusiven Verwendung dieses Wortes für die geschlechtliche Verbindung innerhalb des vermeintlichen Ehebundes nicht die Rede sein.

So erscheint es doch angebrachter, die Ehe als eine Art Vertrag zwischen Menschen anzusehen, der eingehalten, aber auch gebrochen und sogar aufgekündigt werden kann. Dabei geht es nicht um den berühmten Fall, dass das Essen mal anbrennt oder sich einer der Ehepartner dem anderen gegenüber lieblos verhält. Es geht vielmehr darum, dass sich einer der Partner grundsätzlich vom anderen abwendet und die Beziehung aufkündigt. Nicht jeder hat die fast übermenschliche Kraft, unter diesen Umständen über viele Jahre oder Jahrzehnte an seiner Ehe festzuhalten. So wie die Ehe geschlossen und durch das Ein-Fleisch-Werden *voll-zogen* wird, wird sie aufgehoben und gebrochen, wenn sich einer dem anderen vollständig und dauerhaft *ent-zogen* hat – oder beide voneinander. Sogar im deutschen Recht gibt es nach wie vor das Grundverständnis, dass eine Ehe auf Lebenszeit angelegt ist und dadurch eine gegenseitige Verpflichtung zur ehelichen Lebensgemeinschaft besteht[58]. Daher gibt es theoretisch das Rechtsmittel einer Ehewiederherstellungsklage. Es beruht auf der gar nicht so abwegigen Vorstellung, dass eine Ehe auf Dauer entweder in gegenseitiger Verpflichtung weitergeführt oder als gescheitert aufgelöst werden sollte.

Die Ehe ist als eine Art Vertrag zwischen Menschen anzusehen, der eingehalten, aber auch gebrochen und sogar aufgekündigt werden kann.

Der Bund Gottes mit Menschen

Anders verhält es sich mit dem Bündnis zwischen Gott und Israel und zwischen Gott und den durch Jesu Blut erlösten Menschen. Dieses Bündnis wird von Gott auch über Untreue hinweg aufrechterhalten: *Sind wir untreu, so bleibt er doch treu, denn er kann sich selbst nicht verleugnen* (2. Timotheus 2,13). Der Bund Gottes mit Menschen hat einen anderen Charakter und steht auf einer ganz anderen Grundlage als der von gleichberechtigten Menschen untereinander. Der Sinai-Bund, der aufgrund der Zehn Gebote geschlossen wurde, wurde von Altertumsforschern mit orientalischen Vasallenverträgen verglichen. In ihnen bot ein mächtiger Herrscher geringeren Fürsten unter bestimmten Bedingungen eine dauerhafte Verbindung und Zusammenarbeit an. Das geht in die richtige Richtung. Gott hat bereits mit Noah und später mit Abraham und seinen Nachkommen von sich aus Bündnisse geschlossen, die er mit weit reichenden Zusagen verband.

Die hebräische Formulierung des Bundesschlusses lautet *einen Bund schneiden*. Das enthält den Hinweis, dass jeder Bund mit einem Opfer, bei dem Blut geflossen ist, besiegelt wurde (z. B. 2. Mose 24,8; Psalm 50,5). Das geschah und geschieht bei Eheschließungen nicht. Also ist die Ehe irgendetwas anderes, aber kein Bund im Sinne der Bibel. Der Part des Menschen bestand darin, in diesen Bund einzuwilligen und seine Bedingungen zu akzeptieren und einzuhalten. Gott hat den Bund ermöglicht und angeboten. Es war daher in seinem Ermessen, den Bund von sich aus aufrechtzuerhalten, auch wenn der Mensch ihn brach. Das ist ein großes Thema im Alten Testament, in dem es über weite Strecken um die Erneuerung des Bundes geht. Schließlich kündigt Gott einen ganz neuen Bund an (Jeremia 31,31), der auch das Neue Testament heißt. Auch er wurde erst gültig, als das Blut Jesu vergossen war (Matthäus 26,28; Johannes 19,34).

Im ganzen Neuen Testament gibt es kein Beispiel für einen Bund zwischen Menschen, geschweige denn für einen Ehebund. Luther übersetzte zwar drei griechische Worte mit *Bund*. Bei dem ersten handelt es sich jedoch um eine *Verschwörung*, nämlich der Vierzig, die Paulus töten wollten (Apostelgeschichte 23,12-14). Bei dem zweiten ist der *Bund eines guten Gewissens* gemeint, das besser mit *Anforderung, Bitte* wiedergegeben werden sollte (1. Petrus 3,21). Das dritte ist das eigentliche griechische Wort für *Bund*. Es ist im Neuen Testament entweder für *den* Alten Bund (der Beschneidung) oder eben für *den* Neuen Bund reserviert, der durch das Blut von Jesus geschlossen wird – aber immer exklusiv für den Bund Gottes mit dem Menschen. Zwar nehmen Christen dieses Blut (wie für alle Bereiche ihres Lebens) auch für ihre Ehe als Sühnemittel dankbar in Anspruch. Ihre Eheschließung jedoch kommt nicht durch dieses Blut zustande. Außerdem wäre ja dann ein Ehebund vor Jesus gar nicht möglich gewesen und dessen Begründung aus dem Alten Testament ohnehin hinfällig. Gott garantiert von seiner Seite den Erhalt des Bundes, an dem er beteiligt ist. Ein Vertrag und Bündnis zwischen Menschen kann geschlossen und dann gehalten oder gebrochen und aufgekündigt werden.

Was heißt das für den so genannten Ehebund?

Wenn man überhaupt den Begriff »Ehebund« gebraucht, dann sollte man nur die Kriterien des *Bundes zwischen Menschen* anwenden. Nochmals: Dieser Begriff kommt weder im Alten noch im Neuen Testament vor. Schon gar nicht sollte er überfrachtet werden, indem man Gottes einmaligen Bund auf die Menschen überträgt, wo dann der Mann den Part Gottes bzw. von Christus und die Frau den Part Israels bzw. der Gemeinde übernimmt. Der Gefahr solcher Missdeutungen erliegt man leicht bei einer Übertragung des Vergleichs in Epheser 5,21-27. Während man sich noch vorstellen kann, dass die Ehe wie der Bund Gottes einseitig vom Mann der Frau in Form eines Heiratsantrags angeboten wird, kommen alle weiteren Übertragungen nicht mehr infrage. Insbesondere ist das rettende Opfer Jesu, *der sich selbst für sie hingegeben hat*, und die von ihm ausgehende Heiligung, durch die sie nicht *Flecken oder Runzeln* hat, einmalig.

Ein christlicher Mann will und kann seine Frau nicht retten (außer vor dem Alleinbleiben), sondern tut gut daran, eine bereits von Jesus errettete Frau zu heiraten, die von ihrem Ehemann nicht etwas erwartet, was nur Jesus für sie tun kann. Die Erwartung einer Frau an ihren Mann, wie die Gemeinde sie an Christus hat, kann zwar einem Mann schmeicheln, ansonsten müsste er sie wie Jakob einst Rahel gegenüber entschieden zurückweisen: *Bin ich an Gottes Stelle?* (1. Mose 30,2). Allerdings spricht Paulus bei seinem Vergleich der Ehe mit der Beziehung von Christus und der Gemeinde ein Geheimnis an. Es gibt Inspiration und Anreiz, innerhalb der Ehe etwas vom Verhältnis zwischen Christus und der Gemeinde widerzuspiegeln und in Liebe und Respekt miteinander umzugehen. So zeigt sich, dass ewige Absichten und Gedanken Gottes in das Miteinander von Mann und Frau auf Erden einfließen. Insofern ist die christliche Ehe sehr wohl außerordentlich geadelt und als ein Stück Himmel auf Erden gedacht.

Und was ist mit dem Trauversprechen?

Beim Scheitern einer Ehe erleben viele eine Gewissensnot, die aus der Erinnerung an ihr Trauversprechen resultiert. Wird so etwas wie ein Gelübde gebrochen, wenn eine vor Gott geschlossene Ehe auseinandergeht? Die häufig verwendete Formulierung »bis dass der Tod euch scheidet«, die nicht unmittelbar aus der Schrift stammt, unterstreicht lediglich den langfristig bindenden Charakter der Trauhandlung. Wer die bei einer Hochzeit gesprochenen Worte genauer betrachtet, stellt fest, dass die Eheleute sich selten etwas geloben und versprechen, aber normalerweise voreinander, vor der Gemeinde und vor Gott auf die vom Geistlichen gestellten Traufragen mit *Ja* oder *Ja, mit Gottes Hilfe* antworten. Insofern gibt es in der Regel gar kein Trauversprechen; es heißt nur so, genau wie es den Traualtar nur als Redensart und nicht tatsächlich gibt. Bei den Traufragen geht es beim Standesamt wie bei der christlichen Trauung vorrangig um die Entschlossenheit und die freiwillige Entscheidung zu einer umfassend gelebten Treuegemeinschaft. Christen bekennen sich bei den Traufragen darüber hinaus zu den biblischen Werten und Vorgaben für Ehe und Familie, weshalb für sie der Segen Gottes erbeten wird.

Wird so etwas wie ein Gelübde gebrochen, wenn eine vor Gott geschlossene Ehe auseinandergeht?

Oft wird vor den Traufragen der Abschnitt Epheser 5,21-33 gelesen. Das habe ich bei vielen Trauungen auch so gehalten. Etliche Ehemänner fühlen sich aber am Anfang der Ehe gar nicht in der Lage, ihre Frau so zu lieben, wie Christus die Gemeinde geliebt hat. Genauso erfassen viele Ehefrauen erst nach und nach, was es aus biblischer Sicht bedeutet, sich dem Mann zu unterstellen. Auch wenn dieser Abschnitt am Anfang der Ehe gelesen wird, bleibt er immer zugleich deren Ziel. Durch das Jawort bejahen die Ehepartner einander und das

Wort Gottes und sagen einander zu, es umsetzen zu wollen. Außerdem heißt es nicht, dass der Mann die Frau genauso lieben soll *wie Christus die Gemeinde*. Das geht ja auch gar nicht, da Jesus der einzige Erlöser des Mannes und der Frau ist. Paulus schreibt in Vers 25 *wie auch*; das Grundwort bezieht sich nicht auf die Art und Weise, wie etwas getan wird, sondern darauf, dass es, hier das Lieben, geschieht. Das heißt also, dass die Männer ihre Frauen lieben sollen, *wie auch der Christus die Gemeinde geliebt hat* (Epheser 5,25). Es geht um dieselbe hingebungsvolle (Agape-) Liebe, nicht um eine Wiederholung des bereits einmaligen Opfers zur Vergebung unserer Sünden.

Wie Christus die Gemeinde

Dies zu erkennen, kann einen Mann entkrampfen und zugleich herausfordern: Er soll und kann seine Frau lieben, da ja auch der Christus die Gemeinde geliebt hat. Aus der in den Versen 26 und 27 beschriebenen Fürsorge Christi für seine Gemeinde resultiert nicht die Aufforderung, haargenau dasselbe zu tun, sondern wiederum *so* im Sinne von dementsprechend *ihre Frauen zu lieben*. Dass hier verwendete Wort zeigt die Entsprechung von *lieben* zu *hingeben, reinigen* und *darstellen*. Der Sinn des biblischen Vergleiches von Mann und Frau mit Gott und Israel im Alten und mit Christus und der Gemeinde im Neuen Testament ist doch eher der: Wenn Gott in seiner Allmacht sich voller Liebe und Hingabe auf eine Beziehung mit Menschen einlässt, dann soll ein Mann, auch und gerade wenn ihm die Rolle des Familienoberhauptes zukommt, umso mehr eine Leiterschaft ausüben, die von dienender Hingabe geprägt ist! Voller Demut wird ein Mann erkennen, wie weit er noch von Gottes vollkommener Liebe entfernt ist und dass dennoch Gottes Autorität hinter ihm steht. Ebenso wird eine Frau feststellen, dass Gott durch ihren unvollkommenen Mann handelt und wie sie sich ihrem Mann anvertrauen und sich an seiner Seite entfalten kann.

> Voller Demut wird ein Mann erkennen, wie weit er noch von Gottes vollkommener Liebe entfernt ist.

Wie bei der Glaubenstaufe geht es auch bei der Trauung um eine freie und bewusste Entscheidung vor Gott, für deren Umsetzung wir nicht garantieren, aber um Gottes Segen bitten können. Dies darf natürlich keine Hintertür für Unentschlossenheit und Halbherzigkeit offen lassen. Daher habe ich als Antwort auf die Traufragen immer nur ein schlichtes Ja vorgeschlagen und gehört, woraufhin wir um die Hilfe Gottes gebetet haben. Unsere Rede soll ja auch lediglich *ja, ja* (Matthäus 5,37) sein. Das sagt Jesus in der Bergpredigt unmittelbar nach dem Wort über Ehebruch. Nun kann man schlecht das Verbot des Schwurs akzeptieren und gleichzeitig das Ja-Wort in den Stand eines Eides erheben, der dann per Gesetz wie die Ehe unauflöslich sein soll.

Man sollte daher das Trauversprechen nicht als Gelübde verstehen, da das Wort Gottes uns ermahnt, damit sehr vorsichtig zu sein (Prediger 5,3-4). Selbst bei einem Gelübde kann es passieren, dass es nicht aufrechterhalten werden kann: zum Beispiel weil es in Unwissenheit gesprochen wurde, wie das von Luther wegen Schriftwidrigkeit für ungültig erklärte Gelübde der Ehelosigkeit, oder weil die Voraussetzungen für dessen Geltungsbereich nicht mehr gegeben sind. Im Alten Testament wird die Geschichte von Sauls unbesonnenem Schwur erzählt, dem fast sein Sohn Jonathan zum Opfer gefallen wäre, wenn das Volk ihn nicht davon abgehalten hätte (1. Samuel 14,43-45). Lebt einer, der einen Schwur nicht einhält oder der sein Ja-Wort nicht aufrechterhält, fortan in unvergebbarer Sünde? Gerade ein Eheversprechen kann kaum auf Dauer einseitig gelebt und aufrechterhalten werden, sondern verliert irgendwann an Gültigkeit, wenn es nicht von beiden Seiten bejaht wird.

Luthers Sicht von Ehe und Ehelosigkeit

Martin Luther ging in seiner Schriftauslegung zum Thema Ehe gegen zwei katholische Lehrsäulen vor: zum einen gegen die Ehe als Sakrament[59] und zum anderen gegen das Zölibat, dem gegenüber die Ehe gering geachtet wurde. Sein Traktat *Vom ehelichen Leben* (1522)[60] ist ein sprachgewaltiges Plädoyer für die Ehe, *die einen so jämmerlichen Ruf bei jedermann*[61] hat.

Mit der Wertschätzung der Ehe als ein *göttlicher und seliger Stand* und einer *Stiftung Gottes*[62] war für Luther eine positive Sicht der Sexualität verbunden, die allerdings der Ordnung der Ehe bedarf. Er versteht die sexuelle Gemeinschaft von Mann und Frau als Gottes Vorgabe in der Schöpfung und hält *»aufs Erste fest, dass Mann und Weib Gottes Werk sind. Halte dein Herz und Mund zu und schelte ihm sein Werk nicht und heiße nicht böse, was er selbst gut heißt. Er weiß besser als du selbst, was gut ist und dir nütze, wie er spricht in 1. Mose 2,18: »Es ist nicht gut, dass der Mensch allein sei; ich will ihm einen Gehilfen machen neben ihm«. Da siehest du, dass er das Weib gut und einen Gehilfen nennet. Findest du es aber anders, so ist's gewiss deine Schuld, dass du Gottes Wort und Werk nicht verstehest, noch glaubest. Siehe, mit diesem Spruch Gottes stopfet man das Maul allen, die über die Ehe klagen und schelten (…) Dem Teufel ist's nämlich nicht wohl beim ehelichen Leben; denn es ist Gottes Werk und guter Wille.*[63]

Darum lass ich dahingestellt sein, was an Gutem oder Bösem die Erfahrung gibt, und folge weiter der Schrift und Wahrheit nach, was sie für Gutes dem ehelichen Leben zuschreibt. Und das ist kein geringes Gut, dass durch ein solches Leben die Hurerei und Unkeuschheit unterbleibt und verwehret wird (…) Diesen Nutzen hat St. Paulus herangezogen in 1. Korinther 7,2: »Um Hurerei zu vermeiden, habe ein jeder sein Weib und eine jede ihren Mann.« Nicht allein aber dienet der eheliche Stand einem jeden zu seines Leibes, Gutes, Ehre und Seelen Nutzen, sondern auch ganzen Städten und Ländern, so dass sie Gottes Plagen enthoben bleiben. Denn wir wissen gut, dass die allergräulichsten Plagen sind über Land und Leute gegangen der Hurerei halber. Denn diese Sünde wird als Grund dafür angeführt, warum die Welt mit der Sintflut ersäuft (1. Mose 6,4f) und Sodom und Gomorra mit Feuer verbrannt wurden (1. Mose 19). Und als Folge der Hurerei zeigt die Schrift viele andere Plagen mehr, auch bei heiligen Leuten wie David, Salomo, Simson (…) Freilich ist's wahr, dass der huren muss, der nicht ehelich wird (…) Denn Gottes Wort lässt sich nicht aufhalten, lügt auch nicht, wenn er spricht: »Wachset und mehret euch!« Das Wachsen und Mehren kannst du weder wehren, noch aufhalten. Es ist Gottes Werk und gehet seinen Weg.«[64]

Das erklärt seinen harten Kurs gegen die, *die verbieten zu heiraten* (1. Timotheus 4,3), wirft aber auch die Frage auf, ob denen, die als Geschiedene nicht heiraten sollen, nicht ein unerträgliches Joch auferlegt wird. Als Gründe, nicht zu heiraten, lässt Luther nur die in Matthäus 19,12 von Jesus genannten Ausnahmen gelten: die von Geburt an oder durch Menschenhände herbeigeführte Eheuntauglichkeit oder die Gabe der Ehelosigkeit *um des Himmelreichs willen*. Daran ändern für ihn mit dem Zölibat verbundene *»Eide, Gelübde, Bündnisse und lauter eiserne oder diamantene Verpflichtungen«* nichts. *»Denn so wenig du kannst geloben, dass du kein Manns- oder Weibsbild sein wolltest – (…) so wenig kannst du auch geloben, dass du dich nicht samen und mehren wolltest, wenn du dich nicht in einer der drei Gruppen vorfindest.«*[65] Daher lobt er den ehelichen Stand als Gottes normale Schöpfungsordnung, der die Unzucht abwehrt.

Luther und das Thema Scheidung

Bezüglich der Scheidung stellt Luther unter anderem fest, *»dass um des Ehebruchs willen Christus Mann und Weib scheidet. Der, welcher unschuldig ist, darf sich verändern und wiederverheiraten. Denn damit, dass er spricht, es sei Ehebruch, wenn jemand eine andere nimmt und entlässt die erste, es sei denn um der Hurerei willen, gibt er genugsam zu erkennen, dass der nicht Ehebruch tut, der eine andere nimmt und die erste entlässt um der Hurerei willen. Aber die Juden entließen um allerlei Ursachen willen ihre Weiber, auch wenn keine Hurerei da war, wenn sie nur wollten.«*[66] Aus diesen Sätzen geht hervor, dass Luther

- eine legitime, sogar von Jesus vorgenommene Scheidung für möglich hielt, was gegen die Unauflöslichkeit (bzw. den sakramentalen Charakter) der Ehe spricht;
- Schuld und Unschuld bei der Entscheidung über eine erneute Heirat berücksichtigte;
- eine Scheidung wegen eines anderen Partners ablehnte, weil sie von Jesus untersagt worden ist;

- das Anliegen Jesu darin sieht, gegen eine laxe Scheidungspraxis vorzugehen.

Eine weitere *»Ursache ist, wenn sich eins dem andern selbst raubt und entzieht, dass es die eheliche Pflicht nicht leisten und nicht bei ihm sein will«*. Er beschreibt, wie es den einen kalt lässt, dass der andere *»zehnmal in Unkeuschheit«* fällt, und plädiert dafür, dass der Betroffene mehrmals mit dem anderen reden und es zur Not vor die Gemeinde bringen soll. *»Will sie dann nicht, so lass sie von dir und lass dir eine Esther geben und die Vasthi fahren, wie es der König Ahasveros tat (…) Wenn nun einer nicht will, da nimmt und raubt er seinen Leib, den er gegeben hat dem andern. Das ist nämlich recht eigentlich wider die Ehe und Ehebruch.«*[67] Diese Worte klingen wie so oft bei Luther recht derb; sie beziehen den Aspekt der Eheverweigerung ein, die für ihn Ehebruch bedeutet. Die Anweisung von Paulus in 1. Korinther 7,10-11 versteht Luther so, dass es zu Trennungen kommt, weil einer den anderen nicht mehr erträgt. Er fände es zwar besser, wenn einer des anderen Bosheit als *»ein feines, seliges Kreuz«* ertragen könnte. *»Kann er's aber nicht, so lass er sich lieber scheiden, ehe denn er Ärgeres tut, und bleibe ohne Ehe sein Leben lang.«*[68] Luther unterscheidet also diesen Fall von dem, bei dem sich einer dem anderen entzieht. Wenn es also möglich ist, die sexuelle Gemeinschaft aufrechtzuerhalten, müsse es auch möglich sein, das besagte Kreuz einer ansonsten unglücklichen Verbindung zu tragen oder um dieser Gemeinschaft willen nach einer Zeit der Trennung in die Ehe zurückzukehren.

Es ist aus heutiger Sicht allerdings schwer vorstellbar, dass Eheleute auf Dauer Sex miteinander haben, ohne sich wertzuschätzen. Denn wenn sich Eheleute nicht mehr vertragen, wird es ihnen kaum gelingen, intim zu verkehren. Ebenso kann es ja passieren, dass jemand, der den anderen nicht mehr meint ertragen zu können, sich wegen des christlichen Gewissens nicht scheiden lässt und doch Ärgeres tut, indem er das Leben des anderen zur Qual macht.

Äußerste Notlösung

Immer wieder kommen christliche Ehemänner und Ehefrauen, Väter und Mütter an den Punkt, wo sie sich fragen, ob sie ihre Ehe beenden sollen. Die einen empfinden dies als Anfechtung und nehmen davon Abstand, nachdem sie mit sich beten ließen; andere lassen sich allein oder mit ihrem Partner beraten und können kleinere oder größere Verbesserungen in der Ehebeziehung herbeiführen; wieder andere bleiben zusammen aus der Angst heraus, ihre Kinder oder Freunde und Verwandte oder einfach nur Anerkennung zu verlieren. Nicht wenige gerade von den so genannten christlichen »Vollzeitlern« beißen in einer Ehekrise möglichst lange die Zähne zusammen oder verdrängen sie, weil nicht nur Berufung, sondern auch Beruf und materielle Existenz auf dem Spiel stehen. Daher scheint es unter ihnen wie unter Prominenten auch etliche zu geben, die mit ihren Partnern eine Art Arrangement treffen, das den Weiterbestand der Ehe zumindest äußerlich gewährleistet, während man sich ansonsten nichts mehr zu sagen hat und seine eigenen Wege geht.

Bei einer Scheidung ist oft ein langer Kampf an sein Ende gekommen, oder es offenbart sich eine schwerwiegende Tragödie, die nach einer Notlösung verlangt.

Wenn aber jemand *ohne* außereheliche Affäre an den Punkt kommt, an dem er alles aufgibt, was er an Ehe, Familie und unter Umständen Beruf aufgebaut hat, dann ist das keine leichtfertige oder spontane Entscheidung. Dann ist oft ein langer Kampf an sein Ende gekommen, oder es offenbart sich eine schwerwiegende Tragödie, die in einer Extremsituation nach einer Notlösung verlangt. Selbst bei denjenigen, die während einer anhaltenden Ehekrise irgendwann eine außereheliche Beziehung zulassen, fragt man sich, ob sie nicht damit mehr oder weniger bewusst einen christlich anerkannten Scheidungsgrund herbeiführen. Er wird für sie zum letztlich einzigen Ausweg aus einer unerträglichen Ehe.

Es gibt leider auch eine Leichtfertigkeit im Umgang mit Ehebruch und Scheidung, auf die Dietrich Bonhoeffers Wort von der billigen Gnade zutrifft. Darunter verstand er *»Gnade als Schleuderware, verschleuderte Vergebung.«* Vergebung hängt auch bei Wiederholungssünden von aufrichtiger Reue im Unterschied zu einem berechnenden Herzen ab. Gnade ist nur dann Gnade, wenn sie nicht selbstverständlich ist. Sie kommt auf den zu, der innerlich zerbrochen und auf sie angewiesen ist. *»Teure Gnade ist (...) die Gnade, um die gebeten, die Tür, an die angeklopft werden muss (...) Teuer ist die Gnade vor allem darum, (...). weil sie Gott das Leben seines Sohnes gekostet hat.«*[69]

Karl Barth lehnte eine allgemeine Freigabe der Scheidung ab, beanstandete aber eine zu radikale Anwendung des Ehescheidungsverbotes – im Unterschied zum Verbot zu schwören oder zur Aufforderung Jesu, Besitz und unter bestimmten Umständen seine Frau um Jesu willen[70] zu verlassen. Er gebraucht den Begriff *ultima ratio* als Beschreibung eines Auswegs, *»wenn Gott nicht zusammengefügt hat«*. Das ist in seinen Augen ein Grenzfall und *»im Urteil Gottes keine haltbare Ehe«*[71]. Fast gleichlautend formuliert Helmut Thielicke: *»Es kann sich also herausstellen, dass es offenbar nicht Gott war, der hier zusammengefügt hat.«*[72]

Das Joch der Ehe

Ich kann zwar nachvollziehen, dass es etliche Ehen gibt, die eigenmächtig und trotz kirchlicher Trauung ohne Gottes Führung geschlossen worden sind und eigentlich gar nicht hätten zustande kommen sollen. Aber das ist kein seelsorgerliches und auch kein theologisches Argument. Denn damit werden alle Ehen hinterfragt, die unterschiedlich bewusst und verantwortlich vor Gott und Menschen geschlossen worden sind. Auch jeder Ehe eines Christen mit einem ungläubigen Partner könnte an diesem Punkt unnötig und gegen den Rat des Paulus (1. Korinther 7,14-15) der Boden entzogen werden. Dass Gott nicht zusammengefügt habe, darf auf keinen Fall als ausschlaggebendes Argument zur Legitimation von Ehebruch und Scheidung herhalten. Es gibt ja auf der anderen Seite wunderbar von Gott zusammengeführte Ehen, die dennoch nicht automatisch vor Krise und Zerrüttung bewahrt sind.

Zum anderen widerspreche ich aus theologischen Gründen der Auslegung, das von Jesus erwähnte Zusammenfügen beziehe sich auf die Menschen, während ganz klar übersetzt werden muss: *Was* Gott zusammengefügt hat, *das* soll der Mensch nicht trennen (Matthäus 19,6; Markus 10,9), im Unterschied zu *wen* …, *den* … Letzteres hört sich in Verbindung mit den geläufigen Übersetzungen *das soll der Mensch nicht scheiden* an, als werde hier die Ehescheidung untersagt. Mit dem Zusammenfügen ist viel mehr das Joch der Ehe generell und nicht von Person A mit Person B gemeint.

Für das Haus der Ehe sind bestimmte Bausteine nötig, die verbunden, zusammengefügt bzw. zusammengejocht werden müssen. Dazu gehört das äußere und innere Verlassen der Eltern und das Ein-Fleisch-Werden, das sich aus seelischer, geistlicher, körperlicher, materieller und räumlicher Gemeinschaft zusammensetzt. Das hat Gott bereits im Paradies so geordnet. Darauf will Jesus zurückkommen. Durch Jesus, der Vergebung schenkt und unser Leben erneuert, haben wir Zugang zur Ehe, wie Gott sie sich gedacht hat.

Wer seine Eltern nicht auch innerlich verlässt, gerät in Gefahr, auf den Partner den geliebten oder auch ungeliebten anders geschlechtlichen Elternteil zu projizieren. Das Verlassen der Eltern mit allen Konsequenzen soll der Mensch nicht vom Ein-Fleisch-Werden und den anderen wesentlichen Eheaspekten trennen. Das Gleiche gilt für das Ein-Fleisch-Werden in der sexuellen Intimität. Das Ganze ist ein langer Prozess, den Gott für das Joch der Ehe zusammengefügt hat. Ein Leib mit einer Frau kann auch der werden, der mit einer Prostituierten schläft. Ein Geist mit dem Herrn wird, wer dem Herrn anhängt. Wer aber an seiner Frau hängt, dessen Leben vereinigt sich mit ihr mit Leib und Seele. Wenn jemand nun seine Eltern nicht verlässt (ob äußerlich oder innerlich) oder wegen Bindungsunfähigkeit diesen Prozess des Ein-Fleisch-Werdens verhindert, dann sägt er am Ast der Ehe. Wenn getrennt wird, was Gott zusammengefügt hat, droht Scheidung.

Wenn getrennt wird, was Gott zusammengefügt hat, droht Scheidung.

Dementsprechend fragt die Seelsorgerin Paula Sandford nach der Schilderung schwierigster Ehesituationen: *»Hat Gott in den genann-*

ten Fällen überhaupt etwas zusammengefügt? Man sprach einen bestimmten Text, und etwas begann, das nicht einmal ansatzweise der Art von Beziehung entsprach, die Gott für Mann und Frau geplant hat. Womöglich weiß der Herr in seiner Weisheit, dass es keinerlei Hoffnung auf Veränderung gibt. Ich bin der festen Überzeugung, dass Gott in seiner Gnade etwas entzweien kann und bisweilen entzweien wird, was Mann und Frau in ihrer Leichtfertigkeit, Naivität und Torheit zusammengefügt haben. Überdies liegt es meiner Meinung nach nahe, dass der Herr unter der Voraussetzung echter Buße und göttlicher Vergebung auch Gnade für einen Neuanfang schenken kann.«[73]

Die Ehe als Liebesbeziehung

Wie zu Anfang beschrieben, haben wir es seit der Romantik mit einem neuen Bild von Ehe und ehelicher Liebe zu tun. Seit dieser Zeit gibt es viele Liebesheiraten, weshalb wir versucht sind, mitleidig oder verächtlich auf weiter zurückliegende Epochen und die scheinbar minderwertigen Gründe für Eheschließungen herabzublicken. Es gibt aber inzwischen nicht nur mehr Liebesheiraten als früher, sondern auch mehr Hass-Scheidungen. Es scheint so, dass die Überbetonung der Beziehungsebene und der Emotionen kein solides Fundament für Ehen ist. Der Volksmund verrät uns, dass es ebenso Liebe auf den ersten Blick gibt wie Liebe, die blind macht. Was durch den Eros an Bereicherung und knisternder Spannung einerseits in die Ehe hineinkam (außerhalb gab es das ja schon immer), kommt andererseits wie ein fluchhafter Bumerang zurück. Mit *»den positiven Bindungsmöglichkeiten, über die der individuelle Eros verfügt, korrespondiert so ein entsprechendes Maß erhöhter Möglichkeiten der Verwundung und der Verwundbarkeit (…) Das geht so weit, dass es unmöglich erscheint, eine Ehe ausschließlich auf den Eros zu gründen (…) Hier kann sich das christliche Ethos nur entschieden gegen die Herrschaft eines vergötzten Eros verwahren und zum Ausdruck bringen, dass der Eros nicht nur Herzen aufschließt, sondern sie auch verhärtet.«*[74]

Inzwischen haben wir es also mit einer modernen Variante von

Hartherzigkeit zu tun. Von Jesus wurde sie nur in Verbindung mit Unzucht berücksichtigt. Nun kann sie aber auch das Ergebnis einer leidenschaftlichen Liebe sein, die abgekühlt ist und als so unerträglich erlebt wird, dass man die Ehe nicht mehr aufrechterhalten will. Wenn alles von der Beziehung abhängt, gibt es auch keinen Ausweg. Tatsächlich muss aber eine Ehe nicht unbedingt scheitern, wenn die erotische Liebesbeziehung zeitweise einschläft oder gar vollkommen infrage steht. Wird die harmonische Beziehung zum alles entscheidenden Faktor in der Ehe, dann erhält sie eine unangemessen hohe Bedeutung: Selbst der Verlust von Ansehen, vollständiger Familie, Freundeskreis und alle weiteren Konsequenzen werden in Kauf genommen, um eine Ehe aufzugeben, die wegen einer abgekühlten Liebesbeziehung scheinbar ihre Existenzberechtigung verloren hat.

Sexualität, Eros und Agape

Die Bibel lehrt einen liebevollen, fürsorglichen und einfühlsamen Umgang in der Ehe, die ansonsten ein schützendes Gefäß für eine gesund gelebte Sexualität bieten soll. Die biblische Eheethik bezieht Sexualität und Eros ganz natürlich mit ein, wird aber wie alle anderen Bereiche auch von der Agape geprägt. Über sie heißt es: Sie *vergeht niemals* und *bleibt* zusammen mit *Glauben* und *Hoffnung* erhalten, auch wenn alles fällt und abstirbt (1. Korinther 13,8.13). Wie in anderen Beziehungen unter Christen ist sie auch in einer christlichen Ehe das verlässlichste, umfassendste und beständigste Element. Hier gibt es einen Unterschied zur erotischen Liebe: Sie lebt von der Anziehung der Geschlechter, von wechselseitiger Attraktivität, äußeren und inneren Verführungskünsten, manipulativer oder erobernder Liebe, die immer auch etwas Eigennütziges hat. Das muss auch so sein – sonst wäre die Menschheit längst ausgestorben. *Wer seine Frau liebt, liebt sich selbst* (Epheser 5,28b). Die Agape wiederum lebt davon, dass sie dem anderen dient und rückhaltlos zur Verfügung steht. Die Bibel spricht ja auch davon, dass wir in der Ehe unseren Leib dem anderen überantworten. *Er* bzw. *sie verfügt nicht* allein *über seinen* bzw. *ihren Leib* (1.

Korinther 7,4). Es geht für Christen sowohl um Einvernehmen wie auch darum, was dem anderen dient (1. Korinther 10,24; 13,5). In einer gelingenden Sexualität haben daher Eros *und* Agape ihren Platz.

Die Agape lebt davon, dass sie dem anderen dient und rückhaltlos zur Verfügung steht.

Dennoch darf man die Augen nicht davor verschließen, dass solche engen Beziehungen gleichzeitig und unweigerlich damit verbunden sind, dass zwei Menschen einander etwas schuldig bleiben und schuldig werden, dass sie versagen – und es erneut versuchen. Auch wenn die Liebesbeziehung abkühlt, die Partner ernüchtert oder enttäuscht sind, vielleicht sogar verletzt, ist es durch die Agape möglich, dem anderen zu vergeben und sich selbst zu ändern und so eine bröckelnde Ehe aufrechtzuerhalten. Nach ihr kann man sich ausstrecken, ohne dem anderen zu viel zu versprechen und zu hohe Erwartungen zu schüren. Die Ehe ist ja nicht nur für Meister der Erotik und Kommunikation gedacht. Sie ist eine Grundordnung der Schöpfung für Heiden und Christen, die grundsätzlich von allen Menschen gelebt werden kann und soll. Allerdings haben wir alle seit dem Sündenfall viele Egoismen in uns. Deswegen sind Beziehungsstörungen an der Tagesordnung. Daher ist es schon ratsam, sich angemessen auf die Ehe vorzubereiten und sich wie in anderen Bereichen beraten zu lassen. Inzwischen gibt es auch eine Reihe von Hilfestellungen durch Literatur, Beratungsstellen, Seminare etc.

Das entscheidende Geschenk der Agape ist die Vergebung. Von ihr hängt nicht nur unser Eheleben, sondern auch das ewige Leben ab. Wird sie nicht mehr von Herzen begehrt und gewährt, steht alles auf dem Spiel. Gerade in unseren alltäglichen Beziehungen können wir in die Situation kommen, einander mehrmals täglich um Verzeihung bitten zu müssen. Jesus sagt einmal, dass wir demjenigen vergeben sollen, der sieben Mal am Tag an uns sündigt und ehrlich Reue zeigt (Lukas 17,3-4). Aber sogar in 490 (= 70 x 7) Fällen bleibt uns kein anderer Weg, als einander früher oder später *von Herzen* zu vergeben, wenn wir wünschen, dass Gottes Vergebung an uns wirksam wird oder bleibt (Matthäus 18,35; 6,15). Das gilt übrigens für Eheleute, die zusammenbleiben, ebenso wie für solche, die sich trennen. Wir schaden uns nur selbst, wenn wir bitter bleiben, und schleppen uns an der Schuld, die wir anderen nachtragen, selbst zu Tode.

»Wenn alle Versuche verstehender, verzeihender und suchender Agape ihr Ziel nicht erreicht haben«, hält Helmut Thielicke es für angemessen, in Grenzfällen die Ehescheidung als Ausnahme ins Auge zu fassen. Damit meint er nicht das *»normale Abtakten des Eros-Rhythmus«*, sondern den völligen *»Eros-Zerfall einer Ehe«*, der sich in einer solchen Qual und Zerrüttung manifestiert, die *»unter jenes Kriterium der Herzenshärtigkeit subsumiert werden darf«*. Theologisch unterscheidet er in Bezug auf die Ehescheidung *»zwischen dem »eigentlichen« und dem »uneigentlichen« Willen Gottes (...) Die Ausnahme der Ehescheidung (...) beruht somit auf einer Notordnung, in der Gott – ohne die Normativität seiner eigentlichen Schöpfungsintention in Frage zu stellen – Rücksicht auf den realen Zustand des Menschen und seiner Weltwirklichkeit nimmt.«*[75]

Die Scheidung einer Pastoren- bzw. Leiterehe

»Da das geistliche Amt im Rahmen des allgemeinen Priestertums keinen besonderen »Charakter« hat, könnte sein Träger von da aus gesehen nicht unter Sonderbestimmungen stehen. Dass er gleichwohl gerade in diesem Themenkreis einem besonderen Anspruch unterliegt, ist nur damit zu begründen, dass seine Botschaft und insbesondere die Benediktion[76] *am Traualtar unglaubwürdig zu werden droht, wenn seine eigene Ehe zerbricht (...) Der Träger eines öffentlichen Amtes ist nicht in der Lage, seine Motive (und nun noch gerade die Hintergründe seines Intimlebens) jedermann plausibel zu machen. Er ist vielmehr darauf angewiesen, dass Fakten, so wie sie nun einmal im Raume stehen (z.B. die Scheidung), der beliebigen Interpretation dieses »jedermann« überlassen sind (...) Andererseits wäre es eine geistlich nicht tragbare Form von Gesetzlichkeit, wenn deshalb der in einer zerrütteten Ehe lebende Pfarrer im Unterschied zu allen anderen Christen genötigt sein sollte, um seines Amtes willen den Schein aufrechtzuerhalten. Hier würde die Gesetzlichkeit zu einem Grade von*

Heuchelei und Lebenslüge führen, die erst recht die Glaubwürdigkeit seiner Botschaft in Frage stellen müsste, selbst wenn diese Infragestellung von niemandem bemerkt würde.«[77]

Mit einem öffentlichen Amt verbindet sich stets der durchaus berechtigte Anspruch, Vorbild zu sein. Diese Vorbildhaftigkeit setzt sich aus verschiedenen Kriterien zusammen, die auch Paulus seinen Mitarbeitern Timotheus und Titus ans Herz legt (1. Timotheus 3,1-13; Titus 1,6-9). Auch Timotheus selbst wird zu einem vorbildlichen Lebenswandel aufgefordert (1. Timotheus 5,12). Leiter sollen aber auch nicht jedem x-beliebigen Gerücht zum Opfer fallen und nicht ohne Weiteres hinterfragt werden. Weil sie Vorbilder sind, müssen sie aber auch eine öffentliche Zurechtweisung hinnehmen, falls sie nachweislich gesündigt haben (1. Timotheus 5,19-20). Das heißt, dass sie selbst im Fall einer Verfehlung nicht unbedingt ihres Amtes enthoben werden müssen. Es liegt nahe, dass sich Leiter in familiären Krisen zuerst selbst fragen, ob sie ihr Amt nicht aufgeben sollten. Dabei ist es für einen ehrenamtlichen Ältesten immer leichter, sein Amt ruhen zu lassen oder auf Dauer niederzulegen, als für einen vollzeitlichen Pastor. Für ihn stellen sich gleichzeitig existenzielle Fragen, die in einer Krise immer auch Fragen an Gott sind. Sie sind besonders dann nicht leicht zu beantworten, wenn im Falle einer gescheiterten Ehe im jeweiligen kirchlichen Rahmen keine Weiterbeschäftigung zugelassen und sogar der Versuch unternommen wird, sie auch außerhalb des eigenen Rahmens zu vereiteln.

Vorbild sein bedeutet auch, zu zeigen, wie man als langjähriger Christ mit einer Krise umgeht.

Eine vorbildliche Ehe kann immer eine Ermutigung für andere sein. Wenn jedoch demonstrativ zur Schau gestellt wird, wie toll eine Leiterehe funktioniert, kann dieser Effekt auch ins Gegenteil umschlagen: Christen fühlen sich in ihrer Ehekrise dann eher unverstanden und zu minderwertig, um über ihre Probleme zu sprechen. Vorbild sein bedeutet deswegen auch, zu zeigen, wie man als langjähriger Christ mit einer Krise umgeht, selbst wenn sie zur Scheidung führt. Ein Leiter hat die Verantwortung, mindestens so intensiv und ausdauernd an seiner Ehe zu arbeiten und um ihren Erhalt zu kämpfen, wie er es anderen gepredigt hat und von ihnen erwartet. Scheitert seine Ehe, schont es oft alle Beteiligten, wenn ein Dienstwechsel bzw. nach einer geratenen Unterbrechung ein Ortswechsel erfolgt. Wahrscheinlich ist ein Christ, der eine gescheiterte Ehe hinter sich hat und nicht verbittert ist, empfindsamer für die Nöte von Menschen in ähnlichen Situationen, die oft aus Scham gar nicht den Weg zum Seelsorger finden. Abgesehen davon ist es dringend geboten, Pastoren und andere Leiter nicht auf ein Podest zu heben, von dem sie entweder selbst stürzen oder das unter ihnen zusammenbricht.

Es ist durchaus berechtigt, sich an Leitern aufgrund ihrer Vorbildfunktion zu orientieren. Schwierig wird es, wenn Ferndiagnosen über Leiterehen vorgenommen und verbreitet werden. Gerade die Leiter, die ungesund »auf einen Sockel gehoben« wurden, können auch jederzeit verdammt werden. Besser ist es, aus Ehekrisen von Leitern statt eines unerschöpflichen Gesprächsthemas ein beständiges Gebetsanliegen zu machen.

Manchmal lässt Gott aber auch Ent-Täuschungen als Ende von Täuschungen zu, da er seine Ehre keinem anderen überlässt. Auch an diesem Punkt müssen am Neuen Testament ausgerichtete Gemeinden die erst lange nach den Aposteln eingeführte Unterscheidung zwischen Priestern und Laien überwinden. Wir sollten ernst damit machen, dass Pastoren auch nur Menschen sind.

Das Schuldprinzip

Auch in der Schuldfrage gibt es in Kirche und Gesellschaft Pendelbewegungen. Nachdem im Scheidungsrecht das »Schuldprinzip« vom »Zerrüttungsprinzip« abgelöst wurde, sind Scheidungsverfahren weitgehend davon entlastet, dass entwürdigend in intimen Details der Beteiligten gewühlt wird. Auf der anderen Seite ist es zur unumgänglichen Gewohnheit geworden, bei jeder x-beliebigen Katastrophe, jedem Unglück und jeder Fehlentwicklung in der Welt nach der Schuld und am besten direkt nach dem Schuldigen zu fragen. Das zeigt wiederum, wie weit in unserer Gesellschaft nach wie vor *die Unfähig-*

keit zu trauern[78]verbreitet ist. Denn Trauer sollte auch beim Scheitern einer Ehe eine natürliche Reaktion sein.

Der Atheist Friedrich Nietzsche wollte nicht nur das schlechte Gewissen, sondern überhaupt die Vorstellungen von Sünde und Schuld abschaffen. Dabei hat er selbst geahnt, dass der bindungslose und deshalb auch gewissenlose Machtmensch zum Henker seiner Mitmenschen werden kann und wird. Und doch hat er die Auffassung vertreten, das (schlechte) Gewissen bzw. das Schuldbewusstsein sei als Erkrankung zu diagnostizieren und gehöre in die Hände von Ärzten.[79] Mit dem Begriff der Schuld wurden auch die Kategorien für »unmoralisches Verhalten« zerstört. Ein überstrapazierter juristischer Schuldbegriff hat auf der anderen Seite einen Entschuldungsmechanismus hervorgerufen, der genauso unausgewogen ist. Auch wenn das Zerrüttungsprinzip im deutschen Scheidungsrecht zu begrüßen ist, stellt sich theologisch und seelsorgerlich dennoch die Frage, wie man auf diesem Feld mit Schuld umgehen soll. Der Hinweis auf den modernen Menschen und die Eigengesetzlichkeit des Eros darf nicht dazu führen, dass die Ehe und ihre Zerrüttung *»dem Anspruch der Gebote Gottes entzogen wird (…) Auch der Eros ist Gabe, Pfund und Chance.«*[80]

In der Unterscheidung zwischen dem juristischen und geistlichen Schuldbegriff sagt wiederum Helmut Thielicke: *»Um Missverständnisse zu vermeiden, sei ausdrücklich hinzugefügt, dass die dabei wirksame »Schuld vor Gott« auch theologisch durchaus nicht definierbar ist und ganz gewiss auch nicht generalisierend und nivellierend ausgesagt werden kann. Hier wird eine große Skala von Schuldformen bestehen, die kaum von den Betroffenen selbst, geschweige aber von außen her fixierbar sind und von denen der beteiligte Christ nur in Form der Bitte sprechen kann, dass Gott auch die »verborgenen Fehler« (sie sind wirklich bis zum Jüngsten Gericht verborgen!) offenbar machen möge (Ps. 19,13; 130,3; Hiob 9,3) (…) Selbst wenn die rechtlich fixierbare Schuld des einen Partners (…) völlig eindeutig feststeht, ergibt sich die ethische (…) Frage, ob dieses demonstrative Heraustreten aus der Ehe nicht die Reaktion auf ein tieferes Ungenügen des andern Partners sei (…) Der Seelsorger, dem die Intimsphäre einer Ehe erschlossen wird, kann deshalb zu völlig anderen Schuldaspekten kom-*

men als der Richter, der den Schwerpunkt seiner Urteilsbildung in den Fakten suchen muss (...) Als generelle Regel wird sich für den tiefer Blickenden ergeben, dass jeweils beide in die Schuld der zerbrochenen Ehe verstrickt sind und dass möglicherweise der äußerlich Schuldlose oder Minderschuldige an der Zerstörung der Ehe stärker beteiligt ist als der andere.«. Das Verhängnisvolle bei einer zu starken Fixierung auf das Schuldprinzip sieht Thielicke darin, *»dass die Frage nach dem realen Bestande einer Ehe beim Scheidungsproblem außer Acht bleibt und so die künstlich aufrechterhaltene, formal weiter geltende Ehe ebenso zur Lüge wird wie etwa die neu eingegangene, die rechtlich* (in einigen katholischen Ländern, Anmerkung d. Verf.) *nicht gilt, sogar strafbar ist und darum unehrliche Formen der Heuchelei annehmen muss«*.[81] Ähnliche Probleme ergeben sich innerhalb von Gemeinden, die Scheidung und Wiederheirat kategorisch verbieten.

Dagegen bedeutet es für Derek Prince eine *»Verhöhnung der Gerechtigkeit«*, wenn etwa so argumentiert würde: *»Diebstahl ist etwas Schlimmes; also müssen wir beiden betroffenen Parteien die gesetzlich vorgegebene Strafe auferlegen: Wir werden sowohl den Dieb als auch den Bestohlenen einsperren.«*[82] Falls es eine relativ unschuldige Partei überhaupt gebe, darf sie nicht gleich behandelt bzw. bestraft werden. Das leuchtet ein, und doch gibt es nur wenige Fälle, bei denen von außen erkennbar ist, welcher Partner die Hauptschuld am Scheitern der Ehe trägt. Wie soll aber von Außenstehenden die Schuldfrage geklärt werden? Dazu würde dann nämlich die Untersuchung darüber gehören, ob und in welchem Maß Eheverfehlungen möglicherweise ganz oder teilweise zu Lasten des so genannten unschuldigen Teils gehen – ein sehr schwieriges, wenn nicht aussichtsloses Unterfangen.

Erneute Heirat = Ehebruch?

Jesus selbst beschreibt ein Verhalten, mit dem ein Mann *»macht, dass sie Ehebruch begeht«*. Der Zusammenhang dieser Stelle in der Bergpredigt legt nahe, dass eine andere Frau Grund dafür ist, dass die

Ehefrau von ihrem Mann verstoßen wird. Dann müsste es aber doch heißen: *Wer seine Frau entlässt, ... begeht Ehebruch.* Es heißt aber, dass er veranlasst, *dass sie die Ehe bricht.* Warum würde *sie* dann einen Ehebruch begehen, den *er* mit einer anderen Frau bereits *in seinem Herzen* begangen hat? Ihre erneute Heirat, die damals gesellschaftlich kaum zu vermeiden war, bricht die in Gottes Augen ungerechtfertigt geschiedene Ehe. Trotz des Fragezeichens, das viele Christen wegen dieser Stelle hinter eine geplante oder vollzogene Scheidung und Wiederheirat machen, fällt doch auf, dass Jesus hier die Scheidung selbst bzw. das Aushändigen des Scheidebriefs nicht Ehebruch nennt, sondern die Verführung dazu. Der ganze Abschnitt Matthäus 5,21-32 enthält ein System von gegenseitiger Schuldverstrickung:

- Was mag an Schuld vorausgegangen sein, bis Menschen, die sich einmal geliebt haben, sich verbal oder auch körperlich schwer verletzen?
- Wie schwer können Ehepartner schuldig werden, wenn einer den anderen verbal attackiert und beschimpft, ohne sich zu versöhnen, so lange sie auf dem gleichen Weg sind (Verse 22.24-25)!
- Was ist, wenn permanente Nörgelei, Beschimpfungen und Beleidigungen Ursache für Entfremdung, außereheliche Affären und irgendwann die endgültige Trennung sind?
- Vom Mann wird gesagt: Er hat *schon Ehebruch mit ihr begangen (...) in seinem Herzen.* Damit hat er sich an seiner eigenen Frau und an Gott versündigt (Vers 28). Im Falle des oben beschriebenen Fehlverhaltens trifft sie jedoch eine Mitschuld an seiner Tendenz, sich anderweitig »umzusehen«.
- Dieser Mann würde zusätzlich schuldig werden, wenn er seine Frau ohne den Zusammenhang von Hurerei wegschickt (Vers 32a).
- In dem Fall verführt er sie zum Ehebruch, mit dem sie sich selbst auch schuldig macht und woran er mit Schuld trägt (Vers 32b).
- Der Mann, der die unrechtmäßig Entlassene heiratet, wird ebenso schuldig (Vers 32c).

- Falls der zuerst genannte Mann nicht nur in seinem Herzen, sondern durch die Tat Ehebruch begeht, wird er (außerdem) an der fremden Frau und deren Mann schuldig. Da nicht von begehrlichen Anblicken einer Jungfrau die Rede ist, liegt hier der Akzent darauf, dass er zusätzlich in eine bestehende Ehe einbricht.

Man ist geneigt, durch die Worte Jesu *er macht, dass sie Ehebruch begeht* den unrechtmäßig Entlassenden als Hauptschuldigen zu sehen. Tatsächlich begeht er aber nicht Ehebruch, sondern sie wird verführt. Nur durch die Übersetzung *er bewirkt, dass sie verführt wird*, ist die passive Verbform erkennbar; dagegen erscheint die Frau in den meisten Übersetzungen fälschlicherweise als aktive Ehebrecherin. Bestenfalls ist noch die Übersetzung korrekt, *dass sie sich verführen lässt*. Das ist deshalb von Bedeutung, weil Matthäus 5,32 immer wieder als Beleg für die Gleichsetzung von Wiederheirat und Ehebruch herangezogen wird. Damit wurde und wird vielen Leuten unnötig ein schlechtes Gewissen gemacht. Der Akzent der Worte Jesu liegt jedoch auf der Verführbarkeit dessen, der unrechtmäßig aus der Ehe entlassen wird. Unrecht begeht, wer seine Frau wegen einer anderen entlässt. Wenn dieser Mann neu heiratet, begeht er Ehebruch an seiner ersten Frau. Danach ist *ihre* erneute Heirat kein Ehebruch mehr, da die erste Ehe von beiden bereits gebrochen worden ist. Heiratet jemand allerdings eine Frau, die von ihrem Mann unabhängig von Unzucht entlassen wurde, bevor der frühere Mann wieder heiratet, wird damit ihre erste Ehe gebrochen. Mit diesen Worten wollte Jesus sicherlich sowohl leichtfertiger Scheidung als auch voreiliger Wiederheirat wehren, aber auf keinen Fall die Frau, der bereits Unrecht widerfahren ist, zusätzlich bestrafen.

Von wem geht der Ehebruch aus?

So wie Jesus in der Bergpredigt den Ehebruch in den Bereich der Gedanken vorverlegt, ist es auch angemessen, die Initiative zum Ehebruch bei dem zu sehen, der die Auflösung der Ehe *von innen her* vorantreibt. Jesus redet eindeutig dem Initiator ins Gewissen und erklärt ihn zum Hauptschuldigen. Die Frage ist berechtigt, ob es überhaupt völlige Unschuld geben kann, wenn Ehen zerbrechen. Theoretisch muss es schon möglich sein, sich so an Gott zu halten, dass man ohne bewusste und eigene Schuld aus einem Ehe-Desaster hervorgehen kann. Dabei unterscheide ich zwischen Schuld, die auch von Gott trennt, und Versagen und Fehlern, die zu unserem Menschsein gehören und daher auf der zwischenmenschlichen Ebene bearbeitet werden müssen.

Genauso wie es für sie aus sozialen Gründen unvermeidlich schien, kann aber auch eine erneute Heirat für einen gläubigen Mann als unumgänglich erscheinen, dem sich seine Frau entzogen oder die ihn äußerlich verlassen hat. Dann macht *sie*, dass *er* die Ehe bricht. Würde man sie in diesem Fall ebenso als die Hauptschuldige betrachten? Man kann also in mehrerer Hinsicht durchaus von einer *Hauptschuld* und von *Mitschuld* sprechen. Scheitert eine Ehe, sind oft beide Opfer und Täter zugleich. Das Ich des Täters, der schuldig wird, darf aber nicht aufgelöst werden. Sonst würden die Opfer ohne verantwortliche Täter zurückgelassen. Sie könnten dann niemanden anklagen, aber auch keinem vergeben. Und auch der, der irgendwie zum Täter geworden ist, wird nicht das Entlastende der Vergebung erleben, wenn es Schuld in irgendeiner Form gar nicht geben darf. Im christlichen Bereich sollte das Schuldprinzip nicht vernachlässigt werden, ohne Frage. Aber man muss sehr behutsam und sorgfältig damit umgehen. Schon gar nicht sollte man meinen, sich als Außenstehender ohne tiefere Kenntnis ein ausgewogenes Urteil erlauben zu können.

Fatales Gottesbild

Ist die in Vers 32 gemeinte Frau nun schuldig geworden? Die katholische Kirche lehrt, dass sie und ihr zweiter Mann fortan in Sünde leben und vom Abendmahl ausgeschlossen werden müssen. Die Formulierung *im Ehebruch leben*, die nur die Übersetzung *»Hoffnung für alle«* übernimmt, gibt es so in der Bibel nicht. Sonst hätte Jesus zu der Frau am Jakobsbrunnen gesagt: »Mit den vier Männern nach deinem ersten Mann hast du im Ehebruch gelebt«. Er erkennt vielmehr faktisch ihre fünf Ehen an, indem er sagt: *Fünf Männer hast du gehabt* (Johannes 4,18). Es geht ihm eher um das aktuelle ungeklärte Verhältnis. Hätte Jesus mit einer Frau weiter über geistliche Themen geredet, die in beständigem, durch mehrere Ehen sogar potenzierten Ehebruch lebt? Hätte er sie nicht angesichts der Unauflöslichkeit der Ehe und ihres Ehebruchs dazu bewegen müssen, zu ihrem Ehemann zurückzukehren? Aber wenn ja: zu welchem?

Wer sich der katholischen Lehre von der Unauflösbarkeit des Ehebundes anschließt, sieht eine Ehe auch durch eine legale Scheidung nicht als beendet an. Diese Auffassung wird durch viele Übersetzungen begünstigt, die fälschlicherweise Unzucht und Ehebruch einfach gleichsetzen. Das bedeutet zusammengenommen dann, dass ein Ehebund entweder durch den Tod eines Partners oder durch außerehelich gelebte Sexualität gebrochen wird. Ich halte das für sehr undifferenziert, da zum Beispiel ein Ehemann, der mit einer Prostituierten schläft, zwar sündigt, indem er mit ihr *ein Fleisch* wird. Aber er geht keine Ehe mit ihr ein. Daher *muss* seine Ehe daran nicht zerbrechen. Sonst wären ja alle alttestamentlichen Mehrehen und sexuellen Beziehungen der Patriarchen Abraham und Jakob zu den Mägden ihrer Frauen ehebrecherisch und sündhaft gewesen. Unzucht ist zwar ein Scheidungsgrund, aber nicht das automatische Ende der Ehe.

Unzucht ist zwar ein Scheidungsgrund, aber nicht das automatische Ende der Ehe.

Wollte Jesus wirklich sagen: Es handelt sich um einen verwerflichen Ehebruch, wenn ein Mann eine Frau heiratet, die zum Beispiel ihren ersten Mann verlassen hat, der sie oder ihre Kinder missbraucht bzw. geschlagen oder durch Alkoholsucht fast ruiniert hat? Welches Bild von Gott wird einer solchen Frau vermittelt, die vielleicht endlich aufatmen und eine harmonische Ehe führen kann, gegen dessen Willen sie aber vermeintlich ihr Unglück beendet und ihr Glück gefunden hat? Wie gut, wenn sie sich daraufhin nicht von Gott, sondern lieber von einer Gemeinde oder Kirche löst, die solch ein fatales Gottesbild weitergibt!

Gott will alle Sünden vergeben

Beim Scheitern einer Ehe ist grundsätzlich Versagen und oft Schuld im Spiel. Diese Schuld darf aber nicht von anderen Formen der Schuld, wie sie in den Zehn Geboten oder in der Bergpredigt genannt werden, unterschieden und überbetont werden. Sonst wird die Schuld einer gescheiterten Ehe, von Unzucht und tatsächlichem Ehebruch auf die gleiche singuläre Stufe der Sünde gegen den Heiligen Geist gehoben. Das aber ist nicht nur theologisch unhaltbar, sondern auch seelsorgerlich unverantwortlich. Gott kann und will alle Sünden vergeben, auch die folgenschwere des Ehebruchs. Daher sollten Menschen und Gemeinden, insbesondere die nicht direkt Beteiligten, die Vergebung nicht zurückhalten. Sie machen sich sonst selbst schuldig!

Ich kann aber auch nicht der Auslegung zustimmen, nach der Scheidung bzw. Wiederheirat Ehebruch bedeutet – die aber andererseits als einzelne Sünde manchmal unumgänglich ist und sozusagen in Kauf genommen werden muss. Wir sollen ja nie *mutwillig* (Hebräer 10,26) auf Sünde zugehen. Das würde aber geschehen, wenn jemand die vermeintliche Sünde des Ehebruchs für den Tag seiner zweiten Hochzeit sozusagen terminiert, durch die Hochzeitsnacht vollzieht und sogar die anschließende Vergebung einplant. Am besten bliebe er nach dem Segen des Pastors für seine neue Ehe direkt zur Beichte und Absolution kurz in der Kirche! Und auch der verantwortliche Pastor hätte Schuld zu bekennen. Wie soll aber diese angebliche Sünde, die mit so viel Freude und Segenswünschen verbunden ist, aufrichtig bereut werden? Dieser bewusste, geplante Vorgang ist ja nicht mit einem *Fehltritt* zu vergleichen, von dem jemand *übereilt wird*, den er später als Sünde erkennt (Galater 6,1). Möglich wäre dies höchstens bei jemandem, der Gott nicht in seine Entscheidungen bezüglich Trennung, Scheidung und erneuter Heirat einbezogen hat. Natürlich können auch jedem Christen Fehlentscheidungen unterlaufen, und allzuoft lassen wir Gott in unserem Leben, wenn es glatt läuft, außen vor. Aber gerade wenn jemand versucht hat, während und nach seiner Ehekrise an Gott festzuhalten und sich schließlich nach Gebet, Beratung und Bibelstudium zu Trennung, Scheidung oder Wiederheirat durchringt, wird ihm nichts ferner liegen, als die erlebte gnädige Führung Gottes zu verteufeln und als einen ehebrecherischen Sündenweg zu verlästern.

Wie kann außerdem etwas als Sünde und Ehebruch bezeichnet werden, was der Frau gemäß 5. Mose 24 eindeutig zugestanden wird? Interessanterweise gebraucht Paulus das Wort für ehebrechen gerade in 1. Korinther 7, wo es um Scheidung und Zweitehen geht, überhaupt nicht. Daher kommen wir auch mit der Theorie über den Bund der Ehe hier nicht weit. Denn wenn man die Evangelientexte so versteht, dass Scheidung und Wiederheirat einen alten Bund schuldhaft zerbrechen, dürfte Paulus den von einem ungläubigen Partner Geschiedenen nicht zusprechen, *ungebunden* (1. Korinther 7,15) zu sein. Ebenso würde derjenige Ehebruch begehen, der auf den Rat von Paulus hin den ungläubigen trennungswilligen Partner ziehen lässt und dann vor ihm wiederheiratet. Denn nach diesem Verständnis würde er den fortbestehenden Bund mit dem Ungläubigen brechen. Die einzige Alternative, die dem geschiedenen Gläubigen in diesem Fall bliebe, wäre ein zölibatäres eheloses Leben (falls der Ungläubige nie wieder heiratet). Erhält er dann nicht die dazu nötige Gabe, müsste er wohl oder übel zwischen Unzucht und Ehebruch wählen. Hier sehen wir, zu welch abwegigen Ergebnissen wir kommen, wenn wir die recht verbreitete Vorstellung zu Ende durchspielen, nach der Scheidung und Wiederheirat einfach mit Ehebruch gleichgesetzt werden.

Teil 3:

Seelsorge – Die Sorge um die Seele

9. Die Aufgabe des Seelsorgers und der Seelsorge

Mit den Worten von Paulus (1. Korinther 4,15) ist auch heute zu beklagen, dass es unter Christen zwar viele *Zuchtmeister* bzw. Erzieher, aber nicht viele Väter gibt. Was ist denn die Aufgabe von Mitchristen und Seelsorgern, wenn eine Ehe an ihre Grenzen kommt?

Der Eheberater Theodor Bovet, dessen Buch *Die Ehe* in zwölf Sprachen übersetzt und in Deutschland schon 1986 eine Auflage von 856 000 Exemplaren erreicht hatte, bezeichnet Seelsorger wie Ärzte als Gehilfen zum Leben, die alles unternehmen werden, um Leben zu erhalten und zu retten. *»Aber es kann dennoch der Tod eintreten, und dann wird auch ein guter Eheberater die Konsequenz ziehen müssen, vielleicht in einem Gutachten für das Gericht, wie auch der Arzt für seinen Patienten einen Totenschein ausfüllt. Nun wird man fragen: »Wann ist eine Ehe als ›tot‹ zu bezeichnen?« Dieser »Tod« lässt sich zwar nicht so eindeutig feststellen wie der Tod eines Lebewesens, aber man wird doch sagen dürfen: Wenn alle »Wiederbelebungsversuche« versagen und die Ehe längere Zeit hindurch kein Lebenszeichen mehr gibt, ja wenn sogar Zersetzungserscheinungen auftreten, dann wird man wohl oder übel den »Tod der Ehe« annehmen müssen. Und dann ist die Scheidung gewissermaßen ihr Begräbnis.«*[83]

Zu kleiner Werkzeugkasten

Ich vergleiche das gerade in bibeltreuen Kreisen oft zu kleine Spektrum an Hilfsmöglichkeiten in diesem Bereich mit einem zu dünn bestückten Werkzeugkasten. Manche sehen überall Nägel, weil sie nur einen Hammer besitzen. Man braucht aber zum Beispiel für die Verdrahtung eines Telefonkabels nicht einen dicken Hammer, sondern eine feine Zange, mit der man die Isolation entfernen kann, ohne die sehr dünnen Kabel zu beschädigen. Wer kein anderes Werkzeug hat, sollte nicht mit dem Hammer draufhauen, sondern entweder das passende Werkzeug holen oder jemanden suchen, der es besitzt und damit umgehen kann. Manche wollen angesichts einer Ehekrise nur den Teufel vertreiben, weil sie es nicht anders gelernt haben. Tatsächlich spielen dämonische Kräfte bei einer Ehekrise oft eine Rolle. Aber mit diesem Werkzeug kommt man an die tiefer sitzenden seelischen Probleme nicht heran. Ebenso wenig hilft es, wenn in vielschichtigen, durchaus diffizilen Eheangelegenheiten das typische zweite Werkzeug des Bußrufs hervorgeholt wird. Damit werden alle Probleme und Missstände auf das eine Problem der Sünde zurückgeführt. Das ist ebenso praktisch wie verführerisch, weil lediglich ein Schuldiger gefunden werden muss, der dann zur Buße aufgefordert wird. Oft wird jedoch durch solche Bußrufe das Leid vergrößert, statt gelindert.

Das Christenleben beginnt mit Umkehr. Letzten Endes haben alle Missstände irgendwie mit Sünde zu tun, und wenn es die im Garten Eden ist. Daher gibt es immer irgendeinen Punkt, an dem ich umkehren und Buße tun kann. Wenn offensichtliche Sünde im Spiel ist, hilft auch alles Drumherum-Seelsorgen nichts. Ein Ehepartner, der fremdgeht, muss nicht in seinem emotionalen Chaos getröstet, sondern zurechtgewiesen werden, sonst geschieht auch kein Zurechthelfen. Es kann auch nicht falsch sein, einem Paar in der Krise deutlich zu machen, wie wichtig eine Haltung der Buße ist. Ansonsten hilft es insbesondere in längeren Beratungsphasen sicher mehr, jenseits der Frage von Schuld und Buße nicht nur nach geistlichen, sondern auch nach seelischen Ursachen für die Krise zu fragen. Auf diesem Auge scheinen allerdings viele Seelsorger blind oder einfach nur ungeschult zu sein.

Letzten Endes haben alle Missstände irgendwie mit Sünde zu tun.

Appelle und Drohungen

Was passiert aber, wenn zum Beispiel nicht berücksichtigt wird, dass eine Frau oder ein Mann Vater und Mutter gar nicht verlassen hat, um mit dem Partner ein neues Leben zu beginnen, sondern aus Verlustangst[84] einen Ehepartner heiratet, der dem Bild des Vaters bzw. der

Mutter ähnelt und als deren Ersatz fungieren soll? Ihre oder seine Liebe gilt nicht dem Partner, sondern dem Bild des betreffenden Elternteils[85]. Der Ehepartner ist dann nur Anlass zur Wiederholung[86] der Elternbeziehung und die Projektionsfläche kindlicher Übertragungen[87], weshalb man auch von Übertragungsliebe[88] spricht. Eine Ehe, an deren Beginn diese Übertragungsliebe eine Rolle gespielt hat, kann dennoch lebenslang bestehen, wenn es gelingt, von den Ängsten der Kindheit Abschied zu nehmen und zu reiferen Formen der Liebe zu gelangen. Viele Ehen, die unter diesen Voraussetzungen geschlossen wurden, scheitern jedoch auch und gerade unter Christen, da diese seelischen Wurzeln im Allgemeinen nicht psychologisch und seelsorgerlich bearbeitet werden und man stattdessen lediglich zur Buße oder zum Durchhalten aufruft. Buße im Sinne von Umdenken kann ja auch eine Abkehr von hinderlichen Eltern-Vorbildern sein. Die müssen aber erst einmal erkannt werden. Gerade wenn man Scheidung ausschließen bzw. später nicht anerkennen will, dürfte man solche Paare eigentlich gar nicht erst trauen. Aber solch eine Übertragungsliebe, die nur ein Beispiel gravierender Ehemängel ist, lässt sich im Vorhinein kaum erkennen; normalerweise ist sie noch nicht einmal den Betroffenen selbst bewusst.

Andere Fragen stellen sich, wenn äußere Not, Unfälle, physische oder psychische Krankheiten die Persönlichkeit eines Menschen während seiner Ehe grundlegend verändern: *»Vor allem an das breite Spektrum unheilbarer körperlicher und seelischer Krankheiten (…) muss hier erinnert werden. Was es bedeutet, jahrelang an der Seite eines Alkoholikers, eines Paranoikers, eines Schizophrenen, eines bis zur Unkenntlichkeit veränderten Menschen zu leben, kann niemand von außen ermessen, und noch weniger kann jemand von außen her festlegen, wo für den Einzelnen die Grenze des Erträglichen erreicht oder bereits überschritten ist.«*[89] Daher kann der rigorose Appell, unbedingt an einer Ehe mit einem psychisch oder Sucht-Kranken festzuhalten, sehr fahrlässig sein und den gesunden Partner selbst zerbrechen und erkranken lassen.

Das Hauptproblem einer einseitig auf Buße ausgerichteten Seelsorge ist, dass sie einen ungesunden Druck erzeugt und schnell ultimativ wird: So kann es passieren, dass während eines Seelsorgegesprächs der bis dahin liebevolle Ton plötzlich umschlägt, das Gespräch beendet und jeder weitere Dialog verweigert wird, falls der vermeintliche Sünder keine Schulderkenntnis zeigt. Leicht fühlt sich dann der Ratsuchende vom Seelsorger *ver*-raten, statt *be*-raten und ist damit konfrontiert, dass ihm sogar schlimme Konsequenzen angedroht werden (wie z. B. der Ausschluss vom Abendmahl). Der indirekte Effekt ist, dass andere abgeschreckt werden, in ähnlicher Not Rat und Hilfe bei solchen Seelsorgern in Anspruch zu nehmen.

Das Hauptproblem einer einseitig auf Buße ausgerichteten Seelsorge ist, dass sie einen ungesunden Druck erzeugt.

Ein ebenso beliebtes wie wenig hilfreiches Werkzeug ist der Aufruf zur Demut, der sich gerade dann anzubieten scheint, wenn der Ratgeber rat-los ist. Durch die Aufforderung, sich Gott und Menschen unterzuordnen, kann er gerade in Ehefragen zu Verantwortungslosigkeit, Passivität, Fatalismus und sogar Neurosen beitragen. Beim Gespräch mit einem Seelsorger geht es neben der Suche nach einer Antwort von Gott auch um die Begegnung mit einem Mitchristen, einem Menschen aus Fleisch und Blut. Es schadet gar nichts, wenn der Seelsorger angesichts einer schweren Ehesituation auch emotional Anteil nimmt und *mit den Weinenden weint* (Römer 12,15b).

Sicherlich würde es vielen Seelsorgern helfen, sich mit allgemein gesicherten psychologischen Erkenntnissen über die menschliche Psyche vertraut zu machen, um nicht zum Beispiel

- Depressionen mit dem Aufruf zur Freude am Herrn,
- eine Zwangsneurose durch Gesetzlichkeit oder
- eine Sucht durch angedrohte Verdammnis
  ungewollt zu verstärken.

Um das Herz eines Hirten zu bekommen, benötigt man allerdings keine besonderen psychologischen Kenntnisse und Seelsorge-Schulungen. Von Jesus lernen wir, dass er zwar den Stolz der Menschen, aber nicht zusätzlich *das geknickte Rohr* (Jesaja 42,3) bricht. Er lässt den, dessen Ehe gescheitert ist, nicht auch noch am Glauben scheitern. Der

Herr tadelt genau das an den Hirten: Statt die Zerbrochenen und Gescheiterten zu verbinden und zu heilen, haben sie mit Härte und Gewalt über sie geherrscht, sodass Gott selbst diesen Dienst an ihnen tun muss (Hesekiel 34,4.16).

Verlassen und verlassen werden

Das Leben beginnt mit dem Verlassen und endet mit dem Verlassen. Wenn die Nabelschnur abgeschnitten wird, ist das sowohl für die Mutter wie auch für das Kind eine Trennungserfahrung. Weitere Trennungssituationen sind der Eintritt in den Kindergarten und dann noch einmal der Schulbeginn. In der Pubertät steht der Jugendliche vor der Aufgabe, seine eigene Identität zu entwickeln und sich immer mehr von den Eltern zu lösen. Gott hat es so geordnet, dass die Keimzelle für neues Leben, eine neue Familie, auf gesunde Weise zustande kommt und gedeiht, wenn wiederum ein herangereifter, erwachsener Mensch seinen Vater und seine Mutter verlässt (1. Mose 2,24). Wenn sie nicht wenigstens innerlich zurückgelassen werden, entsteht kein gesundes neues Ehe- und Familienleben. Zur Lebensmitte gehören die durch den Lebenszyklus bedingten Trennungserfahrungen, bei denen man Abschied nehmen muss von unerreichten Zielen, Idealen, enttäuschten Erwartungen an sich selbst und an andere nahestehende Menschen. Ganz praktisch wird Trennung in dieser Phase erlebt, wenn die eigenen Kinder das Elternhaus bzw. ihre gemeinsam oder allein erziehenden Eltern verlassen. Irgendwann sterben die eigenen Eltern, das Ende des Berufslebens und die Vorbereitung auf das eigene Sterben stehen an, oder der Verlust des Partners muss verarbeitet werden.

Selbst der Mutter Jesu wurde mit den größten Verheißungen auch die schwere Lektion angekündigt, ihren Sohn loslassen zu müssen. Dieser Prozess begann, als Jesus sich als Zwölfjähriger das erste Mal von seinen Eltern absetzte. Er war im Tempel, im Haus seines Vaters, während seine Eltern ihn *mit Schmerzen* suchten (Lukas 2,35.48-49). Dieser Prozess endete damit, dass Jesus am Kreuz seiner Mutter Johannes als Versorger zur Seite stellte. Letzten Endes verließ auch Jesus Vater und Mutter, um sich die Gemeinde als Frau zu erwählen. So wie Adams Frau aus dessen Seite genommen wurde, erwarb Jesus sich seine Gemeinde in aufopfernder Liebe am Kreuz, als *Blut und Wasser* aus seiner Seite flossen (Johannes 19,26-27.34; Epheser 5,25.31-32). So gehören Verlassen und Verlassen-Werden zum Weg des Heils und zur Schöpfungsordnung, die Jesus und später Paulus in ihren Worten über die Ehe in Erinnerung bringen. Deswegen ist das Verlassen zwar mit Schmerz und Angst verbunden, aber auch eine Erfahrung, die uns reifen lässt.

Ich will damit nicht sagen, dass es einfach »zum Leben dazugehört«, wenn Ehepartner einander verlassen oder verlassen werden. Trotzdem gibt es hier eine Parallele zu anderen unfreiwilligen Abschiedserfahrungen. Eine Frau kann sich von dem verstorbenen Ehemann ebenso im Stich gelassen und verlassen fühlen wie eine Mutter von ihrer Tochter, die heiratet und weit wegzieht; oder ein Mann fühlt sich von seiner Frau fallen gelassen, die plötzlich voll in ihrer jungen Mutterrolle oder in ihren gemeindlichen Aufgaben aufgeht, oder eine Frau von ihrem Mann, der beginnt, hart an seiner Karriere zu arbeiten. Ebenso erlebt vielleicht ein junger Mann, der seine Eltern wegen eines Auslandsstudiums, seiner Berufung oder am Beginn seiner Ehe verlässt, eine ähnliche Zerrissenheit wie jemand, der sich schweren Herzens unter entsprechenden Umständen nach viel Gebet und Beratung zur Trennung von seinem Ehepartner durchringt.

Die Frage ist ja nicht nur, was man tut oder was einem widerfährt, sondern wie man selbst damit umgeht und was das in dem einen oder anderen auslöst. Eine Frau, die ihren Partner verlässt, empfindet meist mehr Schuldgefühle ihrem Mann und den Kindern gegenüber als eine Frau, die verlassen wird. *»Sie sind größer als bei der verlassenen Frau, weil sie den Stein ins Rollen brachte, der viele Hoffnungen und Träume in Leiden verwandelte und unter sich begrub.«*[90] Die verlassene Frau wiederum leidet eher als die, die geht, weil ihr Selbstwertgefühl Schaden nimmt. Dass ein Mann, der verlassen wird, trauert, wäre in der Hochblüte des Patriarchats nicht denkbar gewesen: Er hätte früher in einem solchen Fall eher blinde Wut und Rache ausgelebt. Heute muss der verlassene Mann nicht nur mit dem Verlust des Partners fertig werden; er muss auch eine neue Identität aufbauen. Wenn er Vater ist, wiegt sowohl beim verlassenden als auch beim verlassenen Mann in der Regel die Trauer um die verlorenen Kinder am schwersten. Unabhängig davon, wer sich getrennt hat, wachsen die meisten Kinder bei der Mutter auf. *»Damit droht dem Vater neben dem äußeren Trennungsverlust auch der Verlust seiner gesamten väterlichen Identität.«*[91] Allerdings lassen sich viele Männer, die gehen, oft gar nicht auf einen wie auch immer gearteten Trauerprozess ein. Weit eher und früher als verlassende Frauen gehen sie eine neue Beziehung ein, mit der sie den eingetretenen Verlust auszugleichen versuchen.

Emotionaler Missbrauch

Im Zusammenhang mit einer Ehekrise kommt es häufig auch zu emotionalem Missbrauch, der von außen nur schwer erkennbar ist. Die amerikanische Psychologin Susan Forward beschreibt die Grundaussage des emotionalen Missbrauchs so: *»Wenn du dich nicht so verhältst, wie ich es von dir will, wirst du leiden.«*[92] Dadurch werde ein Täter-Opfer-System aufgebaut, in dem der emotionale Erpresser selbst von Angst besetzt ist und Angst verbreitet. Dabei hat sie vier Typen ausfindig gemacht[93]: Während *der Bestrafer* mit schweigendem Rückzug operiert oder mit Selbstmord droht, macht *der Selbstbestrafer* den anderen für die eigenen Schwierigkeiten verantwortlich. *Der Leider* leidet erst stumm und wirft dann dem Partner Unsensibilität für seinen Zustand vor, *der Verführer* verspricht wunderbare Belohnungen, die allerdings an knallharte Bedingungen geknüpft sind. So oder so tauchen die emotionalen Erpresser ihre Opfer in einen Nebel von Angst, Pflicht- und Schuldgefühlen. *»Am Ende des emotionalen Missbrauchs steht fast immer das Scheitern einer Beziehung. Wenn das Opfer die Selbstachtung wieder gewinnt und zu sich und seinen Gefühlen stehen kann, dann sucht sich der Missbraucher*

Im Zusammenhang mit einer Ehekrise kommt es häufig auch zu emotionalem Missbrauch, der von außen nur schwer erkennbar ist.

entweder ein nächstes Opfer, oder aber er geht den Weg der Demut: Er steigt herab in die eigene Angst, in die eigene Not und Verzweiflung. Dann kann auch seine Wunde heilen.«[94]

Wenn ein Seelsorger diese Zusammenhänge nicht erkennt und für ihn Psychologie ohnehin eher ein rotes Tuch als eine Hilfe ist, kann er durch eine einseitige Vorgehensweise sogar dazu beitragen, einen zerstörerischen Teufelskreis aufrechtzuerhalten. Denn gerade Christen sind besonders anfällig dafür, sich von (falschen) Pflicht- und Schuldgefühlen bestimmen zu lassen. Manchem ist gar nicht bewusst, was er da für ein Spiel treibt. Auf der anderen Seite haben christliche Paare eher die Möglichkeit umzukehren, Vergebung zu erbitten und zu gewähren und sich gemeinsam zu bemühen, ihre Beziehung zu erneuern.

Wiederheirat

In vielen Fällen führen Schuld und Sünde zum Scheitern einer Ehe. Jeder bibelgläubige Christ und Seelsorger glaubt an die Wirksamkeit der Vergebung – und zwar in allen Lebensbereichen. Im Gegensatz dazu wird jedoch in der Praxis bei einer Scheidung oft kein Neuanfang ermöglicht. Das ist eine schwere Last, die im Widerspruch zu Jesu Selbstverständnis steht: *Kommt her zu mir, alle ihr Mühseligen und Beladenen (…), denn mein Joch ist sanft und meine Last ist leicht* (Matthäus 11,28.30). Wenn Gott sagt: *Es ist nicht gut, dass der Mensch allein sei* (1. Mose 2,18), gilt das dann für Geschiedene nicht mehr? Wenn Paulus vor der Gefahr einer zu langen Enthaltsamkeit *in* der Ehe warnt (1. Korinther 7,8-9), kann dann den Geschiedenen Enthaltsamkeit *nach* der Ehe als lebenslange Last auferlegt werden? Jesus warnte die Gesetzeslehrer seiner Zeit davor, *die Menschen mit schwer zu tragenden Lasten* zu unterdrücken, die man selbst, wenn es so weit ist, nicht tragen mag oder kann (Lukas 11,46). Oft ist es einfach falsch, unter Treue die Rückkehr in die alte Ehe oder wenigstens die Ehelosigkeit des Geschiedenen zu verstehen und Scheidung bzw. Wiederheirat im Blick auf die erste Ehe als Untreue und Sünde zu bezeichnen.

Der katholische Theologe Eugen Drewermann, dessen theologische Ansätze ich überwiegend nicht teile, hat viele problematische Vorgänge innerhalb seiner Kirche kritisiert. Er schreibt[95]: *»Wie ungeheuer selbstzufrieden, ungerecht und pauschal die Reduktion eines in jedem Einzelfall außerordentlich komplizierten Problems wie das einer Ehescheidung auf einen einzigen Wertebegriff (der Treue oder Untreue) wirken muss, wird man sogleich ersehen, wenn man sich auch nur einen Augenblick lang vor Augen hält, zu welch einem moralischen Amoklauf eine solche Lehre in ihrer rigorosen Form auffordert (…) Man muss akzeptieren, dass ein solches Verständnis von Treue sich schließlich gegen vieles richtet, was zur Liebe selbst gehört.«*

Bewertungskriterien von Bill Hybels[96]

Bill Hybels nennt neben Ehebruch das Verlassen als legitimen Grund für eine Scheidung sowie eine weitere Ehe, wozu für ihn im weiteren Sinne auch das emotionale, geistliche, psychologische Verlassen gehört. Außerdem darf nach seiner Auffassung eine Ehe getrennt werden, wenn einer der Partner unversöhnlich bleibt, sich dadurch *wie ein Ungläubiger* verhärtet und so das von Paulus genannte Kriterium (1. Korinther 7,15) zur Geltung kommt. Bill Hybels hat Ehepartner erlebt, die ihre Ehe innerlich verlassen, nicht mehr daran interessiert sind, wieder zueinander zu finden, aber aus rein wirtschaftlichen Gründen zu Hause bleiben. Man nennt das dann noch Ehe, die beiden sind geografisch gesehen noch am selben Fleck, aber der Partner ist längst emotional und geistlich verlassen worden. Die Ältesten seiner Gemeinde in Chicago und er würden in diesem Fall sagen, dass auch dies ein Verlassen ist – selbst wenn man äußerlich unter einem Dach lebt.

Bill Hybels vertritt die Auffassung, dass der Heilige Geist einen Christen ermutigt, auch innerlich in der Ehe zu bleiben. Es sei der Unglaube, der sich in einer Sackgasse wähnt und nur in der Trennung einen Ausweg sieht. Wer insofern als Ungläubiger aus der Beziehung ausbrechen wolle, von dem sage die Bibel, dass man ihn gehen lassen solle. An dieser Stelle ist für Hybels Scheidung biblisch legitim, auch wenn dies nicht Gottes Ideal ist!

»In diesen beiden Fällen – Ehebruch und Verlassen – kann es eine in Gottes Augen gerechtfertigte Scheidung und auch eine Wiederheirat geben – allerdings nur mit einem Christen und auf jeden Fall erst, nachdem wirklich jede einzelne Möglichkeit, jeder nur irgend mögliche Weg zu einer Versöhnung ausgeschöpft worden sind. Immer prüfen wir in der Gemeinde den Willen zur Versöhnung. Wichtig allerdings ist, dass wir eine Wiederheirat von Christen ablehnen, wenn die Scheidung als Mittel benutzt wird, um auf einen anderen Partner zuzugehen, einen neuen Partner zu suchen. Solch eine vorher schon feststehende Absicht hinter einer Scheidung macht sie ehebrecherisch (Mt. 19,9; 5,32). Die Sache ist ernst: Wer sich scheiden lässt, um jemand anderes zu heiraten, begeht Ehebruch (1. Kor. 7,10-11).

Was ist, wenn ein Gläubiger für eine Weile auszieht und sagt: »Nicht für immer, aber ich kann so nicht leben«? In einem solchen Fall sollen wir allein bleiben, sagt die Bibel. Gottes Anweisung für diesen Fall – in dem die legitimen Gründe für eine Scheidung nicht zutreffen – lautet: »Mach langsam, ganz langsam! Bleibe Single. Fang nicht mit Verabredungen an, bleib allein! Suche die Versöhnung – auch wenn sich nur eine Möglichkeit, ein noch so kleiner Hoffnungsschimmer zeigt, dass diese Ehe versöhnt werden könnte. Denk nicht an Rendezvous und daran, die Tür vielleicht für immer hinter dir zuzuschlagen, denn da ist immer noch Hoffnung, du hast immer noch einen Versuch, es gibt immer noch Potenzial, Gottes Ideal zu erreichen.« Das kann Kompromisse und Bekennen, Beratung und Seelsorge beinhalten, Abstand gewinnen und Gebet, Fasten und Einbeziehen von Geschwistern im Leib Christi – einen Seelsorger, die Ältesten, den Kleingruppenleiter, wen auch immer. Auf jeden Fall aber: Bleiben Sie allein!

Was geschieht in der Praxis? Ein Partner sagt vielleicht: »Okay, wir waren jetzt soundso viele Jahre allein, der andere wird sich nicht mit mir versöhnen. Wirklich jeder Weg der Versöhnung wurde ausgeschöpft.« An einem bestimmten Punkt, wenn ein Partner sich über eine lange Zeitspanne hinweg absolut weigert, Versöhnung auch nur in

Erwägung zu ziehen – was heißt das dann? Es bedeutet, dass diesem Partner eine grundlegende Haltung fehlt, die im Herzen jedes Gläubigen wohnt: der Geist der Versöhnung, der Geist der Sanftmut und Vergebung. Was bedeuten könnte, dass dieser Mensch überhaupt kein Christ ist. Wenn das der Fall ist, kommt irgendwann der Punkt – eine Sache, die Gottes Herz bricht –, an dem ein Urteil vielleicht von mehreren anderen Gläubigen oder den Ältesten gefällt werden muss, dass es keine weiteren Möglichkeiten mehr gibt. Man betrachtet die Situation dann als »verlassen«. Dann wäre eine Wiederheirat möglich.«

Anfragen von Paula Sandford[97]

»Wurde aus der Hochzeit eine Ehe?(…) Hat sich der Ehemann von seinen Eltern abgenabelt?(…) Vor dem Altar gibt man sich zwar das Eheversprechen, doch ist diese eheliche Ein-Fleisch-Beziehung schon Wirklichkeit geworden? Oder lebt der Mann in geistigem Ehebruch mit seinen Eltern? (…) Wie können wir »gläubig« von »ungläubig« unterscheiden? Glaube umfasst natürlich mehr als das, was wir mit unserem Mund bekennen (…) Vor etlichen Jahren kam ein Paar bei uns in die Seelsorge. Beide sagten, sie wären bekennende Christen, doch um ihre Ehe stand es nicht gut (…) Dass sie ununterbrochen auf ihm herumhackte und kein gutes Haar an ihm ließ, verursachte nicht nur tiefe Verletzungen in ihm; vielmehr lag er emotionell und geistlich im Sterben (…) Schließlich ließ er sich von ihr scheiden und heiratete etwas später eine Frau, die weiß, wie sie sein Herz auferbauen und erquicken kann. In seiner Barmherzigkeit segnet der Herr ihre Beziehung, ihre Finanzen, ihre Gesundheit und den Dienst, zu dem er sie berufen hat, im Übermaß (…)

Wäre es Gottes Willen gewesen, diese Ehe wiederherzustellen? Selbstverständlich. Doch in einem solchen Fall, wenn der Partner rücksichtslos und ohne Buße an seinem aggressiven und destruktiven Verhalten festhält und damit das Leben des anderen buchstäblich zerstört, hätte es wahrscheinlich keinen Weg zur Versöhnung mehr gegeben. Gott respektiert den freien Willen eines Menschen. Gott kann sei-

ner Barmherzigkeit auch dadurch Ausdruck verleihen, dass er den erschöpften und verwundeten, doch aufrichtig bußfertigen und vergebungsbereiten Kämpfer aus dem Kriegsgebiet abzieht.«

Zusammenfassung

Wer als Seelsorger Ratsuchende verstehen und ihnen gleichzeitig Gottes Weisung verkünden will, muss dabei oft auf besondere Umstände Rücksicht nehmen, die nicht durch Gesetze abgedeckt sind. Genauso wie es verkehrt ist, eine Art Situationsethik allein auf gesellschaftlichen Entwicklungen und auf Einzelfälle aufzubauen, ist es falsch, bei der Seelsorge nicht den Einzelfall mit seinen Details im Blick zu haben. Wir haben bereits gesehen, dass im Alten Bund die einzige eindeutig untersagte Wiederheirat die des Mannes mit derselben Frau nach ihrer zweiten Scheidung war. Gott selbst stellt durch Jeremia die eigentlich zu verneinende Frage: *Wenn ein Mann seine Frau entlässt und sie von ihm weggeht und die Frau eines anderen Mannes wird, darf sie wieder zu ihm zurückkehren?* Trotzdem entscheidet er sich souverän für die Wiederannahme seiner mit Scheidebrief entlassenen Frau, die Israel symbolisiert (Jeremia 3,1.8; Jesaja 54,6; 60,15; 62,4).

Wer als Seelsorger Ratsuchende verstehen und ihnen gleichzeitig Gottes Weisung verkünden will, muss dabei oft auf besondere Umstände Rücksicht nehmen.

Dass Gott oft viel barmherziger ist als wir Menschen, ist mir einmal am Bild eines Boxkampfes klar geworden, der sogar gegen den Willen des schwer am Kopf Verwundeten vom Schiedsrichter abgebrochen wurde. Gott weiß, dass wir im Kampffeld des Lebens und auch in einer schweren Ehekrise verschuldet und unverschuldet genügend Prügel beziehen – er fügt von seiner Seite nicht noch mehr Prügel hinzu. Ich glaube, dass der himmlische Vater manchmal den Streit und die gegenseitigen Verletzungen seiner geliebten Kinder nicht mehr erträgt und so wie jener Schiedsrichter den Kampf abbricht, um seine verwundeten Kinder zu schützen.

10. Versöhnung – Aussöhnung – Unversöhnlichkeit

Versöhnung

In 2. Korinther 5,18-20, der ausführlichsten und bedeutendsten Stelle über Versöhnung im Neuen Testament, heißt es, dass Gott uns bzw. *die Welt mit sich selbst versöhnt hat durch Christus.* Das wird als ein einseitiger Vorgang beschrieben, der in Gott selbst stattfindet. Er bestand darin, dass Gott uns die *Übertretungen nicht zurechnete.* Davon haben wir überhaupt nichts mitbekommen, standen dem sogar als *Feinde* ignorant gegenüber (Römer 5,10). Gott vollbringt die Versöhnung durch das Opfer Jesu in sich selbst – mit dem Ergebnis, dass zunächst nur er der Welt versöhnt gegenübersteht und uns dadurch sozusagen mit anderen Augen und unter anderen Vorzeichen betrachtet. *»Subjekt der Versöhnung ist Gott (...). Die von Gott geschaffene Versöhnung geht allem menschlichen Tun voraus. Dieses menschliche Tun, auch Buße und Sündenbekenntnis, ist also nicht eine die Versöhnung herbeiführende und einleitende Tat des Menschen, auf die Gott »reagiert« – vielmehr ist es umgekehrt bereits »Reaktion« des Menschen (...). Verwirklicht wird die Versöhnung mit Gott nur bei denen, die die Stellvertretung Jesu für sich gelten lassen und sich auf Gottes Friedensangebot einlassen.«*[98]

Das ist ja das Aufregende an Jesus, dass er die personifizierte Versöhnung *für unsere Sünden, nicht allein aber für die unseren, sondern auch für die der ganzen Welt* ist (1. Johannes 2,2). Gott ist seit der Hinrichtung Jesu auf Golgatha mit der Welt im Reinen. Die Versöhnung ist also geschehen, *es ist vollbracht* (Johannes 19,30). Aber die Menschen müssen nun erstens davon hören, was Jesus für sie getan hat und wie Gott seitdem zu ihnen steht, und zweitens diese Versöhnung durch Jesus annehmen (Johannes 14,6). Dazu gehört unser notwendiges Eingeständnis, dass wir durch unsere Schuld von Gott getrennt waren, denn deswegen sind Versöhnung und das Opfer Jesu überhaupt erst nötig geworden. Von unserer Seite aus haben wir also erst dann *Frieden mit Gott*, wenn wir diese *Versöhnung empfangen haben* (Römer 5,1.10-11).

Das griechische Wort für *versöhnen* bzw. *Versöhnung*, das Paulus in 2. Korinther 5 wie auch in Römer 5 verwendet, beschreibt die von einer Seite ausgehende bzw. einseitige Versöhnung. Er benutzt es auch in 1. Korinther 7,11 in der Anweisung an die Frau, die sich von ihrem Mann getrennt hat. Das bedeutet, dass sie zu einer versöhnlichen Haltung gegenüber ihrem früheren Mann finden und ihm seine Fehler und womöglich Sünden nicht anrechnen und nachtragen soll. Das ist hauptsächlich eine Frage der Haltung. Trotz der Aufforderung Jesu, die andere Wange hinzuhalten (Matthäus 5,39), kann es jedoch trotzdem richtig sein, sich zu wehren und für sein Recht zu kämpfen, wenn es zum Beispiel um den Schutz von Angehörigen geht. Auf jeden Fall kann es geschehen – wie in Römer 5,10-11 beschrieben –, dass eine Seite sich versöhnt, während die andere Seite noch oder sogar für immer feindselig und unversöhnlich gesonnen ist. Das schmälert aber keineswegs den Akt der Versöhnung und seine Auswirkung auf die versöhnte Seite. Wenn eine Frau ihrem ersten Mann gegenüber innerlich unversöhnt bleibt, dann nimmt sie in jede neue Beziehung eine Hypothek mit. Bei einem getrennten bzw. geschiedenen Mann wäre es umgekehrt genauso. Sicherlich gehen viele Zweitehen wie die ersten auseinander, weil diesem Punkt nicht die gebührende Beachtung geschenkt wurde.

Aussöhnung

Ein mit *versöhnen* verwandtes, aber darüber hinausgehendes Wort beschreibt das *Aussöhnen* entzweiter Teile. Paulus gebraucht es in Epheser 2,16, wo es um die Aussöhnung der Juden mit den Nationen im Leib Christi geht. In diesem Abschnitt ist ebenfalls vom Frieden die Rede, der uns durch Christus geschenkt wurde und durch den wir die Feindschaft untereinander beseitigen können. Aussöhnung bedeutet also, dass *beide Seiten* ausräumen, was sie bislang getrennt hat. Natürlich ist dieser weitere Schritt auch für die in 1. Korinther 7,11 kommentierte Situation wünschenswert; er ist aber, da dieses Wort hier nicht gebraucht wird, nicht klar geboten und auch nicht immer möglich.

Im Unterschied zur Versöhnung Gottes mit uns beginnt Versöhnung zwischen Menschen damit, dass man die eigenen Anteile am Scheitern einer Beziehung erforscht – und sich auch selbst vergibt, da nicht wenige deswegen mit Selbstvorwürfen und Selbstanklagen zu kämpfen haben. Wenn ich mir Fehler, die ich selbst begangen habe, nicht verzeihen kann, wird es mir schwer fallen, auch anderen zu vergeben. Als Christen können wir Gott unser persönliches Versagen eingestehen, alles vor ihm, vielleicht im Beisein eines Mitchristen oder Seelsorgers, aussprechen und seine Vergebung in Anspruch nehmen.

Zur Aussöhnung kann auch gehören, materielle oder immaterielle Schulden zu begleichen.

Zur Aussöhnung kann auch gehören, materielle oder immaterielle Schulden zu begleichen. Jesus nennt dies in der Bergpredigt *besänftigen* (Matthäus 5,24), was oft ebenfalls und etwas ungenau mit *versöhnen* übersetzt wird, aber lediglich damit verwandt ist. Eine Illustration dafür bietet die Begegnung zwischen Jakob und Esau. Bevor die Brüder sich treffen, überlegt sich Jakob, mit welcher *einseitigen* Geste er Esau versöhnen will – im Sinne von besänftigen (1. Mose 32,21, 33). Die Formulierung *dass dein Bruder etwas gegen dich hat* (Matthäus 5,23) wird oft missverstanden als fehlende Sympathie. Mit diesem *etwas* ist aber etwas Handfestes gemeint: Der andere *hat* etwas gegen mich in der Hand und hält es fest, also eine berechtigte *Klage* (Kolosser 3,13). Wir sind zwar aufgefordert, einander mit oder ohne Aussprache zu vergeben, wenn es eine Klage gibt. Das betrifft ja auch den, der etwas gegen mich hat. Wer seinerseits durch das Blut Jesu versöhnt ist, könnte von sich aus die Klage gemäß der Bitte im *Vaterunser* fallen lassen (Matthäus 6,12). Ob nun der andere die Initiative ergreift oder nicht: Wir sind in diesem Fall zu einer besänftigenden Geste und womöglich zur Wiedergutmachung aufgefordert. Hier ist also von einem konkreten Schritt die Rede – der allerdings verpuffen kann, wenn der andere nicht verzeihen will.

Bereinigte Beziehung

Natürlich können diese Prinzipien auch auf Ehepartner angewendet werden. Ich glaube aber nicht, dass sich diese Stelle primär auf getrennt lebende oder geschiedene Christen bezieht, da Jesus von Leuten spricht, die sich auf einem gemeinsamen Weg befinden (Matthäus 5,25). Daher wende ich mich auch ganz klar dagegen, diese Stelle auf die Teilnahme am Abendmahl anzuwenden, von dem getrennt lebende oder geschiedene Christen manchmal ausgeschlossen werden oder sich selbst ausschließen, solange die Grundproblematik nicht beseitigt und die Ehebeziehung vollständig wiederhergestellt ist. Gerade das Abendmahl ist eine wichtige geistliche Medizin für den inneren Menschen gegen Selbstverdammnis. Die Teilnahme daran stärkt die Heilsgewissheit und zugleich die Bereitschaft, aufeinander zuzugehen; es enthält sogar die Verpflichtung, anderen zu vergeben. Im Abendmahl können wir erleben, dass ungeachtet dessen, dass andere uns anklagen oder unser eigenes *Herz uns verurteilt, Gott größer ist als unser Herz und alles kennt* (1. Johannes 3,20). Abgesehen davon enthält dieser Abschnitt in der Bergpredigt einige hilfreiche Anweisungen für getrennt lebende oder geschiedene Christen, die zum Beispiel bei Fragen des Unterhalts, der Hausratsaufteilung und der Altersversorgung angewendet werden können.

Gerade bei Jakob und Esau sehen wir, dass selbst beiderseitige Aussöhnung nicht immer und nicht automatisch die Wiederherstellung der ursprünglichen Nähe und Lebensgemeinschaft bedeuten muss. Versöhnung heißt: die Beziehung *bereinigen*, so wie es zwischen Jakob und Esau geschah. Esau wollte daraufhin wieder eng mit seinem Bruder zusammenleben und machte ihm ein dementsprechendes Angebot. Jakob lehnte es um des gewonnenen Friedens willen nicht geradewegs ab, nahm es aber letztlich aus guten Gründen nicht an (1. Mose 33,12-17). Das entscheidende Ziel der Versöhnung – sich wieder friedlich und angstfrei in die Augen blicken zu können – war erreicht; das zweite (Wiederherstellung der Beziehung) *kann*, muss aber nicht folgen. Manchmal kann die Wiederherstellung einer Ehe bei Geschiedenen oder getrennten Menschen auch deshalb nicht folgen, weil der andere zum Zeitpunkt der Versöhnung bereits neu verheiratet ist. Wenn die Geschiedenen weiterhin Christen sind, ist es für sie aber in jedem Fall wichtig, eine zumindest von der Haltung her bereinigte und insofern versöhnte Beziehung zu haben, damit sie eines Tages beide vor Gottes Thron stehen können. Versöhnung hat also immer auch einen transzendenten Aspekt.

Äußerliche Versöhnung nutzt nichts

Zu welchen schädlichen Ergebnissen ein zu enges Verständnis von Versöhnung im Sinne von Wiederaufnahme der Wohngemeinschaft führen kann, habe ich bei einem Gespräch von zwei leitenden Pastoren mit meiner damaligen Frau und mir erlebt. Dieses Gespräch erfolgte zwei Monate nach der Trennung, die ich nach jahrelangem Ringen um die Wiederherstellung meiner Ehe vollzogen hatte. Ich war ausgezogen, ohne bereits die Scheidung im Blick zu haben; auch Ehebruch war nicht im Spiel. Trotzdem sprach mich der eine Pastor nach längerer »Anhörung« schuldig und rief mich ultimativ zur Buße auf: Ich sollte in die Ehewohnung zurückkehren. Falls ich mich innerhalb einer Woche dagegen entscheiden sollte, würde er dafür kämpfen, dass ich zukünftig mein Pastorenamt nicht mehr ausüben könne. Das hatte ich allerdings bereits von mir aus niedergelegt und ordnungsgemäß übergeben.

Gleichzeitig wurde meiner damaligen Frau bei diesem Stand der Dinge zugestanden, die Scheidung einzureichen und erneut zu heiraten. Da ich auf dieses Ultimatum nicht einging, hat dieses Gespräch meine weiteren beruflichen Möglichkeiten nachhaltig negativ beeinflusst. Das trage ich diesen Leuten nicht nach. Ich halte allerdings nichts von solchen Drohgebärden und Strafexpeditionen oder sogar Rachegelüsten angesichts einer Ehetragödie. Genauso wenig wie eine Ehe, die nur äußerlich aufrechterhalten wird, kann eine nur äußerlich vollzogene Versöhnung im Sinne von erneutem Zusammenwohnen ein Segen sein.

> Seelsorge greift viel zu kurz, wenn sie nur eine Ehefassade aufbauen und stützen will.

Dabei beruhigen sich nur die Gemüter in der Gemeinde ein wenig. Versöhnungsversuche sind zum Scheitern verurteilt, wenn es zu keiner inneren Versöhnung kommt und stattdessen nur eine äußere Form und Norm wiederhergestellt wird. Das gilt ebenso, wenn sie nur unter äußerem Druck zustande kommen. Seelsorge greift viel zu kurz, wenn sie nur eine Ehefassade aufbauen und stützen will. Gott können wir ohnehin nichts vormachen. Wer gerade als Seelsorger in der Bewertung von Ehekrisen zuerst auf das Äußere sieht, vertut sich schnell, da er sowohl die seelische als auch die geistliche Dimension leicht übersieht. Gott dagegen lässt sich nicht vom Augenschein beeindrucken und sieht direkt in das Herz hinein (1. Samuel 16,7b).

Es ist traurig genug, dass der Werkzeugkasten eines Seelsorgers oft zu dünn bestückt ist und deshalb einseitig und ausschließlich der Bußhammer geschwungen wird. Tragisch für die direkt und indirekt Betroffenen, für die Gemeinde, aber auch für den, der so vorgeht, kann die Sache enden, wenn von einem Verantwortlichen in unverantwortlicher Weise ein weitreichendes Urteil gefällt wird, das lebenslange, manchmal sogar ewige Konsequenzen hat. Sicher ist, dass Paulus zur Versöhnung aufgefordert hat, keineswegs aber, dass er Geschiedenen zum Beispiel angesichts vollendeter Tatsachen wie der Wiederheirat des ehemaligen Partners lebenslängliche Ehelosigkeit verordnen wollte. Wichtig ist, dass Möglichkeiten zu Aussprache, Versöhnung, Aussöhnung und eventuell Wiedergutmachung gesucht werden, damit für getrennt Lebende und Geschiedene der Weg nach vorne frei wird. Das ist sehr wichtig, um zu einem inneren Frieden zu finden und von Rachegefühlen frei zu werden. Versöhnung ermöglicht also im Sinne von 1. Korinther 7,11 zweierlei: entweder an die alte Beziehung bzw. die noch bestehende Ehe neu anzuknüpfen oder eine neue Beziehung einzugehen (nachdem die bisherige aufgearbeitet und Ballast abgelegt wurde).

Unversöhnlichkeit

Manche Geschiedenen wollen vielleicht die Versöhnung nicht, weil sie Angst haben, dann wieder mit dem Ex-Partner zusammenleben zu müssen. Hier könnte das oben dargelegte Verständnis von Versöhnung helfen. Was ist aber, wenn einer der beiden sich als unversöhnlich erweist, also wenn nur einer der beiden Frieden und Versöhnung sucht, während der andere offensichtlich nicht die Waffen niederlegen und Frieden schließen will, sondern auf Streit und Vergeltung aus ist? Unversöhnlichkeit ist für Paulus ein Zeichen der Endzeit und ein Kennzeichen von Menschen, die Gott nicht kennen (Römer 1,31; 2.Timotheus 3,3). Das im 2. Timotheusbrief verwendete griechische Wort beschreibt einen Menschen im Kriegszustand, der noch nicht einmal bereit ist, einen Waffenstillstandsvertrag zu akzeptieren. In Epheser 4 werden wir ermahnt, *dem Teufel* durch gehässige Worte, Unversöhnlichkeit und *Bitterkeit keinen Raum* zu geben (Epheser 4,26-32).

Wenn das nicht beachtet wird, geht nicht nur an einem Tag *die Sonne* ohne vorherige Aussöhnung unter, sondern irgendwann in einer Ehe ganz allgemein die wärmende Sonne gegenseitiger Liebe und Vergebung. Bald fällt dann auch das Leben nach Epheser 5 mit gegenseitiger Unterordnung, aufopfernder Liebe des Mannes für seine Frau und Respekt der Frau vor dem Mann weg. Wie soll in dem Fall dann geistlicher Kampf für die Ehe nach Epheser 6 stattfinden? Der funktioniert dann genauso wenig wie eine Armee ohne klare Autoritätsstrukturen, die auf die Gegenseite keinen besonderen Eindruck macht. Wer bewusst unversöhnlich bleibt, öffnet dem Feind alle Türen; ein geistlicher Kampf gegen die zerstörerischen Kräfte, die die Ehe bedrohen, bleibt vergeblich. Das ist so, als ob der Teufel immer wieder vorne zur Haustür hinausgeworfen wird, während er quasi über Nacht durch die offen gelassene Hintertür wieder hereinkommt.

Aber in einer Ehe müssen nicht zwangsläufig beide in den Strudel von Bitterkeit und Unversöhnlichkeit gleichermaßen hineingeraten. Wenn einer dem Teufel an dieser Stelle im Namen Jesu entgegentritt, hat er zugleich Schaden von seiner Beziehung zu Gott und zu seinem Ehepartner abgewendet. Barmherzigkeit, Vergebung und Versöhnlichkeit sind für das Miteinander von Christen elementare Werte – sie können durch nichts ersetzt werden. Auf der anderen Seite sind Unbarmherzigkeit und Unversöhnlichkeit so unchristlich und der Botschaft des Neuen Testaments so eindeutig entgegengesetzt, dass eine Ehe, die von solchen Haltungen geprägt ist, nicht mehr als christliche Ehe bezeichnet werden kann. Ein Ehepartner, der unversöhnlich bleiben will, kann mit dem ungläubigen Partner aus 1. Korinther 7,15 gleichgesetzt werden, auch wenn er einen Taufschein und eine Heiratsurkunde vorweisen kann. Die der Unversöhnlichkeit entgegengesetzte Haltung ist Vergebungsbereitschaft. Sie kann jedoch nicht von der anderen Seite jederzeit eingeklagt werden. So wie es manchem, der als Kind missbraucht wurde, erst nach vielen Jahren und aus einem sicheren Abstand heraus gelingt, dem oftmals aus der eigenen Familie stammenden Täter zu vergeben, kommt manch ein betrogener Ehepartner erst nach langer Zeit und nach der Scheidung über den Vertrauensbruch hinweg. Vergebung kann von Menschen nicht befohlen, sondern nur erbeten und erhofft werden.

Vergebung kann von Menschen nicht befohlen, sondern nur erbeten und erhofft werden.

Daher befremdet es um so mehr, dass von Kirchen und Gemeinden aus dem vermeintlichen Verbot von Scheidung und Wiederheirat eine Verpflichtung zu Vergebung und insofern Versöhnung abgeleitet wird, die sie selbst den Geschiedenen mitunter bis ans Lebensende nicht gewähren. Muss man sich angesichts von überstrengen Reaktionen und verständnisloser Härte wundern, wenn Menschen, die so behandelt wurden, verbittern und unversöhnlich werden oder zumindest solche Gemeinden meiden? Eugen Drewermann hat die Unversöhnlichkeit seiner römisch-katholischen Kirche messerscharf aufgedeckt:

»Sie, die von den Eheleuten im privaten Leben eine totale Vergebungsbereitschaft fordert und erwartet, zeigt sich selbst außerstande, das Scheitern einer Ehe zu vergeben. Sie vergibt einer Nonne, die die »ewigen« Gelübde bricht und einen jungen Mann heiratet; sie vergibt einer Dirne, die »Buße« tut und in ein Kloster eintritt; sie vergibt dem Raubmörder und dem Dieb; aber Eheleuten, die – fast immer wider ihr eigenes Wollen in schwer zu unterscheidender Vermengung von

Unfreiheit und Freiheit, von Schicksalsfügung und wirklicher Schuld – aneinander scheitern, verweigert sie die Vergebung (...) Kein Zweifel: Die Kirche könnte ihre eigene Unversöhnlichkeit in der Frage der Ehescheidung und der Wiederverheiratung Geschiedener nur aufrechterhalten, wenn sie damit einverstanden sein könnte, selber nach wie vor die Botschaft Jesu in einer Weise auszulegen, dass das göttliche Gebot der Versöhnung der Forderung der Menschlichkeit in Unversöhntheit gegenüberstünde. Wider besseres Wissen müsste sie den Gott verleugnen, der auf krummen Wegen gerade schreiben kann.«[99]

Ich zitiere Eugen Drewermann an dieser Stelle nicht, um hämisch auf Defizite in der katholischen Kirche hinzuweisen. Es geht mir vielmehr um die bedenklichen Parallelen zu rigorosen pietistischen und freikirchlichen Systemen.

Bitterkeit vergiftet

Wir haben selbst dafür Sorge zu tragen, *mit allen* Menschen im *Frieden* zu sein (Hebräer 12,14), dieses Ziel soll unsere Beziehungen bestimmen. Frieden und Versöhnlichkeit sind zunächst innere Einstellungen, die ich durchaus selber steuern kann. Die *Wurzel der Bitterkeit* jedoch überwuchert, vergiftet und verkrebst nach und nach unseren inneren Frieden und auch die Beziehung zu unserem Partner. Wir müssen hier auf uns selbst und aufeinander achthaben und dürfen diese Art von Verunreinigung nicht zulassen (Hebräer 12,15). Das Ergebnis ist nämlich, dass wir gnadenlos mit uns selbst und unserem Partner umgehen. Das ist sehr gefährlich, denn wir vergrößern dadurch nicht nur die Distanz zu unserem Partner, sondern sägen auch am Ast unserer Beziehung zu Gott.

Auch *Esau* (Hebräer 12,16) wurde bitter darüber, dass Gott zugesehen hatte, wie ihn sein Bruder Jakob im Komplott mit seiner Mutter über den Tisch zog und ihm das Erbe abluchste. Esau wurde nicht nur zornig auf seinen Bruder und von Rachegedanken erfüllt, sondern auch bitter gegen Gott, der offensichtlich mit dem Schlitzohr im Bunde war. Leider sah er nur den *Splitter* im Auge seines Bruders, nicht aber *den Balken* in seinem Auge (Matthäus 7,3), der darin bestand, dass er *das Erstgeburtsrecht* und den Bund Gottes mit Abraham und Isaak *verachtete*. Aber nun bestrafte er Jakob mit seinem Hass, seine Eltern mit seinen gottlosen Frauen und sich selbst, indem er für sich eine gottlose Umgebung wählte. Aber damit erreichte er nur, dass Gott ihn schließlich verabscheute (Maleachi 1,2-3). Esau zweifelte an Gottes Gerechtigkeit, der die krummen Wege seiner Mutter und seines Bruders zu akzeptieren und gerade auf ihnen zu schreiben schien. Die Verbitterung über Gott, seine Wut auf ihn, entlud sich auf den Erwählten und Geliebten Gottes. Deswegen musste Jakob fliehen – und lief damit gleichzeitig Gott in die Arme.

Die Frage ist: Was mache ich aus dieser oder jener Situation, die mir wehtut, auch wenn es zunächst kein Zurück, keine Wiederherstellung gibt? Sind meine Tränen Zeichen der Reue über meine Schuld vor Gott oder wie bei Esau Gram über eine verpasste Gelegenheit, die mir einen Vorteil eingebracht hätte? Das entspricht den Tränen eines Börsianers, der weinen könnte, weil er im falschen Augenblick seine Aktien verkauft hat. Die Bitterkeit Esaus bewirkte Mangel an Gnade, Unversöhnlichkeit, sodass Jakob viele Jahre bis zur Versöhnung immer um sein Leben bangen musste. Eine Frau wird sich ihrem Mann kaum anvertrauen und unterstellen, wenn er bitter und hart zu ihr ist. Ebenso wird ein Mann weder seinen Platz in der Ehe einnehmen noch seiner Frau Liebe zeigen, wenn sie hartherzig und bitter gegen ihn ist und ihm nicht vergibt (Kolosser 3,13.18-19). Mancher Ehepartner befindet sich eigentlich mit Gott im Clinch, so wie Naomi im Buch Rut: Angesichts ihrer schmerzlichen Erfahrungen, die sie Gott anlastete, wollte sie den Namen *Mara* (= bitter) haben (Rut 1,20). Der Glaube ihrer moabitischen Schwiegertochter Rut war jedoch stärker als ihre Bitterkeit.

Bitterkeit ist eine verunreinigende Wurzel, die eine ganze Gemeinschaft und eben auch eine Ehe vergiften kann (Hebräer 12,15). Das Gegengift ist das Fluchholz, an dem der Retter Jesus hing (Galater 3,13). So wie Mose an der Oase *Mara* durch ein Stück Holz bitteres Wasser genießbar machte (2. Mose 15,23-25), nimmt das Kreuz Jesus allen Fluch und alle Bitterkeit gegeneinander weg, sodass Gnade, Vergebung und Frieden fließen wie ein Strom (Jesaja 48,18; 66,12), manchmal vermischt mit Tränen der Reue und Umkehr. Weil Jesus den bitteren Kelch des Leidens ausgetrunken hat und für uns *ein Fluch* geworden ist, können wir versöhnte und versöhnliche Menschen sein. Wie Esaus Reue kam auch die Versöhnung mit Jakob zu spät, um den Verlust des Erstgeburtssegens rückgängig zu machen und die Beziehung zu seinem Bruder wiederherzustellen. So erlebt mancher Christ die Befreiung von Hass- und Rachegelüsten seinem Ex-Partner gegenüber zu einem Zeitpunkt, an dem die Ehe nicht mehr zu retten ist. Ist das ein Grund, bitter zu bleiben und eines Tages unversöhnt zu sterben? Ich brauche Frieden so oder so, ob ich nun meine Ehe wiederherstellen kann oder nicht. Das Wichtigste ist doch, dass wir vor dem *Richterstuhl Christi* (2. Korinther 5,10.20) bestehen können. Daher sind wir aufgefordert: *Lasst euch versöhnen mit Gott!*

11. Scheitern verboten?

Laut Duden bedeutet scheitern *erfolglos aufgeben müssen, misslingen.* Jemand hat einen Weg eingeschlagen, etwas begonnen, einen Grund gelegt, aus dem nicht das Erwartete, Erhoffte erwachsen ist, und zwar trotz aller möglichen Anstrengungen, trotz aller Mühe und vielleicht Liebe. Es ist misslungen, nicht geglückt. Das deutsche Wort »scheitern« erinnert an den Holzscheit, also ein gespaltenes Holzstück. Der Scheit ist gewaltsam getrennt worden, etwas Ganzes ist in Stücke zerfallen, in die Brüche gegangen. *»Das Wort »scheiden«, das dem Scheitern zugrunde liegt, wird für das Scheitern einer Ehe benutzt. Die Ehe wird geschieden. »Scheiden« steckt auch in Abschied. In jedem Scheitern nehmen wir Abschied von einem Idealbild des eigenen Lebens und von unserem Selbstbild. »Verscheiden« bedeutet sterben. Scheitern hat auch mit Sterben zu tun. Es stirbt etwas, auf das wir alle Hoffnung gesetzt haben.«*[100]

Kann denn Scheitern Sünde sein?

Es ist völlig normal, dass wir die Erfahrung des Scheiterns vermeiden wollen. Wir möchten mit unseren Bemühungen Erfolg haben. Dennoch bleibt es wohl niemand erspart, irgendwann einmal bei einer bestimmten Aufgabe oder in einer besonderen Lebenssituation zu scheitern, sei es durch eigenes oder fremdes Versagen, durch ungünstige Umstände, unerklärliches Missgeschick oder einfach nur durch ausbleibendes Gelingen. Es ist ein großer Unterschied, ob wir existenziell scheitern und dann eine gescheiterte Existenz sind oder ob wir in einem bestimmten Lebensbereich scheitern. Die Grunderfahrung von Ohnmacht bleibt jedoch dieselbe. Manche Christen wurden gelehrt, dass Niederlagen grundsätzlich vermeidbar sind. Dabei sind Rückschläge zwar einkalkuliert, aber letzten Endes

Es bleibt wohl niemand erspart, irgendwann einmal bei einer bestimmten Aufgabe oder in einer besonderen Lebenssituation zu scheitern.

wird Erfolg als Segen Gottes betrachtet, als Lohn für unerschütterlichen Glauben und Wohlverhalten. Dementsprechend sind bei dieser Sicht Misserfolg und Niederlage auf Unglaube und Sünde zurückzuführen.

Wer dieses Bild im Hinterkopf hat, kann sich das persönliche Scheitern nicht ein- und anderen nicht zugestehen. Aber: *»Wir müssen das Scheitern nicht einfach als Unfall sehen, den man heilen muss, indem man den früheren Zustand wiederherstellt. Vielmehr ist Scheitern immer auch die Chance für einen Neubeginn, für etwas ganz anderes, das im Gescheiterten wachsen möchte.«*[101] Immer wieder flüchten gläubige Menschen, die eigenes oder das Scheitern anderer erleben, in eine primitive Logik, die sagt: »Wenn du brav gewesen wärst, deine Hausaufgaben gemacht und die Gebote gehalten hättest, wäre dir dieses Missgeschick nicht passiert.« Folgerichtig gibt es *»als einzige Hilfe die »Heimholung« des Gescheiterten. Er soll endlich wie der verlorene Sohn im Gleichnis Jesu (vgl. Lk. 15) einsehen, dass er den falschen Weg gegangen ist.«*[102] Damit der vermeintliche Sünder auch wirklich erkennt, dass er bei den Schweinen gelandet ist, verweigern ihm manche Christen sogar die brüderliche Liebe und jede Art von Ermutigung und Respekt.

Im günstigsten Fall kann sich der Gescheiterte wie Hiob wehren in der tiefen Gewissheit, sich nicht von Gott abgewendet zu haben, sodass dieses allzu simple und oberflächliche Schema einfach nicht zutrifft. Ebenso wird sich der, dessen Ehe gescheitert ist, kaum in der Perspektive des verlorenen Sohnes am Schweinetrog sehen können, wenn er beim Scheitern seiner Ehe gleichzeitig ein »Ende mit Schrecken« anstelle eines Schreckens ohne Ende erlebt. Im ungünstigen Fall hat das oben beschriebene weit verbreitete Grundschema jedoch fatale Folgen – gerade für in der Ehe gescheiterte Christen. Da man nämlich scheinbar nie mit Gott, sondern nur ohne Gott scheitern kann, heißt das für einen Christen, der zum Beispiel im Beruf scheitert, dass Gott sich von ihm abgewendet hat, wahrscheinlich wegen eines Fehlverhaltens. In dem Fall kommt zu dem frustrierenden Gefühl, beruflich versagt zu haben, noch die niederschmetternde Erkenntnis hinzu, an all dem, was jetzt passiert, selbst schuld zu sein. Wenn dem Gescheiterten jetzt noch von Mitchristen vermittelt wird, sie hätten es schon lange kommen sehen, dann tragen sie zu seiner Selbstverdammnis bei.

Auch im Scheitern geliebt

Ich kann aber das eigene Scheitern nicht annehmen, *»wenn eine(r) daneben steht, der durch mein Scheitern bestätigt wird und den stillen Triumph, endlich Recht zu bekommen, kaum verhehlen kann. Seine Hilfe wäre mir eine fortgesetzte Demütigung, eine auf meine Kosten genossene Selbstbestätigung.«*[103] In einer christlichen Umgebung, in der Scheitern verboten ist, wird in so einem Fall nicht *des anderen Lasten* getragen (Galater 6,2), sondern vergrößert. Der christliche Ehepartner, die Kinder, die Glaubensgeschwister in der Gemeinde unterdrücken ihr menschliches Mitgefühl und den schmerzhaften Trauerprozess. So werden sie unfähig zur Solidarität und dem wichtigen Dienst, einem Mitchristen mit der (vielleicht unausgesprochenen) Botschaft beizustehen: »Auch in deinem Scheitern, trotz deines Versagens und deiner womöglich vorhandenen Schuld bist du von Gott geliebt: Du bist nicht als sein Kind gescheitert. Er ist bei dir, auch wenn etwas schiefgegangen ist. Er lässt dich nicht fallen, und wir lassen dich auch nicht fallen.«

Wer in einer solchen persönlichen Not von Christen in seiner Umgebung zusätzlich noch mit Vorwürfen konfrontiert wird, wendet sich sehr wahrscheinlich enttäuscht von ihnen und im schlimmsten Fall von Gott ab. Zumindest wird sein Vertrauen, dass Gott auch durch Menschen zu ihm spricht, langfristig erschüttert, da er durch sie nicht die Stimme des Guten Hirten, sondern die Stimme des *Verklägers unserer Brüder* gehört hat (Offenbarung 12,10). Der *ist ein Lügner* (Johannes 8,44) und ein *Dieb*. Er will nicht nur Ehen und Christen entzweien, sondern, was noch viel schlimmer ist, vor allem den Glauben an Gott rauben und vernichten (Johannes 10,10). Wer

Der Teufel will nicht nur Ehen und Christen entzweien, sondern vor allem den Glauben an Gott rauben und vernichten.

sensibler und kleinmütiger ist, wird den Christen, die ihn verurteilen, mehr oder weniger Recht geben, sich angesichts seines Versagens selbst anklagen und immer wieder zermartern mit der Frage, wie das alles passieren konnte. Falls er die Gemeinschaft von Christen noch erträgt, wird er sich dort immer schlecht und minderwertig fühlen, und die anderen werden ihn eine gewisse Überlegenheit und Stärke spüren lassen.

Wenn so etwas unter Christen passiert, dann ist das eine verheerende Botschaft an andere in ähnlicher Not. Sie können ja genau beobachten, was in ihrer Gemeinde bzw. ihrem Umfeld geschieht, wenn jemand scheitert bzw. seine Niederlage bekennt. Daher werden sie so etwas – auch um den dafür nötigen Preis der Heuchelei – zu vermeiden suchen. Man verschweigt seine Niederlagen dann einfach, um nicht das Gesicht zu verlieren. Fromm zu sein bedeutet anscheinend: »Es geht alles glatt in meinem Leben. Wenn es nicht glatt geht, war Sünde im Spiel.« Durch solch einen rigorosen, tabuisierenden Umgang mit menschlichem Scheitern wird nicht nur den Betroffenen Hilfe verweigert, sondern auch ein angstgesteuertes System von Heuchelei aufgebaut.

Scheitern als Teil des Lebens

Auch hier zeigt sich der bereits erwähnte, zu dünn bestückte seelsorgerliche Werkzeugkasten: Wie wir mit Sünde umzugehen haben, das wissen wir, Gott sei Dank! Bei der Bekehrung ist ja auch die wichtigste Erkenntnis, dass wir vor Gott Sünder sind; also bitten wir ihn um Vergebung für bewusste und unbewusste Sünden. Wenn eine christliche Ehe schlecht läuft, muss doch Beten, Fasten und Glauben helfen. Das stimmt ja grundsätzlich auch. Es darf aber nicht zu der Illusion führen, dass jede christliche Ehe funktionieren *muss* und in jedem Fall zu retten ist, wenn alle biblischen Werte und Prinzipien beachtet werden. Umgekehrt haben mir gegenüber immer wieder Christen eingeräumt, dass sie den Bestand ihrer Ehe allein Gott und seiner Gnade und nicht ihrem persönlichen Einsatz verdanken.

Ich halte es für bedenklich, den Erfolg einer Ehe allein davon abhängig zu machen, ob biblische Prinzipien eingehalten wurden, wie es mancherorts und leider auch in dem erwähnten Buch von Derek Prince geschieht[104]. Natürlich gibt es wichtige biblische Prinzipien für die Ehe, aus denen Segen erwächst, wenn sie beachtet werden. Den »Erfolg« oder gar das Glück einer Ehe von außen zu bewerten ist jedoch nur bedingt möglich. Die Haltung: »Wir tun das Richtige und haben Erfolg« ist nichts anderes als ein christlich eingefärbter Humanismus, der an die Machbarkeit des Guten glaubt. Wo bleibt dann noch Raum für die Gnade Gottes im eigenen Leben? Wem angesichts einer zerstörten und zerstörerischen Ehe lediglich gesagt wird, er solle eigene Schuld bekennen, den geistlichen Kampf aufnehmen und durchhalten, wendet sich entweder verbittert ab oder beginnt zu heucheln und an Gott zu zweifeln. Oder man schafft es, sich aus einer krankmachenden religiösen Umgebung zu lösen, und findet woanders Christen, bei denen Scheitern als Teil des Lebens nicht ausgeblendet, verdrängt und lediglich auf persönliche Schuld zurückgeführt wird.

Objektive und subjektive Sünde

Bekanntlich sind seit Adam und Eva Sünde und Krankheit in der Welt, sodass alles Leid, alle Not und auch alles Scheitern letzten Endes etwas mit der gefallenen Schöpfung und dem Problem der Sünde zu tun haben. Es muss uns aber gelingen, die Tatsache des Scheiterns vom Begriff der Sünde zu trennen oder mindestens beides zu entzerren. Aber auch über den Sündenbegriff herrscht viel Unklarheit und Verwirrung. Es gibt nämlich objektive und subjektive Sünde.

Objektive Sünde ist von außen eindeutig erkennbare Übertretung des Gesetzes bzw. *Gesetzlosigkeit* (1. Johannes 3,4) wie Diebstahl, Mord und Lüge. Erkennbar heißt nicht, dass jeder sie immer sofort erkennen kann. Aber der, den es etwas angeht, zum Beispiel ein Leiter, kann mit einiger Mühe und Sorgfalt und ohne Vorverurteilung klären, ob eine solche Sünde in seinem Verantwortungsbereich geschehen ist. Wie ein weltliches Gericht kann und muss eine Gemeindeleitung entscheiden, was in solchen Fällen zu geschehen hat. Daher kann objektive Sünde auch unter Androhung von Konsequenzen verboten werden. Jesus spricht dieses unangenehme Thema aus Fürsorge für die *Kleinen* an – also geistliche und physische Kinder – und vergleicht eine solche Disziplinierung mit dem drastischen Bild der Amputation von Gliedmaßen wie Hand oder Fuß (Matthäus 18,6,10.14.8-9). Es ist klar: Wenn ein Glied des Leibes von einer Blutvergiftung angegriffen ist, muss es unter Umständen amputiert werden, auch wenn es noch lebt, damit die Krankheit sich nicht ausbreitet und der ganze Körper stirbt. Dieselbe Radikalität benötigen wir, damit einzelne ungeordnete Lebensbereiche nicht unser ganzes (geistliches) Leben vergiften können. Das kann aber auch heißen, dass ein Christ an den Punkt kommt, an dem er die Ehegemeinschaft verlässt, um nicht in den Sog vergiftender Hartherzigkeit und Unversöhnlichkeit hineingezogen zu werden.

Diese Wahrheit betrifft jedoch auch die Ortsgemeinde, die mit einem Leib, der *viele Glieder hat* (1. Korinther 12,12-27), verglichen wird oder wie in Matthäus 18,12-14 mit einer Schafherde. Jesus wollte nicht, dass die Schwachen, die verführt worden sind bzw. sich *verirrt* haben (Vers 13), bestraft und ausgeschlossen werden, sondern die hartnäckigen Sünder, die sich selbst rechtfertigen. Jesus *ist gekommen, um das Verlorene zu retten* (Vers 11). Daher soll denen, die sich *verirrt* haben und von *einem Fehltritt übereilt* worden sind, nachgegangen und *im Geist der Sanftmut wieder zurechtgeholfen* werden (Galater 6,1). Wir werden aber auch aufgefordert zu richten (1. Korinther 5,12, Matthäus 18,15-18). Die Liebe zum Sünder ist der Liebe zur Sünde augenscheinlich sehr nahe. Aber die Liebe Christi zum Sünder ist ja zugleich auch der schärfste Ausdruck des Hasses gegen die Sünde. Deswegen muss Sünde auch beim Namen genannt werden. Hierbei geht es aber nicht um Selbstjustiz, sondern um die reiflich überlegte Entscheidung einer ganzen Gemeinde bzw. ihrer Repräsentanten am Maßstab des Neuen Testamentes. Paulus betont, dass es um die geht, die *drinnen* sind, und nicht um die, die *draußen* sind. Richten heißt in diesem Zusammen-

Das Ziel muss immer das Heil des Sünders und der Schutz der Schwachen in der Gemeinde sein.

hang, sich als Gemeinde der Verantwortung zu stellen, statt den leichteren Weg zu wählen und sich aus allem herauszuhalten, womöglich mit dem Hinweis auf Matthäus 7,1.

Damit tun sich normalerweise keine Gemeinde und keine Leiterschaft leicht. Auch mir sind als Pastor die wenigen Fälle, wo dies nötig wurde, nahe gegangen. Es ist aber ebenso falsch, solchen Schritten ängstlich und in falscher Liberalität aus dem Weg zu gehen, wie voreilig irgendwelche Strafen zu verhängen, wo einzelne Schritte, Gespräche, Gebete, Fristen möglich gewesen wären. Wie man auch vorgeht: Das Ziel muss immer das Heil des Sünders und der Schutz der Schwachen in der Gemeinde sein. Es geht nicht um den Perfektionismus, der eine Gemeinde rein halten will, denn bis ans Ende der Tage wird sich immer wieder Unkraut finden (Matthäus 13,24-30). Es ist aber auch keine Lösung, zu kapitulieren und das Unkraut ungehindert wuchern und überhandnehmen zu lassen.

Ungeordnete Sexualität

Es ist zum einen der Heilige Geist, der uns von Sünde überführt (Johannes 16,8-9); diese Aufgabe können aber auch Menschen und die Gemeinde übernehmen. Die Zurechtweisung, von der in Matthäus 18,15-19 die Rede ist, bezieht sich auf nachweisbare, objektive Sünde. Der Betroffene kann sozusagen zur Ordnung gerufen werden und diesem Ruf Folge leisten, ob er nun sein Verhalten als sündhaft erkennt oder nicht. Denn wichtig ist, dass andere nicht durch ihn zur Sünde verführt werden. Natürlich bleibt die persönliche Sündenerkenntnis das Ziel. Wenn die Definition des objektiven Ehebruchs beliebig um alle möglichen Varianten von Trennung, Scheidung und Wiederheirat erweitert wird, haben wir besonders gravierende Fehlentscheidungen zu erwarten; und Menschen, die dringend den Trost und die Begleitung einer christlichen Gemeinschaft brauchen, werden genau dieser Unterstützung beraubt. Das ist so, als würde man den Ehebruch *im Herzen* nach Matthäus 5,28 ahnden – eine absurde Vorstellung, denn sie könnte eine Gemeinde schnell schrumpfen lassen …

Wie Götzendienst ein Oberbegriff für Unzucht ist, ist Unzucht ein Oberbegriff für innerhalb und außerhalb der Ehe gelebte ungeordnete Sexualität. Dazu würde dann auch Ehebruch gehören, der mehrmals zusammen mit Unzucht genannt wird (Matthäus 15,19; Markus 7,21; Galater 5,19). Dennoch muss der Ehebruch sprachlich wie inhaltlich von der Unzucht unterschieden werden, was viele Übersetzungen leider nicht ermöglichen. Das ist insofern von Bedeutung, weil der einzige Scheidungsgrund, den Jesus nennt, erheblich mehr ist als ausschließlich Ehebruch. Ehebruch geschieht, wenn in eine bestehende Ehe eingebrochen oder aus einer bestehenden Ehe ausgebrochen wird. Mit Ehebruch wird das Ein-Fleisch-Sein eines oder mehrerer Ehepaare angetastet. Das ungezügelte Verlangen des (unter Umständen verheirateten) Mannes nach der (wahrscheinlich verheirateten) Frau (oder umgekehrt) lässt den Ehebruch im Herzen bereits perfekt werden (Matthäus 5,28). Während zwei verheiratete Menschen noch *ein Fleisch* sind und immer wieder *ein Fleisch werden,* steigt ein anderer sozusagen ins Schlafzimmer ein und befleckt *das Ehebett*, das doch rein und *unbefleckt* bleiben soll (Hebräer 13,4), oder einer steigt aus dem eigenen in das Schlafzimmer eines anderen ein.

Wenn nun ein Ehepaar aus einem geringfügigen Grund auseinandergehen würde, wäre ja ihr Ein-Fleisch-Sein nicht ohne Weiteres aufgelöst. Dann müsste die (baldige) Wiederheirat als ein Ehebrechen betrachtet werden. Wenn die eheliche Gemeinschaft aber bereits zerbrochen ist, als das Ehepaar noch verheiratet war und unter einem Dach lebte, dann ratifiziert die erneute Heirat lediglich, dass vorher eine Ehe in die Brüche ging. Ehebrechen ist ein bewusster Akt. Der Grund für eine Scheidung besteht bereits, wenn zum Beispiel ein Ehemann nur ein einziges Mal mit einer Prostituierten schläft – was die betrogene Frau verzeihen kann, aber nicht unbedingt muss. Die Ehe ist gebrochen, aber in dem Augenblick nicht aufgelöst. Hier kommt es auf die Buß- und Vergebungsbereitschaft beider Beteiligten an. Trotz gebrochener Ehe kann eine Ehe weiter bestehen. Ein erneutes Ein-Fleisch-Werden ist möglich. Allerdings muss die tiefe Verletzung, die dem betrogenen Partner zugefügt wurde, wie ein gebrochenes Bein am Körper ausheilen.

Den Rückweg nicht verbauen

Die *subjektive* Sünde hat viele Aspekte: Zum einen ist sie von außen nicht eindeutig erkennbar, noch nicht einmal ohne Weiteres für den geübten Seelsorger. Sie kann daher auch nicht von außen abgestellt werden. Sie hat ihren Sitz im Subjekt, in seiner Gedankenwelt und im Herzen. Von dort aus kann sie sich nach außen Bahn brechen, was aber nicht zwingend ist. Habgier bzw. *Geldliebe* wird zum Beispiel eine *Wurzel alles Bösen* genannt (1. Timotheus 6,10). Ebenso kann Ehebruch *im Herzen* geschehen, ohne dass es zur äußeren Tat kommt. Zum andern bezeichne ich als subjektive Sünde, was für den einen vielleicht aufgrund seiner besonderen Geschichte oder seines schwachen Gewissens (1. Korinther 8,7.12) Sünde ist, für einen anderen aber noch lange nicht.

Das gilt zum Beispiel für die so genannten Unterlassungssünden. Wer genau weiß, was er *Gutes tun* soll und es unterlässt, für den ist das subjektiv eine *Sünde* (Jakobus 4,17), für einen anderen also nicht. Etwas zu tun, kann Sünde sein, etwas nicht zu tun, kann auch Sünde sein, für den einen eher als für den anderen. Manchmal geschieht eindeutig Ehebruch, ein anderes Mal liegen die Dinge nicht so klar auf der Hand. Die objektive Sünde des Ehebruchs liegt vor, wenn durch Intimverkehr in eine bestehende Ehebeziehung ein- oder durch Intimverkehr mit einem dritten Partner aus einer bestehenden Ehe ausgebrochen wird. Die subjektive Sünde betrifft zunächst die Gedankenwelt, bei einer Scheidung wiederum die Motive des Herzens: Wird die Trennung wegen der unerträglich gewordenen Ehe angestrebt oder weil ein neuer Partner in Aussicht steht? Genauso kann die Ehe in Gedanken auch schon gebrochen sein, als die Partner noch zusammenlebten: indem nämlich einer den anderen innerlich verlässt.

Wird die Trennung wegen der unerträglich gewordenen Ehe angestrebt oder weil ein neuer Partner in Aussicht steht?

Die Umkehr vom persönlichen Ungehorsam kann von außen angeregt werden, letztlich muss sie aber vom Heiligen Geist ausgehen. Dieser Impuls verträgt sich nicht mit der Drohgebärde eines Ultimatums, auf das der Betroffene wohl oder übel aus Angst vor der Konsequenz eingehen muss. Selbst wenn ein Ausschluss aus der Gemeinde unausweichlich wird, sollte niemand wie eine heiße Kartoffel fallengelassen, sondern immer noch wie ein Mensch behandelt werden, nämlich *wie ein Heide und ein Zöllner* (Matthäus 18,17; LB). Wie ging Jesus mit Heiden und Zöllnern um? Er rechtfertigte nie ihre Sünde, aber gewann sie durch seine Liebe. Das heißt auch, dass ein Rückweg grundsätzlich ermöglicht und angestrebt werden soll, *damit der Betreffende nicht etwa durch übermäßige Traurigkeit verschlungen werde* (2. Korinther 2,7).

Wenn Christen scheitern

Ich habe über Jahre beobachtet, dass es uns Christen schwerer fällt als Nichtchristen, mit Krisen, Schicksalsschlägen und Erfahrungen eigenen Scheiterns oder Scheitern in unserer Umgebung umzugehen. Vielleicht rechnen wir einfach nicht damit, weil wir glauben, mit Gott eine Art Versicherung für alle Fälle abgeschlossen zu haben. Kann es nicht auch sein, dass ein ungesunder Glaube die Sicht dafür verbaut, dass es Rückschläge gibt, die wir selbst zu verantworten haben bzw. die unerklärlich bleiben? Wie schwierig und langwierig wird aber ein Verarbeitungsprozess nach einem Scheitern, wenn Scheitern für Gläubige gar nicht erlaubt ist! Dann beginnt der Glaube krank zu machen, da Unehrlichkeit und religiöser Krampf eine aktive Auseinandersetzung mit Defiziten verhindert, oft noch begünstigt durch die Durchhalteparolen anderer Christen. Die daraus möglicherweise erwachsenden psychischen Erkrankungen passen dann genauso wenig in das Bild des Glaubens, der Unerwünschtes nicht zu akzeptieren vermag. Es ist wie bei einem Sterbenden, der durch Heilungsgebete, die keine Zweifel dulden, der Chance einer angemessenen Sterbebegleitung und der Klärung von Vergangenem in unverantwortlicher Weise beraubt wird.

Ist das nicht absurd? Nichtchristen, für die es keinen Gott gibt, der eingreifen könnte, wissen und erfahren, dass Scheitern zum Leben dazugehört. Sie erkennen, dass es allein von ihnen abhängt, aus der Misere herauszukommen. Viele von ihnen schaffen das allerdings nicht und bleiben am Boden liegen. Anderen fällt es leichter, sich mit erfahrenem Unheil oder Unrecht zu arrangieren. Wir tun uns als Christen auch deshalb schwerer, unser Scheitern anzunehmen oder wenigstens angemessen mit ihm umzugehen, weil wir daran glauben, dass Jesus *die Tür* ist und alles an ihm vorbei muss (Johannes 10,7). Das stimmt ja auch. Aber da scheint weder ein tödlicher Unfall noch eine Ehescheidung eingeplant zu sein. *»Dass Gott in und durch das ganze Leben greifbar sei: Das erscheint uns leicht begreiflich. Doch kann Gott auch in und durch allen Tod gefunden werden? Das verwirrt uns.«*[105]

Bei einer christlichen Ehe hilft es zwar, um die Zusage des Ehepartners vor Gott zu wissen. Kann dies aber nicht auch den Bestand einer christlichen Ehe trügerisch selbstverständlich machen? Dadurch kann es nämlich passieren, dass man nicht mehr umeinander wirbt. Manch einer meint, sich in seiner Ehe mit einem Christen ein Verhalten leisten zu können, das in säkularen Ehen längst zur Trennung geführt hätte. Es ist zwar richtig, von einer lebenslangen Perspektive für die Ehe auszugehen – ihre Unzerstörbarkeit und insofern Unauflösbarkeit ist jedoch nirgends garantiert. Sich für das ganze Leben die Ehe zuzusprechen, ersetzt nicht die Arbeit an ihr und macht sie schon gar nicht »unkaputtbar«!

Die Unzerstörbarkeit und insofern Unauflösbarkeit einer christlichen Ehe ist nirgends garantiert.

12. Scheitern im Alten Testament

Ich vermute, dass sich auch deshalb in uns Christen etwas gegen das Scheitern und die damit verbundene Wirklichkeit sträubt, weil wir Scheitern als sehr absolut und umfassend ansehen. Aber das muss gar nicht so sein. Wenn man sagt: »Der hat *Schiffbruch* erlitten«, zum Beispiel im Beruf oder in der Ehe, dann ist er zwar in einem wichtigen Bereich seines Lebens, nicht jedoch auf der ganzen Linie und vor allen Dingen nicht als Christ gescheitert. Ich finde es wichtig, Christen zu ermutigen, die in einem bestimmten Lebensbereich scheitern, dies nicht als totales Scheitern zu deuten, das Handtuch zu werfen und dann tatsächlich im Glauben zu scheitern.

Das hebräische Verb für *zerbrechen* kommt relativ oft im Alten Testament vor. Es wird auch in Verbindung mit Jona und anderen Schiffbrüchen verwendet (Jona 1,4; 1. Könige 22,49), aber häufiger in der übertragenen Bedeutung *zerbrochen werden, scheitern*, den Zerbruch des menschlichen Herzens und Geistes erleiden. Scheitern klingt im Vergleich zu Zerbruch für uns sehr endgültig und negativ. Wie auch immer es übersetzt wird: Es beschreibt die Erfahrung von Zerstörung und Hoffnungslosigkeit, die nicht geheilt wird, es sei denn durch spätere von Gott selbst gewirkte Erneuerung wie eine Auferweckung aus den Toten. Gott lässt so etwas manchmal zu. Denn *die Opfer*, die Gott gefallen, sind nicht in erster Linie materieller Natur, sondern *ein zerbrochener Geist und ein zerbrochenes Herz* (Psalm 51,19; 34,19).

Da David bereit war, seine Sünde zu bekennen und umzukehren, wurde das Schlimmste, nämlich der geistliche Tod, verhindert. Sein Herz war zwar *zerbrochen*, aber dennoch wieder rein und für Gott erreichbar (2. Samuel 11,4-5.15; 12,14). Es geht beim Glauben wie beim Unglauben um das Herz (Römer 10,9-10; Hebräer 3,8.12; Markus 10,5; 16,14). Ebenso hat das Thema Scheidung viel mit der Härte des menschlichen Herzens zu tun, und Verhärtung bezieht sich generell auf das Herz (Römer 2,5; Markus 6,52; 8,17; Epheser 4,18). Das Herz kann zu hart sein, um Gott und dem Partner irgendetwas zu glauben. So hat Hartherzigkeit etwas mit Unglauben und Misstrauen zu tun. Darum vertrauen etliche Menschen ihrem Partner, der ihnen zum Beispiel nach einem Seitensprung Besserung gelobt, nicht mehr und »werfen das Handtuch«. Tragischerweise korrespondiert die Hartherzigkeit eines unversöhnlichen Ehepartners manches Mal mit der Hartherzigkeit von Leitern, wenn sie gnaden- und herzlos das Gesetz anwenden. Das Ziel Jesu ist, dass wir nicht hartherzig, sondern barmherzig werden, so *wie* Gott *barmherzig ist* (Matthäus 7,1-6; Lukas 6,36-38).

Jeremias Zerbruch

Als Jeremia die verschiedenen jüdischen Könige zur Kapitulation vor dem babylonischen Herrscher Nebukadnezar aufforderte, war dies zugleich die Aufforderung, ihr Scheitern einzugestehen. Es war unausweichlich, Gott wollte es so. Das hing damals mit vorausgegangenen Sünden zusammen. Das muss aber nicht immer so sein. Wenn man Jeremias Dienst betrachtet, der ja an dem Desaster keine Schuld trug, kommt man unweigerlich zu dem Ergebnis, dass auch er selbst als Prophet irgendwie gescheitert ist. Denn es gelang ihm nicht, eine dauerhafte Hinwendung zu Gott zu bewirken und das Schlimmste zu vermeiden. Sein Gehorsam brachte ihm persönlich Verfolgung und schweres Leid ein, seine Worte fanden kaum Gehör, und Gott ließ zu, dass seine Worte, die Jeremia aufschrieb, buchstäblich zerschnitten und verbrannt wurden (Jeremia 36). Er litt furchtbar an der ausweglosen und unheilvollen Entwicklung, da er sich mit dem nationalen Zusammenbruch identifizierte. Deswegen betete er zum Herrn für sein Volk, der seine Fürbitte aber abwies (Jeremia 8,18-22; 14,17-15,1), sodass er sich selbst als gescheitert und unheilbar verwundet ansah (8,21; 15,10-18).

Später tröstet Gott ihn mit dem Bild des Töpfers, dessen erster Versuch, aus dem Ton ein Gefäß zu formen, scheitert (18,1-4). Das muss man erst einmal auf sich wirken lassen: Gott, der sich mit diesem Töpfer vergleicht, misslingt etwas! Jedenfalls offenbart er Jeremia, dass er sich das selbst anders vorgestellt hatte. Aber das bringt ihn nicht in Verlegenheit – er macht dann eben etwas anderes aus dieser

Situation. Gottes Plan kann langfristig nie scheitern, er kommt mit seinem Volk und der Menschheit insgesamt ans Ziel. Aber je nach dem, wie der menschliche Ton in seiner Töpferhand reagiert – ob er sich formen lässt oder sich verweigert –, gibt es Umwege und zumindest partielles Scheitern. Eigentlich ist die Zerstörung Jerusalems, der Zusammenbruch *der Tochter meines Volkes*, wie Jeremia ihn nennt, ein Grundmotiv für das Handeln Gottes. Aber es endet nicht damit. Vorher, in der Zeit der Belagerung, fordert Gott den König Zedekia durch Jeremia auf, nicht weiter zu kämpfen und den Zerbruch zuzulassen. Das hieß auf der anderen Seite, dass größeres Unglück über den kommen würde, der sich dagegen sträubt. Stolz und Eigensinn verbaten dem König, sein Scheitern einzugestehen und vor dem König Nebukadnezar zu kapitulieren. Deshalb untersagte er Jeremia, weiter so zu reden und beschuldigte ihn der Sabotage.

Der König erhielt Rückendeckung von Priestern und Propheten, weil sie wussten, dass es dann mit dem Tempel und ihrer privilegierten Stellung am Hof aus sein würde. Außerdem war es für sie lange theologisch einfach undenkbar, dass Gott die Zerstörung des Tempels zulassen würde. Dieses nur scheinbar fromme Widerstreben führte zu schlimmen gottlosen Entgleisungen, die unter anderem darin gipfelten, dass die Menschen begannen, ihre eigenen Kinder zu essen. Erst nach dem unausweichlichen Scheitern und der Wegführung nach Babylon sichert Gott seinem Volk seine Nähe und eine hoffnungsvolle Zukunft zu (Jeremia 29,7-11; 30,12-22).

Gott sei Dank lassen sich viele kriselnde Ehen retten! Aber wo sie trotz verschiedener Maßnahmen scheitern, geschieht bisweilen Ähnliches wie zur Zeit Jeremias: Aus verschiedenen Gründen kann eine Ehe so zerrüttet sein, dass Gott zur Beendigung des Kampfes und zur Kapitulation auffordert. Wenn dem so ist, dann ist die Scheidung das kleinere Übel, und dann erleidet derjenige größeren Schaden, der sich das Scheitern seiner Ehe nicht eingesteht und sich der Trennung widersetzt. Wie der Tempel für die Priester, so ist die Ehe für viele Christen ein von Gott eingesetztes und gesegnetes Heiligtum, dessen Zerstörung theologisch undenkbar ist. Wer trotzdem so etwas behauptet, wird ähnlich wie Jeremia schnell als jemand denunziert, der mit dem Feind kooperiert, und möglichst mundtot gemacht. Wie in der heiligen Stadt Jerusalem kann es in einer christlichen Ehe passieren, ebenso wie nach Trennung und Scheidung, dass die Kinder vom Streit ihrer Eltern »seelisch aufgefressen« werden. Eine scheinbar fromme, in Wirklichkeit eigensinnige Haltung erschwert oder verhindert, das eigene Scheitern aufzuarbeiten. Aber dieses Aufarbeiten ist unumgänglich, um nach einer gescheiterten Ehe wieder eine neue Perspektive aufbauen zu können.

Hiobs Scheitern

Hiob zerbrach an seiner Frömmigkeit und an seinem lange schweigenden Gott. Seine Kinder wurden durch schlimmes Unglück dahingerafft; seine Frau forderte ihn auf, gegen Gott zu fluchen (Hiob 1,18-19; 2,9). Hiobs Scheitern beinhaltete ja nicht nur das Unglück selbst. Es geschah *trotz* seiner Frömmigkeit und Gerechtigkeit, die nicht eingebildet war, sondern von Gott sogar Satan gegenüber besonders betont wurde (Hiob 1,1). Das massive Unglück brach sozusagen während seiner Opfer und Gebete unter den Augen Gottes über seine Familie herein. Gleichzeitig war er als überaus reicher Mann gescheitert, der plötzlich alles verloren hatte. Er wurde so schlimm mit Krankheit geschlagen, dass man zum Ergebnis kommen musste: Das ist kein Zufall, sondern eine Strafe Gottes für Hiobs Sünden. Wie den anderen *Knecht* Gottes hielt man ihn *für bestraft, von Gott geschlagen und niedergebeugt* (Hiob 1,8; 2,3; Jesaja 52,13; 53,4). Die Annahme, dass sich Frömmigkeit, Gerechtigkeit, Glauben und Beten auszahlen, wurde angesichts von Hiobs Zerbruch Lügen gestraft. Hiob wurde zum gefundenen Fressen für Neider und fromme Freunde, die immer wieder versuchten, den buchstäblich am Boden liegenden Hiob zu belehren und der Sünde zu überführen. Hier haben wir ein tragisches Beispiel, wie das Leiden eines Gescheiterten durch lieblose Freunde verschlimmert werden kann.

Hiob ahnt zwar in seiner Verzweiflung, dass es da einen Mittler und einen *Erlöser* geben muss (Hiob 19,25), gibt aber schließlich auf und fängt doch noch an, Gott anzuklagen. Er war Gott immer näher als seine Freunde; er kannte ihn besser als sie alle, und doch hat Gott ihn auf ein unbekanntes und erschreckendes Terrain geführt und ihn dort scheinbar allein der Finsternis überlassen. Das Beste, was die Freunde tun konnten, war, sich in seiner Not zu ihm zu gesellen. Die Zeiten betroffenen Schweigens waren im Vergleich zu den folgenden Vorträgen seelsorgerlich viel hilfreicher und sicher der geeignetere Ausdruck von Freundschaft und Mitgefühl. Aber weil Hiob *»das Schweigen Gottes«*[106] nicht mehr ertrug, brachen seine Anklagen immer ungehemmter aus ihm hervor, bis er schließlich einräumen musste, in diesem Leiden versagt zu haben (Hiob 2,13; 42,1-6). Der Glaube, dass es »dem Frommen gut geht und dem Gottlosen schlecht«, zerbrach. Die Freunde hielten jedoch auf Hiobs Kosten an diesem Schema fest. Sie hätten genauso gut allmählich unsicher und nachdenklich, mit schnellen Ratschlägen und Vorhaltungen vorsichtiger werden können. Aber auf solch eine Verunsicherung ließen sie sich nicht ein; sie wollten ihr Schema weder überprüfen noch erweitern oder ändern. Daher opferten sie ihren Freund lieber auf dem Altar ihrer eindimensionalen Dogmatik.

Das passiert auch heutzutage schnell: Wenn etwas nicht ins christliche oder theologische Schema passt, wird nicht das Schema erweitert, differenziert und für Ausnahmen und Sonderfälle geöffnet, sondern das manchmal ungewöhnliche Schicksal Einzelner in das alte Schema gepresst, bis es passt. Wenn es mal nicht passt, wird es eben passend gemacht: Wie bei Hiob sucht man dann so lange nach Sünde und Versagen, bis eine Erklärung für das Scheitern und das eingetretene Unglück gefunden ist. Aber damit wird nur Salz auf die Wunde gestreut. Letzten Endes arbeiteten die gläubigen Freunde für das Anliegen Satans, Hiob dermaßen fertig zu machen, dass er vielleicht doch noch Gott absagt. Das darf uns doch *niemals* passieren, dass der Teufel uns benutzt, um andere am Boden liegende Christen dazu zu bringen, sich von Gott abzuwenden!

Das Schweigen Gottes und die Ereignisse in der unsichtbaren Welt (Hiob 1,6-12; 2,1-7) waren der wirkliche Grund für das Scheitern Hiobs. Irgendwann brach Gott sein Schweigen, offenbarte sich Hiob neu und setzte seinem Leid ein Ende. Von daher war Hiobs Scheitern nicht endgültig – aber so tief, dass das, was danach kam, ihm wie ein neues Leben und eine Auferstehung aus den Toten vorkommen musste. Hiobs Wiederherstellung bezog sich nicht nur auf die neu geschenkten Kinder und den erneuten Reichtum, sondern auch auf seine Rehabilitation als frommer Mann und vollmächtiger Fürbitter (Hiob 42,8-9). Das sollte eigentlich eine Warnung sein für unseren Umgang mit Leidenden und Scheiternden in unserer Umgebung. Zerbruch ist immer etwas Destruktives. Aber er kann auch positive Auswirkungen haben, weil Gott bei den Zerbrochenen, Gescheiterten ist und auf ihrem Zerbruch etwas Neues aufbauen will (Psalm 34,18; 51,17).

Ahitofels Ende

Das Ende des königlichen Beraters Ahitofel zeigt auf tragische Weise, was passieren kann, wenn jemand mit seinem persönlichen Scheitern nicht umzugehen weiß. Ahitofel gewann als brillanter Ratgeber am Königshof Davids so großen Einfluss und genoss solches Ansehen, dass sein Rat wie von Gott direkt gesprochen galt. Zu mehr konnte man es zu seiner Zeit in Israel nicht bringen. Das Einzige, was ihm fehlte, war die Königskrone. Er hätte sich damit begnügen sollen, die besten Entscheidungen des Königs durch seinen Rat initiiert und damit an dessen Erfolg großen Anteil zu haben. Wie eine Ehefrau ihren Mann nicht manipulieren und dominieren soll, hat ein königlicher Ratgeber seine Grenzen anzuerkennen. Das muss ihm aber irgendwann zu wenig gewesen sein. Jedenfalls schlug er sich eines Tages auf die Seite des rebellischen Prinzen Abschalom und wurde nun für den amtierenden König David zu einer ernsten Gefahr (2. Samuel 16,23; 15,12). David erkannte dies sofort und betete seufzend, dass Gott eingreifen und den einflussreichen *Rat Ahitofels zur Torheit* machen möge (2. Samuel 15,31).

Gott wollte den Treuebruch und die ausufernde Überheblichkeit Ahitofels nicht belohnen und erhörte das Gebet Davids eindrucksvoll, indem er dem unerfahrenen Abschalom eingab, diesmal auf den Berater Huschai zu hören. Im gleichen Moment wusste Ahitofel, dass damit nicht nur sein Plan, sondern auch die ganze Verschwörung gescheitert war. Er konnte den nun unausweichlichen, für ihn vorhersehbaren Niedergang nicht mit ansehen und ertrug es nicht, dass nicht auf ihn gehört wurde. Aber anstatt sich seine folgenschwere Fehleinschätzung einzugestehen, die Konsequenzen seines Versagens auf sich zu nehmen, umzukehren und vor dem von Gott neu bestätigten König zu kapitulieren, richtete er sich lieber selbst und nahm sich das Leben. Bis in den Tod blieb er statt seinem Gott und König seiner Eigenmächtigkeit und seinem Stolz treu (2. Samuel 17,14.23).

> Begabte Menschen, die von sich und anderen Perfektion erwarten, sind häufig gefährdet, nicht mit Misserfolg umgehen zu können.

Begabte Menschen, die von sich und anderen Perfektion erwarten, sind häufig gefährdet, nicht mit Misserfolg umgehen zu können. Auch in einer Ehe können Pläne scheitern, Fehler werden gemacht, manches misslingt, was einer von beiden vielleicht schon kommen sah. Das muss aber nicht heißen, dass die ganze Ehe gescheitert ist. Aber selbst wenn eine Ehe scheitert, heißt das nicht, dass man sein Leben wegwerfen soll. Vielleicht hat Gott manches zugelassen, vor dem man ohnmächtig kapitulieren muss. Das abzuleugnen und davor zu fliehen wie Ahitofel ist ebenso falsch. Ich kann als Ehepartner, aber auch als Mitarbeiter in einer Firma oder einer Gemeinde daran scheitern, dass nicht auf mich gehört worden ist, obwohl ich doch so eine gute Idee und einen so guten Plan hatte. Oder mein Plan war gar nicht so gut und hat nicht funktioniert, ist gescheitert. Dann heißt es nicht aufzugeben, sondern es erneut zu versuchen und sich vor allem nicht davon abhängig zu machen, dass alles perfekt laufen muss. Gott ist größer und kann mit unvollkommenen Menschen arbeiten, wenn sie ihn wirken lassen. Das Besondere am Gerechten ist nicht seine Perfektion, *denn siebenmal fällt der Gerechte* (Sprüche 24,16), sondern dass er im Vertrauen zu Gott wieder aufsteht, im Gegensatz zum *Gottlosen*, der sich *im Unglück* von Gott lossagt.

Elias verzerrte Sicht

Der Prophet Elia erlebte, dass Gott seine Gebete erhört hatte, und konnte auf mächtige Offenbarungen des Herrn in seinem Leben zurückblicken. Er hatte den Auftrag Gottes auf dem Berg Karmel ausgeführt. Trotzdem scheiterte er an der Unbeugsamkeit der Königin Isebel. Gott ließ sie anscheinend gewähren, sie durfte sogar sein Leben bedrohen, sodass er fliehen musste. Statt sich nun aber über das zu freuen, was erreicht worden war, sah er nur, dass Gott nicht alle Probleme mit einem Mal ausgeräumt hatte. Tatsächlich kümmerte sich Gott beizeiten um Isebel – aber da hatte Elia bereits aufgegeben und sich dem Selbstmitleid und der Depression hingegeben (1. Könige 19,1-10).

Das ist der Grund, warum erfolgreiche Menschen dennoch scheitern und depressiv werden können: Sie konzentrieren sich auf die ungeklärten Fragen, auf noch nicht erreichte, oft zu hoch gesteckte Ziele oder das halb leere Glas in ihrer Ehe oder in ihrem Beruf; sie sehen einzig ihre persönlichen Begrenzungen und drehen sich schließlich nur noch um sich selbst. Das Ende vom Lied ist bei Elia, dass er diverse Menschen für weitere Aufgaben einsetzen soll (1. Könige 19,15-18). Das ist eigentlich eine positive Herausforderung. Aber gerade erfolgreiche Leiter schieben sie gerne vor sich her, weil sie es als eine Art Kapitulation betrachten. Dabei kann es eine Hilfe sein, um die eigenen Aufgaben mit etwas Abstand zu betrachten und sich selbst nicht zu wichtig zu nehmen.

Manche betrachten ihre Ehe als gescheitert, wenn ein einzelner Bereich nicht funktioniert, oder ihre Erziehung, wenn ein Kind zu missraten droht. Das Beispiel Elias zeigt, dass Resignation der falsche Weg ist. Plötzlich badet man im Selbstmitleid, sieht sich als isoliert oder als der Einzige, der richtig liegt und den Durchblick hat. Gleichzeitig nimmt man die Ermutigung durch andere, die auf dem gleichen Weg und in ähnlicher Situation sind, nicht wahr. Dann fängt man an, sich über Gott und seine Mitmenschen zu beklagen. Oft bietet sich eine Person, nicht selten der Nächste, den wir eigentlich lieben sollen und wollen, als Zielscheibe aller Anklagen und Grund unserer Unzufriedenheit an. So entsteht ein Sog negativer Gedanken, der uns immer stärker nach unten zieht. Hier heißt es: anhalten und aussteigen. Dabei spielt eine ehrliche, offene, nicht von Tratsch und Richtgeist geprägte Gemeinschaft eine wichtige Rolle.

13. Scheitern im Neuen Testament

Das griechische Wort für *scheitern* kommt im Neuen Testament nur zweimal (1. Timotheus 1,19; 2. Korinther 11,25) vor: einmal in der übertragenen Bedeutung *am Glauben Schiffbruch erleiden* und einmal wie im Hebräischen im wörtlichen Sinn. Auf Schiffbruch als Sinnbild des Scheiterns werde ich noch eingehen.

Die Selbstüberschätzung des Petrus

Simon Petrus erlebte, was viele erleben müssen, die eine Berufung von Gott haben: das Scheitern an sich selbst, den Zerbruch an der eigenen Unzulänglichkeit. Im Fall von Petrus ist es das Scheitern an der Unfähigkeit, Jesus treu zu bleiben. Jesus hatte ihn vor den anderen Jüngern hervorgehoben, als er ihn einen »Fels« nannte. Petrus wollte dieser Erwählung gerecht werden und scheiterte bereits bei der ersten Gelegenheit: als Jesus nämlich sein Leiden ankündigt. Noch beim Abendmahl sagte er dem Meister aus voller Überzeugung, aber auch nicht ohne Überheblichkeit, Treue bis in den Tod zu. Er wollte perfekt sein, während Jesus bereits wusste, dass ihm das nicht gelingen würde (Matthäus 16,16-23; 26,33-35). Als Freund versagte Petrus im Garten Gethsemane, als er Jesus den Liebesdienst versagte, mit ihm zu wachen, und mehrmals einschlief. Bei der Festnahme wollte er, inzwischen hellwach, diesen Fehler wiedergutmachen und mit menschlichen Mitteln dem Bösen Einhalt gebieten – vor allen Leuten musste er von Jesus zurückgepfiffen werden. Hier stellte Petrus zwar unter Beweis, dass er bereit war, für Jesus zu kämpfen und womöglich zu sterben – und dennoch scheiterte er am Willen Gottes (Matthäus 26,37-46; Johannes 18,10-11). Das erinnert an den Eifer des Mose, der in dem Wunsch, etwas für sein Volk Israel zu tun, einen ägyptischen Aufseher erschlägt und deswegen fliehen muss (2. Mose 2,11-15).

> Petrus scheitert an seiner Unfähigkeit, Jesus treu zu bleiben.

Petrus wollte sich allerdings noch nicht so schnell geschlagen geben. Immerhin floh er nicht wie die anderen Jünger, sondern wagte es, in gebührendem Abstand den weiteren Verlauf nach der Festnahme Jesu zu beobachten. Während er sich vielleicht innerlich über den Verrat des Judas empörte, über die feige nächtliche Festnahme, die Flucht der Mitjünger und den lügenhaften Prozess beim Hohenpriester, bemerkte er nicht, dass er Jesus zu verleugnen begann. Zunächst ermöglichten ihm ausweichende Antworten, die weitere Entwicklung verfolgen zu können. Aber wenn man einmal mit dem Lügen beginnt, hat man das Gefühl, dabei bleiben zu müssen. In der Illusion, sich damit weitere Rückfragen vom Leib zu halten, distanzierte er sich immer weiter von seinem Herrn und seinem Treueversprechen.

Vielleicht wollte er durch die Verleugnung sogar etwas Gutes erreichen – womöglich benötigte ihn sein Meister ja irgendwann noch als Retter in der Not. Wenn er sich nun als Jünger outen würde, wäre niemandem damit geholfen. So dachten auch Abraham und sein Sohn Isaak, als sie in einer brenzligen Situation das Feigeste für das Weiseste hielten und ihre Ehefrauen verleugneten – und damit scheiterten. Erst durch den zweiten Hahnenschrei landete Petrus auf dem Boden der Tatsachen: Anstatt sich durch besondere Treue vor den anderen Jüngern als Fels und Anführer auszuzeichnen und zu qualifizieren, verleugnete er als Einziger neben Judas seinen Herrn. Totales Versagen, anders kann man das nicht nennen (Matthäus 26,69-75).

Realistischer werden

Mancher ging am Beginn seiner Ehe davon aus, große menschliche Unterschiede geistlich überbrücken und es besser machen zu können als die eigenen Eltern oder andere Christen – und stand irgendwann vor dem Scherbenhaufen aller möglichen Ideale. Wie Petrus ist man unter anderen Vorzeichen angetreten und hat, vielleicht sogar angesichts problematischer Voraussetzungen, sein Bestes gegeben, alles Mögliche versucht und ist doch an der übermächtigen Realität, am eigenen Egoismus und der eigenen Unvollkommenheit gescheitert. Immer wieder gelangen Männer und Frauen an den Punkt, an dem sie an ihrer Treuezusage gegenüber dem Ehepartner scheitern und meinen, ihr Eheversprechen nicht mehr aufrechterhalten zu können. Sie distanzieren sich immer weiter vom Partner, was nicht heißen muss, dass sie mit einem anderen Menschen die Ehe gebrochen haben. Aber es fällt ihnen immer schwerer, sich zum anderen zu stellen – bis man deutlich erkennbar zu ihm auf Abstand geht.

Aber Jesus rettet auch aus solchem Scheitern. *Sind wir auch untreu, bleibt er doch treu, er kann sich selbst nicht verleugnen* (2. Timotheus 2,13). Daher ist Jesus mehr als jeder andere bereit und in der Lage, zu verzeihen und eine durch unloyales Verhalten belastete Beziehung wiederherzustellen. Gott war mit Israel auch nach seinem Treuebruch im Alten Bund nicht fertig; genauso wenig ist Jesus mit Petrus nach dessen Verleugnung fertig gewesen. Petrus' Scheitern bewirkte, dass er sich von da an mehr auf Jesus und seine Kraft als auf die eigene verließ. Zu seiner Wiederherstellung gehörte auch, dass Jesus sich vor den anderen Jüngern erneut zu Petrus und seiner Berufung stellte (Johannes 21,15-17). Darauf ist jeder Christ, der in irgendeinem Lebensbereich scheitert, angewiesen. Nicht jede Ehebeziehung hält die Belastung aus, die mit dem Scheitern einhergeht. Richtig ist allerdings, dass wir nicht so oft scheitern würden, wenn wir an den anderen und uns selbst nicht unerreichbar hohe Maßstäbe anlegen würden, sondern ihn viel realistischer sehen würden.

Der Therapeut Wilhard Becker und seine Frau Kristin schreiben aus eigener auch leidvoller Erfahrung: »*Was in einer Ehekrise zerbrechen muss, ist nicht die Ehe, sondern sind die Träume und Illusionen. Zur Bewältigung gehört deshalb die Ehrlichkeit, Wunschträume aufzudecken, wach zu werden und die Realität zu sehen. Ich bin anders, als ich es von mir erwartet habe, aber ebenso ist mein Partner anders, als ich es von ihm erwartete. Zu einer guten Ehe gehört nicht die gegenseitige Erfüllung von Wunschträumen, sondern der Mut, zu einem Menschen ja zu sagen, der sich im Laufe der Jahre immer wieder anders verhält, als dies meinen Vorstellungen entspricht.*«[107]

Erfahrungen des Scheiterns bei Paulus

Der 2. Brief des Paulus an die Korinther korrigiert bzw. komplettiert das Bild eines ansonsten vollmächtigen Apostels und erfolgreichen Missionars, indem er ihn teilweise als deprimierten Zweifler, unheilbar Kranken und im Dienst immer wieder Gescheiterten zeigt. Hören wir einmal in die Seele dieses Mannes hinein:

Wir waren mit unseren Kräften am Ende und hatten schon mit dem Leben abgeschlossen (1,8) *(…) In großer Sorge, mit schwerem Herzen und unter Tränen hatte ich euch geschrieben* (2,4) *(…) Denn obwohl uns die Schwierigkeiten von allen Seiten bedrängen, lassen wir uns nicht von ihnen überwältigen. Wir sind oft ratlos, aber nie verzweifelt. Von Menschen werden wir verfolgt, aber bei Gott finden wir Zuflucht. Wir werden zu Boden geschlagen, aber wir kommen dabei nicht um* (4,8-9) *(…) In Bedrängnissen, in Not und Angst bleiben wir standhaft* (6,4) *(…) Wir sind Sterbende, und dennoch leben wir. Wir werden geschlagen und kommen doch nicht um. In allen Traurigkeiten bleiben wir fröhlich. Wir sind arm und beschenken doch viele reich. Wir haben nichts und besitzen doch alles* (6,9-10) *(…) Unzählige Male hatte ich den Tod vor Augen. Fünfmal habe ich von den Juden die neununddreißig Schläge erhalten. Dreimal wurde ich von den Römern ausgepeitscht, und einmal hat man mich gesteinigt. Dreimal habe ich Schiffbruch erlitten; einmal trieb ich sogar einen Tag und eine ganze Nacht hilflos auf dem Meer* (11,23-25) *(…) Mein Leben bestand aus Mühe und Plage, aus durchwachten Nächten, aus Hunger und Durst* (11,27) *(…) Deshalb lässt er mich unter einer Krankheit leiden, die mir schwer zu schaffen macht. Es ist, als ob ein Engel des Satans mir ins Gesicht schlägt, damit ich nicht überheblich werde* (12,7) *(…) Als er* (Christus) *gekreuzigt wurde, war er schwach; aber jetzt ist er auferstanden und lebt aus der Kraft Gottes. Auch wir sind schwach, wie es Christus am Kreuz war* (13,4; Hfa).

Es ist schwer, den Gegensatz zwischen einem erfolgreichen Dienst und einem seelisch angeschlagenen Diener, der sich andauernd in irgendwelchen Schwierigkeiten befindet, auszuhalten. Daher betonen die Auslegungstraditionen entsprechend ihrer Seelsorge- und Gebetspraxis meistens entweder die eine oder die andere Seite: Während die einen immer die triumphalen Erfahrungen und den kämpferischen Glauben an Paulus hervorheben, sprechen die anderen überwiegend von seinen Schwachheiten, Niederlagen, Krankheiten, Rückschlägen. Keine der beiden Seiten wird jedoch allein der neutestamentlichen Glaubenswirklichkeit gerecht. Was Paulus angeht, kann man mit Recht sagen, dass sein Leiden ein Leiden um Jesu willen war, während viele andere Menschen um ihrer Sünde und ihres Ungehorsams willen leiden. Das lässt sich aber von außen nicht ohne Weiteres unterscheiden. Auch wenn Paulus um Jesu willen litt, ändert das nichts an seinen subjektiv schmerzhaften Erfahrungen: Schiffbruch, gescheiterte Pläne, drohende Misserfolge, Mitarbeiterverlust, Rufschädigung durch seine Gegner, Gefängnis. Wir, die wir die unvergleichliche phänomenale Wirkung von Paulus durch die ganze Kirchengeschichte hindurch bis heute kennen, können das gegen sein Leiden und seine erlebte Not aufwiegen. Für ihn und seine Zeitgenossen sah es immer wieder nach Scheitern aus und fühlte sich mit Sicherheit auch so an; zum Beispiel als er bei einem Schiffbruch auf einem Brett im Mittelmeer dahintrieb.

Auch wenn Paulus um Jesu willen litt, ändert das nichts an seinen subjektiv schmerzhaften Erfahrungen.

Der Schiffbruch

Der Beschreibung dieses Schiffbruchs ist immerhin ein recht langes Kapitel des Neuen Testaments gewidmet (Apostelgeschichte 27). Wie erwähnt, wird das Wort für *Schiffbruch erleiden* im Griechischen und Hebräischen gleichzeitig für *scheitern* verwendet, sodass hier zugleich ausführlich illustriert ist, was passiert, wenn ein Christ scheitert. Die Episode findet sich fast am Ende der Apostelgeschichte, die ansonsten eher von den Siegen des Evangeliums berichtet. Im Detail wird erzählt, wie dieser Schiffbruch, obwohl vermeidbar, unter Gottes Führung zustande kommt, ja sogar bewusst angestrebt und veranlasst wird. Zunächst lesen wir, dass Paulus sich mit vielen anderen an Bord eines Schiffes mit Kurs auf Rom befindet. Die Angriffe von außen erfolgen in Form von Gegenwind (Vers 7). Weil der Rat des Paulus nicht angenommen wird, fehlt es bei dieser Reise an göttlichem Schutz (Vers 10f) – mit dem Ergebnis, dass das Schiff nach langer Seenot auflaufen muss, um das Leben von Besatzung und Passagieren zu retten (Verse 40-41). Paulus erweist sich hier als Realist und Prophet zugleich, weil er weiß, dass Scheitern nicht das Ende ist. Er sagt zwar: *Man hätte auf mich hören sollen* (Vers 21; LB). Das wirkt aber weder schadenfroh noch rachsüchtig, zumal er ja mit den anderen in einem Boot sitzt. Insofern verhält er sich anders als der oben erwähnte Ahitofel, der die anderen ab- und sich aufhängte, als sein Rat nicht akzeptiert wurde.

Man kann nun die anfangs beschriebenen Prioritäten Gottes so auf dieses Kapitel anwenden: Die oberste Priorität war für Paulus, das Leben der über 200 Menschen auf diesem Schiff zu erhalten. Das Gefäß, das diese Menschen transportierte, war nicht wichtiger als die Menschen selbst. So sind auch Sabbat und Ehe für den Menschen da und nicht umgekehrt. Natürlich hatte der Kapitän mächtig viel Ärger zu befürchten, aber Paulus wusste, dass es in erster Linie um Leben und Tod der Menschen und nicht um das Schiff ging (Vers 22). Das Bemerkenswerte und Brisante ist nun: Der einzige Weg, die Menschen zu retten, bestand darin, das Schiff zu zerstören. Entscheidungsschwache und fatalistische Menschen lassen sich eher wie auf offener See dahintreiben, bis sie untergehen. Paulus erkannte, dass alle sterben werden, wenn sie sich weiter nur treiben lassen. Daher prophezeite er das Auflaufen des Schiffes. Der Zerbruch dieses Schiffes (Vers 41) führte zur einzigen Überlebenschance, auch ganz praktisch dadurch, dass viele Menschen auf den Trümmern und Brettern des unbrauchbar gewordenen Schiffes an Land gelangen konnten (Vers 44). Ich finde, dass dies eine wunderbare und ermutigende Illustration dafür ist, dass auch ein Scheitern bzw. ein »Schiffbruch« zum Überleben führen kann. Ebenso kann eine gezielte Lawinensprengung einem unkontrollierbaren, übermächtigen und zerstörerischen Niedergang von Schneemassen zuvorkommen, um sie umzuleiten und größeren Schaden zu verhindern.

Schlimmeres verhindern

Es ist immer schöner und entspricht unserem Wunsch nach einer heilen Welt ohne Risse und unbeantwortbare Fragen, wenn Zerbrüche vermieden werden können. Was aber, wenn nur noch die Wahl besteht zwischen dem Erhalt einer gescheiterten Ehe um jeden Preis mit dem Risiko physischer und psychischer Erkrankung auf der einen und der Auflösung einer gescheiterten Ehe auf der anderen Seite, die aber die Chance in sich birgt, Gesundheit und Leben aller Beteiligten zu schonen? Diese Abwägung bleibt immer eine Ermessenssache und ist dennoch bisweilen unausweichlich. Sich einfach treiben zu lassen hilft jedenfalls in diesem Fall genauso wenig wie beim Schiffbruch des Paulus, der sich seinerseits gegen das Schiff und für das Leben entschied. Manchmal lässt sich das zerbrochene Schiff wieder zusammenflicken; in unserem biblischen Beispiel brachte allerdings ein neues Schiff die Menschen inklusive Paulus an das von Gott vorgesehene Ziel. So glaube ich, dass manche Ehe auch nach Zerbruch neu belebt und wiederhergestellt werden kann; das sollten auch immer die erste Option und das erste Ziel sein. Auf der anderen Seite gibt es jedoch auch Situationen, in denen als letzte Option, als äußerste Notlösung eine Scheidung unausweichlich ist und erst dadurch ein Weiterleben ermöglicht wird.

Es gibt Situationen, in denen als letzte Option, als äußerste Notlösung eine Scheidung unausweichlich ist.

Hierin liegt auch ein gravierendes Missverständnis, dem viele Zeitgenossen aufsitzen: Für viele schließt sich Scheitern und Gottes Führung aus. Entweder führt Gott – oder man scheitert. Ebenso verbreitet ist die Vorstellung: Wenn sich jemand von Gott geführt weiß, muss anschließend alles glatt gehen. Daher ist der erste Gedanke, wenn einer scheitert: »Der hat wohl nicht um Gottes Führung gebetet, sonst wäre das nicht passiert.« Das trifft zwar immer wieder zu, aber nicht generell. Vielen besonderen Fällen und Situationen wird diese Aussage nicht gerecht. Wenn sich zum Beispiel ein gläubiger Firmeninhaber unter Gebet schließlich zur Insolvenz durchringt, leitet er an der Hand Gottes gleichzeitig eigenhändig sein berufliches Scheitern ein.

Er verhindert aber dadurch möglicherweise (wie Paulus beim Schiffbruch) Schlimmeres für sich, seine Angehörigen, seine Mitarbeiter und deren Familien. Das kann genauso für jemanden gelten, der nach langem Ringen um Veränderung einer sehr problematischen Ehe im Gebet zu dem Ergebnis kommt, dass er seine gescheiterte Partnerschaft beenden soll, die vielleicht von emotionalem oder sexuellem Missbrauch gekennzeichnet ist.

Ist Jesus gescheitert?

Ich gebe zu, dass diese Frage provozierend klingt. Bei einer »Probebohrung« in einem christlichen Internet-Forum für leitende Mitarbeiter bin ich allein schon wegen dieser Frage fast wie ein Ketzer behandelt worden. Sehr schnell habe ich gemerkt, dass auch geistliche Leiter manche Fragen nicht zulassen und für viele von ihnen scheitern verboten ist. Dabei muss doch gerade in Bezug auf die Passion Jesu auch über sein augenscheinliches Scheitern nachgedacht werden dürfen. Jesus wusste, dass er in diese Welt gekommen war, um die Sünden der Menschen auf sich zu nehmen (Johannes 1,29) und den Willen des Vaters zu tun. Damit sollten sich alttestamentliche Prophetien erfüllen (Psalm 40,7-9). Dennoch war sein Leiden eine Erfahrung des Scheiterns, das ebenfalls in den Prophetien über ihn ankündigt ist.

Für die Zeitgenossen Jesu war es undenkbar, dass Gottes Sohn und der Messias so leiden und am Kreuz ohnmächtig sterben musste. Genauso unerträglich, ja geradezu unmöglich scheint es zu sein, dass Gott das Scheitern einer Ehe von Christen zulässt. Bei Jesus dachten die einen: »Wenn er wirklich Gottes Sohn gewesen wäre, wäre er vom Kreuz herabgestiegen.« Die anderen: »Es ist bestimmt nicht Gottes Wille, dass der Messias so leiden und scheitern musste.« Wir haben uns inzwischen an die Kreuzesbotschaft und das Symbol des Kreuzes als Kirchen- oder Halsschmuck gewöhnt. Das Kreuz war aber wie der Galgen oder der elektrische Stuhl das Symbol für das gewaltsame Ende eines Menschen, der in seinem Leben gescheitert ist und Fluch und Strafe auf sich gezogen hat.

Was hatte Jesus bis zu diesem Punkt erreicht? Seine Familie und seine Heimatstadt distanzierten sich von ihm (Johannes 7,1-10; Markus 6,1-6). Die geistlichen Leiter seines Volkes planten seit langem seinen Tod (Markus 3,6). Seine Jünger strapazierten immer wieder durch ihre Schwerfälligkeit und ihren Kleinglauben seine Geduld (Matthäus 17,17). Seine Wunder wurden missverstanden (Johannes 6,26.15), sein eigener Prophet Johannes zweifelte schließlich an ihm (Matthäus 11,2-3). Seine geliebte Stadt Jerusalem, über die er weinte, ließ sich von ihm nicht zur Umkehr bewegen, um dadurch ihre Zerstörung, zu verhindern (Matthäus 23,37-39; Lukas 19,41-44)!

Insgesamt wurde über sein Leben gesagt: *Er kam in sein Eigentum, und die Seinen nahmen ihn nicht auf* (Johannes 1,11; LB). Das tat weh! Jesus wusste, dass die, die ihm heute zujubelten, morgen umkippen würden, wenn es nicht mehr opportun wäre, an ihn zu glauben. Wie stand es um seine Anhänger, als Jesus im Garten Gethsemane verhaftet wurde? Eine kleine, glaubensschwache, teilweise durch Ehrgeiz zerstrittene Truppe, auf die er sich nicht wirklich verlassen konnte, als es darauf ankam. Egal wie oft und wie klar diese Situationen prophezeit waren: Jesus musste da mit Leib und Seele durch; das war schwer, und es bedeutete zu scheitern. Und deswegen bat er seinen himmlischen Vater schließlich darum, den Kelch des Leidens doch noch von ihm zu nehmen. Dann aber rang sich Jesus dazu durch, sich dem Willen des Vaters unterzuordnen, was bedeutete, dass er sich aller Vollmacht entkleidete, *die Macht der Finsternis* gewähren ließ und *gehorsam bis zum Tod am Kreuz* wurde (Markus 14,36; Lukas 22,53; Philipper 2,6-8). Der Weg des Vaters bedeutete für ihn totalen Zerbruch (Jesaja 53,10).

Der Weg des Vaters bedeutete für Jesus totalen Zerbruch.

Auf den Blickwinkel kommt es an

Das Kreuz kann man aus mehreren Blickwinkeln betrachten: von unten und von oben. Von unten betrachtet, *hielten wir ihn für bestraft* und *von Gott geschlagen* (Jesaja 53,4-5): für einen Gescheiterten.

Seine eigene Familie erklärte Jesus für verrückt (Johannes 7,5; Markus 3,21), seine Freunde ließen ihn im Stich, verrieten und verleugneten ihn, als die politische und religiöse Führung ihn verurteilt hatte. Das Bild des Gekreuzigten ist zunächst das eines gescheiterten Menschen. Sein Leben fand einen gewaltsamen und abrupten Abbruch. Die Via Dolorosa in der Altstadt Jerusalems erinnert daran, dass der letzte Weg Jesu vor seinem Tod kein Triumphzug, sondern ein schlimmer Leidensweg war. Bekannt ist das Wort Jesu am Kreuz: *Eli, Eli, lama asabtani* (Matthäus 27,46), mit dem Jesus in den Worten des 22. Psalms beklagt, dass der Vater sich von ihm zurückgezogen hat. Seitdem ist der *Mann der Schmerzen* auch mit dem Leiden der Verlassenen vertraut (Jesaja 53,3), sodass er auch alle von ihrem Partner Verlassenen in ihrem Schmerz trösten kann. Neben Psalm 22 gilt der 69. Psalm als Leidenspsalm Christi. Dort ist in den Versen 21 und 22 von seinem Durst die Rede und dem mit Galle vermischten Essig, den man Jesus zu trinken gab (Matthäus 27,34.48), aber auch vom Hohn, der sein Herz *unheilbar gebrochen* hat. Im Grundtext wird hier das oben erwähnte hebräische Wort für *scheitern* gebraucht. Nach seinem Tod begruben die Menschen, die vorher an ihn geglaubt hatten, mit Jesus auch ihre gescheiterten Hoffnungen (Lukas 24,21).

Dietrich Bonhoeffer schrieb vor über 50 Jahren über Erfolg und Scheitern: *»Die Gestalt des Gerichteten und Gekreuzigten bleibt einer Welt, in der der Erfolg das Maß und die Rechtfertigung aller Dinge ist, fremd und im besten Falle bemitleidenswert (…) Die Gestalt des Gekreuzigten setzt alles am Erfolg ausgerichtete Denken außer Kraft (…) Dem Erfolgreichen gegenüber erweist Gott im Kreuz Christi die Heiligung des Schmerzes, der Niedrigkeit, des Scheiterns, der Armut, der Einsamkeit, der Verzweiflung (…) Dass dann gerade das Kreuz Christi, also sein Scheitern an der Welt, wiederum zum geschichtlichen Erfolg führt, ist ein Geheimnis des göttlichen Weltregiments, aus dem keine Regel gemacht werden kann, das sich aber in dem Leiden seiner Gemeinde hier und dort wiederholt.«*[108] Bonhoeffer nennt das Kreuz Christi sein Scheitern an

Das Bild des Gekreuzigten ist zunächst das eines gescheiterten Menschen.

der Welt. Letzten Endes ist er an dir und mir gescheitert, an unserer Hartherzigkeit, Selbstgerechtigkeit und Verdorbenheit!

Von oben betrachtet, *trug Er unsere Krankheit und lud auf sich unsere Schmerzen (...) Er ist um unserer Missetat willen verwundet und um unserer Sünde willen zerschlagen* (Jesaja 53,4-5; LB). Jesu Leiden geschah stellvertretend. *»Jesus Christus hat also unser Scheitern zu seinem eigenen gemacht. Er ist an unserer Statt und für uns zerbrochen. Wenn ich das annehmen kann, dass mein Scheitern in seinem gewaltsamen Tod aufgehoben und in seiner Auferstehung überwunden ist, dann lerne ich glauben und leben (...) Wenn wir uns nicht mehr dagegen wehren, unser Scheitern anzunehmen (...), dann erkennen wir auf einmal: In seinem Scheitern am Kreuz geht es ja um mich.«*[109] Das Wort vom Kreuz kann für uns sehr kraftvoll sein (1. Korinther 1,18), wenn wir das Paradox ertragen, dass wir Kraft schöpfen aus der Niederlage Jesu, Kapital schlagen daraus, dass ein geliebter Mensch stirbt und uns durch den ihm widerfahrenen Schaden ewiger Gewinn erwächst. Die Frucht des Todes Jesu ist Leben für uns.

Unser Hoherpriester

Nur wer Jesu stellvertretendes Opfer für seine Schuld vertrauensvoll annimmt, erfährt, dass *die Schwachheit* (nicht die Stärke!) *Gottes stärker* und *die Torheit* (nicht die Weisheit!) *Gottes weiser ist als die Menschen sind.* Von Friedrich von Bodelschwingh stammt der weise Satz: *»Der Mensch kann das Geheimnis des Kreuzes Christi nicht verstehen, wenn er nichts von eigener Schuld weiß.«* Auch Paulus bezeichnet dieses Paradoxon als Geheimnis. Er jedenfalls hat sich dazu entschlossen, immer *Jesus Christus, und ihn als gekreuzigt,* zu erkennen und *zu verkünden* (1. Korinther 1,25; LB; 2,1-2).

Gott hat seinen einzigen und geliebten Sohn zerschlagen und zerbrechen lassen um unserer Sünde und Erlösung willen. Es war sein Plan, in den Jesus einwilligte; dieser Plan ist nicht gescheitert, sondern ging ganz im Gegenteil voll auf. Denn wie nicht anders zu erwarten, nutzte der Teufel die Ohnmacht Jesu, um ihn zu quälen und sich an ihm auszutoben. Doch in seinem blinden Hass merkte er nicht, dass er damit gleichzeitig seinen eigenen Untergang und unsere Erlösung von aller Schuld einleitete. Denn der, den er einmal in die Ferse stach, zerquetschte ihm, der alten Schlange, schließlich für immer *den Kopf* (1. Mose 3,15).

Dieser wunderbare Sieg ändert aber nichts an der Tatsache, dass das Leiden und Sterben Jesu selbst eine unsagbare schmerzhafte Erfahrung des Scheiterns und des Zerbruchs war. Der, *der Sünde nicht kannte*, wurde von seinem Vater *für uns zur Sünde gemacht* (2. Korinther 5,21) und ist seitdem sowohl mit dem Leiden wie auch mit dem Scheitern vertraut. Der Messias ist gekommen, um die Zerbrochenen und Gescheiterten zu heilen und zu befreien (Jesaja 61,1; Lukas 4,18). Nun ist er seit seinem eigenen Zerbruch unser Hoherpriester, der auch mit unserem Zerbruch und Scheitern Mitgefühl hat (Hebräer 4,14-15).

Die Auferstehung wiederum triumphiert über den Tod erst *nach* dem Scheitern. *Wenn das Weizenkorn nicht in die Erde fällt und stirbt, bleibt es allein* (Johannes 12,24); das bedeutet: Es bringt keine Frucht und erlebt keine Auferstehung. Man kann nicht das eine ohne das andere haben. Das Wunderbare am christlichen Glauben ist doch, dass wir leben werden, auch wenn wir sterben (Johannes 11,25). Jesus blieb nicht vor dem Tod verschont, sondern hat ihn durchlebt und überwunden! Erst das Leben trotz und nach dem Tod ist unüberwindlich. So trägt Jesus sowohl das Sterben wie auch das Leben in sich: *Ich war tot und siehe, ich bin lebendig* (Offenbarung 1,18). Und Paulus schreibt über sein Leben: *Wir tragen allezeit das Sterben Jesu an unserem Leibe, damit auch das Leben an unserem Leib offenbar werde* (2. Korinther 4,10; LB). Christen tragen das Bild des Sterbens und das Bild des Lebens in sich: Wie es ein Leben nach dem Tod gibt, gibt es auch ein Leben nach dem Scheitern.

Christen tragen das Bild des Sterbens und das Bild des Lebens in sich.

Zusammenfassung

Das Wichtigste ist für mich, dass ich als Christ niemals tiefer als in die Hand Gottes fallen kann. Auch wenn eine Vision, ein Lebensentwurf oder eine Ehe zerbricht, trägt er mich. Wenn ich das erkenne und erlebe, dann geht es mir am Ende doch besser als dem Nichtchristen, der sich sein Scheitern zwar leichter eingestehen oder auch aus einer unangenehmen Situation und Beziehung eher fliehen kann. Er ist aber nicht in der Lage, sich fallen zu lassen, außer in seine Depression, und muss auf seine eigene Kraft vertrauen. Falls er dann doch resigniert, ist er wirklich am Ende. Zahlreiche Lebensberichte zeigen aber auch, dass viele Menschen gerade durch ihre zerbrochene Ehe zum ersten Mal oder wieder zu Gott gefunden haben.

Wenn Christen kapitulieren, weil sie in einem bestimmten Lebensbereich gescheitert sind, können sie, wo es nötig ist, Vergebung in Anspruch nehmen und selbst vergeben. Ihnen bleibt die Hoffnung auf die Ewigkeit und darauf, dass Gott das letzte Wort in ihrer Sache hat. Er ist ein gerechter Richter. Das Leben und vor allem das ewige Leben hängt letzten Endes nicht davon ab, ob wir in allen Lebensbereichen »erfolgreich« sind. Mir ist bewusst, dass wir in vieler Hinsicht unnötig und wegen unserer Fehler und Sünden leiden. Aber es gibt auch eine andere Art von Leid vor, während und nach einer Ehe, über die es heißt, dass *die Leiden der jetzigen Zeit* in keinem Verhältnis zu *der zukünftigen Herrlichkeit* stehen, *die an uns geoffenbart werden soll* (Römer 8,18). Daher kann scheitern nicht verboten sein, solange ein Mensch Gott vertraut und an seiner Beziehung zu ihm festhält. Dadurch wird er zwar nicht *die ganze Welt* gewinnen, vielleicht noch nicht einmal *sein* (Ehe- oder Familien-)*Leben erhalten* können, sondern unter Umständen *verlieren* – aber er muss nicht auf der ganzen Linie scheitern und *Schaden an seiner Seele* nehmen (Matthäus 16,25-26).

Die Balance finden und halten

Zum Schluss möchte ich noch einmal auf die verschiedentlich angesprochene Balance zu sprechen kommen, die wir brauchen, um Extreme und die daraus resultierenden Pendelbewegungen zu vermeiden. Das Wort Gottes enthält etliche herausfordernde Stellen, die zueinander in einer deutlichen Spannung stehen. Es hilft weder, diese Spannungen aufzulösen noch von einem Widerspruch innerhalb der Bibel auszugehen. Wir sollten vielmehr eine dynamische Balance anstreben, bei der je nach Fall und Situation mal die eine und mal die andere Wahrheit in die Waagschale geworfen wird.

Es ist immer leichter, sich in Seelsorge und Verkündigung auf einzelne scheinbar eindeutige Bibelstellen zu spezialisieren, die schwer in ein vorhandenes Lehrsystem zu integrierenden Verse jedoch bewusst oder unbewusst nicht zu beachten. Ein Gleichgewicht lässt sich auf diese Art und Weise nicht herstellen. Balance heißt für mich nicht, eine Stelle durch eine andere auszuhebeln, sondern eine Stelle mit einer anderen auszuwiegen, abzuwägen, um zu einer Ausgewogenheit zu gelangen. Deswegen konnte der Teufel Jesus in der Wüste auch nicht irritieren, als er die Bibel zitierte. Denn Jesus kannte die *ganze von Gott eingegebene Schrift*, die *nützlich zur Lehre, zur Überführung, zur Zurechtweisung in der Gerechtigkeit* ist, sodass er sagen konnte: *Wiederum steht geschrieben* (2. Timotheus 3,16; Matthäus 4,7). Nur mit einer gesunden Ausgewogenheit lassen sich die verschiedenen Bibeltexte zum Thema Ehescheidung angemessen anwenden, und nur so können wir gewissenloser Liberalität und zu großer Unbekümmertheit auf der einen Seite sowie unverantwortlicher Gesetzlichkeit und einseitiger Rigorosität auf der anderen Seite wehren. Dennoch wird zwischen der grundlegenden, allgemeingültigen Lehre und dem Einzelfall in der Seelsorge immer eine unauflösbare Spannung bestehen bleiben. Letzten Endes widerspricht sich das nicht, solange aus Sonderfällen keine Normalfälle und aus Prinzipien und Maßstäben keine ehernen Gesetze gemacht werden.

> Nur mit einer gesunden Ausgewogenheit lassen sich die verschiedenen Bibeltexte zum Thema Ehescheidung angemessen anwenden.

Eigentlich hat uns Paulus das in 1. Korinther 7 selbst vorgemacht: Er bezieht sich auf das Wort des Herrn, verändert es nicht und schwächt es nicht ab; aber er geht offensichtlich damit nicht wie mit einem Gesetzesparagraphen um, weil er wusste, dass mit den Worten Jesu noch nicht alle eventuell auftretenden Fälle geklärt sind. Sonst hätte er unter Androhung disziplinarischer Maßnahmen in jedem Fall die Wiederherstellung bzw. Aufrechterhaltung der kommentierten Ehen gefordert und Wiederheirat eindeutig untersagen müssen. Schon Jesus hatte eine ausnahmsweise Entlassung zugestanden und damit zwar den Leichtfertigen ins Gewissen geredet, aber auch den unter einem unhaltbaren Ehejoch Leidenden einen Ausweg gezeigt. Hieran orientierte sich Paulus und ging im Geist Jesu einen Schritt weiter; und hieran können auch wir uns orientieren und in diesem Rahmen Antworten für heutige Situationen finden.

In einer Hinsicht gibt es keine Balance: zwischen Gericht und Gnade und zwischen dem Zorn und der Barmherzigkeit Gottes. Denn Gott rief über sich selbst aus: *Der Herr, der Herr, Gott, barmherzig und gnädig, langsam zum Zorn und reich an Gnade, der Gnade bewahrt an Tausenden von Generationen, der Schuld, Vergehen und Sünde vergibt, aber keineswegs ungestraft lässt, sondern die Schuld der Väter heimsucht an den Kindern und Kindeskindern, an der dritten und vierten Generation* (2. Mose 34,6-7). *Denn sein Zorn währet einen Augenblick und lebenslang seine Gnade* (Psalm 30,6; LB). *Einen kleinen Augenblick habe ich dich verlassen, aber mit großem Erbarmen werde ich dich sammeln* (Jesaja 54,7). Das ist nicht ausgewogen, sondern sehr einseitig – zugunsten der Barmherzigkeit! Aufgrund dieser Worte ist die Befürchtung, wir könnten zu barmherzig oder gar barmherziger als Gott selbst sein, völlig unbegründet; eher müssen wir uns fragen, ob in unserer Anwendung geistlich richtiger Prinzipien diese ungleichgewichtige Relation zwischen Gericht und Gnade zum Tragen kommt. Deswegen müssen wir das Gericht nicht verleugnen, das Jesus wegen unserer Sünden traf und das am Ende der Welt steht.

Aber wir können uns doch im Umgang mit scheiternden Menschen bzw. ihren Lebensentwürfen und im Umgang mit uns selbst und eigenem Scheitern vom Geist der Sanftmut und dem barmherzigen Wesen des himmlischen Vaters leiten lassen. Dazu helfe uns Gott, dem in Ewigkeit Ehre gebührt!

Literaturverzeichnis

Augustinus, Aurelius: Ehe und Begierlichkeit, Schriften gegen die Pelagianer, Bd. 3, übersetzt von A. Fingerle, Würzburg 1977
Barth, Karl: Kirchliche Dogmatik III/4
Barth, Karl: Die Lehre von der Taufe, ThEx heute NF 4, 1947,47
Becker, Wilhard und Kristin: Füreinander begabt, Kreuz Verlag, Stuttgart 1985
Bohren, Rudolf: ausser – in – nach der Ehe, Zwingli Verlag, Zürich 1958
Bonhoeffer, Dietrich: Ethik als Gestaltung, DBW 6, München 1992
Bonhoeffer, Dietrich: Gemeinsames Leben, Gütersloher Verlagshaus, Gütersloh 1987
Bonhoeffer, Dietrich: Nachfolge, Gütersloher Verlagshaus, Gütersloh 2002
Borkowski, Michael (Hrsg.): Unterschiedliche Lebensformen und das Evangelium, 2004
Bovet, Theodor: Die Ehe, Katzmann Verlag, Tübingen 1986
Bühne, Wolfgang: Ich bin auch katholisch, CLV, Bielefeld 1988
Die Apostolischen Väter (Hrsg. Joseph A. Fischer): Wissenschaftliche Buchgesellschaft Darmstadt, 1981
Drewermann, Eugen: Psychoanalyse und Moraltheologie, Bd. 2, Wege und Umwege der Liebe, Mainz 1983
Eibach, Ulrich: Liebe, Glück und Partnerschaft, R. Brockhaus Verlag, Wuppertal 1996
Forward, Susan: Emotionaler Missbrauch, Wenn andere mit Gefühlen drohen, München 1998
Freud, Sigmund: Trauer und Melancholie (1916), Gesammelte Werke Bd. 10, London 1946
Fuchs, Gotthard/Werbick, Jürgen: Scheitern und Glauben, Freiburg 1991
Grotenhuis, Josef: Brennende Fragen, Brendow Verlag, Moers 1995
Grün, Anselm: Gescheitert? Deine Chance, Münsterschwarzach 1999
Hempelmann, Heinzpeter: Ehe, Ehescheidung und Wiederheirat, Verlag der Liebenzeller Mission 2003
Hofmann, Irmela: Wenn die Liebe hinfällt – Wider die Einsamkeit zu zweit, Brendow Verlag, Moers 1991
Jung, Carl Gustav: Wandlungen und Symbole der Libido (Beiträge zur Entwicklungsgeschichte des Denkens), Jahrbuch für psychoanalytische und psychopathologische Forschungen, III, 1911
Kaufmann, Hans Bernhard: Am Scheitern leben und glauben lernen, Schriftenmissions-Verlag, Neukirchen-Vluyn 1987
Kremer, Jacob: Der Erste Brief an die Korinther (Regensburger Neues Testament), Regensburg 1997
Luther, Martin: Traubüchlein für die einfältigen Pfarrherren, in: Weimarer Ausgabe 42 und Bekenntnisschriften der Evangelisch-lutherischen Kirche, Göttingen 1967

Luther, Martin: Von der babylonischen Gefangenschaft der Kirche (1520), Weimarer Ausgabe 49
Luther, Martin: Ausgewählte Schriften, hrsg. von Karin Bornkamm und Gerhard Ebeling, 3. Band, Frankfurt am Main 1982
Malm, Magnus: Gott braucht keine Helden, R. Brockhaus Verlag, Wuppertal 1998
MacArthur, Studienbibel, CLV, Bielefeld 2002
Mitscherlich, Alexander und Margarete: Die Unfähigkeit zu trauern, R. Piper Verlag, München 2004
Nietzsche, Friedrich: Zur Genealogie der Moral (1887), München 1983
Petri, Holger: Verlassen und verlassen werden, Stuttgart 1991
Prince, Derek: Gott stiftet Ehen, Lüdenscheid 1999
Prince, Derek: The Marriage Covenant, 1978 (Der Ehebund, 6. Auflage 2003)
R. Brockhaus Kommentar zur Bibel III, hrsg. von Donald Guthrie, J. Alec Mayten
Sandford, Paula: Heilung für die Gefühle der Frau, Gottfried Bernhard Verlag, Solingen 1994
Schrage, Wolfgang: Evangelisch-Katholischer Kommentar zum Neuen Testament (EKK), Benziger 1992
Strack, Hermann L./Billerbeck, Paul: Kommentar zum Neuen Testament aus Talmud und Midrasch, 1. Brief an die Korinther, München 1982
Sullivan, J. F.: Die äußeren Formen der Katholischen Kirche, Pattloch Verlag, Aschaffenburg 1958
Thielicke, Helmut: Theologische Ethik III, Tübingen 1968
Thielicke, Helmut: Das Schweigen Gottes, Stuttgart 1988
Weber, Kurt: Bibelübersetzungen unter der Lupe, Schulte & Gerth, Asslar 1984
Wight, Fred H.: Manners and Customs of Bible Lands, Moody Press, 1989

Lexika und Nachschlagewerke

Ars Graeca, Griechische Sprachlehre, Rolf Mehrlein, Friedrich Richter, Wilhelm Seelbach, Ferdinand Schöningh Paderborn, 4. Auflage 1981

Bibeltheologisches Wörterbuch, Johannes B. Bauer, 4. Auflage, Freiburg 2001

Biographisch-Bibliographisches Kirchenlexikon, Verlag Traugott Bautz, Herzberg 1993

Glaube in Geschichte und Gesellschaft, Mainz 1971

Griechisch-Deutsches Schul- und Handwörterbuch von Wilhelm Gemoll, G. Freytag Verlag, München/Wien 1965

Handbuch christlicher Ethik, 2. Auflage, Freiburg 1978

Handkonkordanz zum Griechischen Neuen Testament, Alfred Schmoller, Württembergische Bibelanstalt Stuttgart, 15. Auflage 1973

Hebräisch-Deutsche Präparation zu den »Kleinen Propheten« II, hrsg. von Reiner-Friedemann Edel, Ökumenischer Verlag Dr. R. F. Edel, Marburg 1972

Hebräisch-Deutsches Wörterbuch von David Cassel, Verlag von Heinrich Handel, 4. Auflage, Breslau 1889

Langenscheidts Taschenwörterbuch, Deutsch-Altgriechisch, Otto Güthling, 32. Auflage, Berlin 1981

Langenscheidts Taschenwörterbuch Griechisch-Deutsch, Hermann Menge, 24. Auflage, Berlin 1956

Lexikon der katholischen Dogmatik, Freiburg 1987

Reallexikon für Antike und Christentum, hrsg. von Th. Klauser, Stuttgart, 1950

Religion in Geschichte und Gegenwart (RGG), hrsg. von Bernd Janowski und Eberhard Jüngel, 4. Auflage 1998

Sprachlicher Schlüssel zum Griechischen Neuen Testament nach der Ausgabe von D. Eberhard Nestle, bearbeitet von Fritz Rienecker, Brunnen Verlag, 16. Auflage, Gießen/Basel 1980

Fußnoten

[1] in: Kurt Weber, Bibelübersetzungen unter der Lupe, S. 229
[2] Helmut Thielicke, Ethik, Band III, S. 1793
[3] G. E. Closen (Die Sünde der Söhne Gottes, Rom 1937, S. 243-251) beschreibt die Sünde als lauernden Dämon, dessen natürliche Sehnsucht es ist, die Gewalt über den Menschen zu gewinnen.
[4] Holger Petri, Verlassen und verlassen werden, S. 13
[5] Holger Petri, a.a.O., S. 12
[6] Ulrich Eibach, Liebe, Glück und Partnerschaft, S. 213ff
[7] Cass. Dio 54, 16,1-3; 56,1,2
[8] Hartmut Bergfeld, Thesenpapier: Ehe ohne Trauschein, 2003 in: Unterschiedliche Lebensformen und das Evangelium, hrsg. von Michael Borkowski, Leiter Gesamtgemeinde Hannover im Bund Evangelisch-Freikirchlicher Gemeinden (BEFG), 18.11.2004, S. 3
[9] Brief des Ignatius an Polykarp, 5,2b in: Die Apostolischen Väter, hrsg. von Joseph A. Fischer, S. 221
[10] Buchtitel von Magnus Malm, R. Brockhaus Verlag, Wuppertal 1998
[11] Dietrich Bonhoeffer, Gemeinsames Leben, Gütersloher Verlagshaus, hrsg. von E. Bethge, S. 29
[12] Martin Luther, Traubüchlein für die einfältigen Pfarrherren
[13] Konzil zu Trient, 1563 in: Wolfgang Bühne, Ich bin auch katholisch, S. 113
[14] J. F. Sullivan, Die äußeren Formen der Katholischen Kirche, S. 120
[15] Fred H. Wight, Manners and Customs of Bible Lands, Moody Press, 1989, S. 125 in: Paula Sandford, Heilung für die Gefühle der Frau, S. 180f
[16] Kommentar zu Römer 7,2-3 von John MacArthur, Studienbibel, Schlachter Version 2000, Bielefeld 2002
[17] Heinzpeter Hempelmann, Ehe, Ehescheidung und Wiederheirat, S. 59
[18] »Ein hinsichtlich der Überlieferung des hebräischen Wortlautes schwieriger Text«, Klaus Grünwaldt zu Maleachi 2,10-16 in: Biographisch-Bibliographisches Kirchenlexikon, Band V, Spalten 615-619; die Elberfelder Bibel bezeichnet Maleachi 2,15 als »schwierige Textstelle« (dort Fußnote 26).
[19] »Die letzten Worte werden auf Abraham gedeutet, der die Hagar verstieß, weil er Samen Gottes (…) suchte.« in: Reiner-Friedemann Edel, Hebräisch-Deutsche Präparation zu den Kleinen Propheten II, S. 103
[20] *(Beweg-)Grund, Sache, von der die Rede ist* in: Rienecker, a.a.O., S. 12
[21] In Langenscheidts Deutsch-Altgriechisch-Lexikon steht unter dem Stichwort »Berücksichtigung« logos.
[22] Strack-Billerbeck, Kommentar zum Neuen Testament aus Talmud und Midrasch, 1. Brief an die Korinther, S. 373
[23] R. Brockhaus Kommentar zur Bibel III, hrsg. von Donald Guthrie, J. Alec Moyter, S. 319 zu 1. Korinther 7,8
[24] a.a.O., Kommentar zu 1. Korinther 7,8

[25] Auch in Markus 6,10; Lukas 9,4; 10,7; Apostelgeschichte 16,15 ist ein Nicht-für-immer-Bleiben gemeint.

[26] zu 1. Korinther 7,10-11 in: Jacob Kremer, Der Erste Brief an die Korinther (Regensburger Neues Testament)

[27] Jacob Kremer, a.a.O.

[28] »An eine bloß getrennte Frau wäre Pauli Aufforderung unverständlich, zumindest nach Verlassen des Ehemannes agamos zu bleiben: Sie wäre weder agamos gewesen, noch hätte sie (außerchristl.) de jure die Möglichkeit zur neuen Verheiratung gehabt.« Wili, S.100 Anm. 2 in: Wolfgang Schrage, a.a.O., S. 102

[29] John MacArthur, Studienbibel, S. 1679

[30] John MacArthur, Studienbibel, S. 1650

[31] *so sie aber sich nicht enthalten* übersetzte J. A. Bengel, das Konkordante NT druckt das »können« als Zeichen eines Zusatzes wenigstens schwach

[32] wie es u. a. Heinzpeter Hempelmann in »Ehe, Ehescheidung und Wiederheirat« mindestens achtmal tut

[33] Religion in Geschichte und Gegenwart (=RGG), Artikel Ehe, und Handbuch christlicher Ethik

[34] sich entziehen nach 1.Korinther 7,5: »Wenn nun einer sich sperrt und nicht will, da nimmt und raubt er seinen Leib, den er gegeben hat dem andern. Das ist nämlich recht eigentlich wider die Ehe und Ehebruch.« WA 10,2; 275-304

[35] also wie in der katholischen Kirche, bloß umgekehrt; tatsächlich könnten sogar beide ungläubig sein

[36] §§1118-1120 im Codes iuris canonici. 1120 betrifft das Privilegium Paulinum.

[37] Den Begriff Unauflösbarkeit bzw. unauflösbar/nicht auflösbar traktiert Heinzpeter Hempelmann gebetsmühlenartig mit immer gleichen oder gar keinen Argumenten auf 145 Seiten immerhin 35mal, a.a.O.

[38] vgl. Augustins Sermo ad Caesariensis ecclesiae plebem 2 und Lexikon der katholischen Dogmatik, 54

[39] seit dem 2. Laterankonzil 1139

[40] Aurelius Augustinus, Ehe und Begierlichkeit, Schriften gegen die Pelagianer, Bd. 3

[41] Ulrich Eibach, Liebe, Glück und Partnerschaft, S. 111

[42] Enzykliken »Casti conubii« (Pius XI., 1930), »Humanae vitae« (Paul VI., 1968), Apostolisches Schreiben »Familiaris consortio« (Johannes Paul II., 1981)

[43] lat. separatio coniugum, Codex Iuris Canonici c. 1128; Iomatr c. 117

[44] WA 34 I, 97, 25

[45] Martin Luther, Traubüchlein a.a.O., S. 528

[46] Karl Barth, Die Lehre von der Taufe, Th Ex heute NF 4, 1947,47

[47] Helmut Thielecke, Theologische Ethik III, 2129-2130

[48] Rudolf Bohren, ausser – in – nach der Ehe, S. 30-32.34

[49] Josef Grotenhuis, Brennende Fragen, S. 88.92

[50] Wolfgang Schrage, Evangelisch-Katholischer Kommentar zum NT (EKK), S. 100-103
[51] was aber z. B. Heinzpeter Hempelmann, a.a.O., auf S. 52, 56, 79 gegen den Wortlaut der Worte Jesu behauptet
[52] Dietrich Bonhoeffer, Nachfolge, S. 10f
[53] »ex opere operato«, Lehre Thomas v. Aquins (1225-74), nach der ein Sakrament durch die Ausführung wirkt
[54] Derek Prince, The Marriage Covenant (1978), Der Ehebund (2003), S. 14f
[55] zum Beispiel Heinzpeter Hempelmann, a.a.O., S. 42, 73f.
[56] a.a.O., S. 19-22
[57] a.a.O., S. 54
[58] BGB §1353,1
[59] in der Schrift »Von der babylonischen Gefangenschaft der Kirche«, 1520
[60] WA 10,2;275-304 in: Martin Luther, Ausgewählte Schriften, S. 165-199
[61] a.a.O., S. 186
[62] vgl. WA 34 I, 52,27ff
[63] a.a.O., S. 187
[64] a.a.O., S. 193ff
[65] a.a.O., S. 168
[66] a.a.O., S. 180
[67] a.a.O., S. 183
[68] a.a.O., S. 184
[69] Dietrich Bonhoeffer, Nachfolge, a.a.O., S. 1-3
[70] Karl Barth, Kirchliche Dogmatik III/4, S. 230
[71] a.a.O., S. 236f
[72] Helmut Thielicke, a.a.O., S. 2531
[73] Paula Sandford, Heilung für die Gefühle der Frau, S. 186
[74] Helmut Thielecke, Theologische Ethik III, S. 2526
[75] a.a.O., S. 2527, S. 2521
[76] lat. Segensspruch
[77] Thielicke, a.a.O., S. 2562, S. 2564, S. 2566
[78] Buch von Alexander und Margarete Mitscherlich, Die Unfähigkeit zu trauern
[79] Friedrich Nietzsche, Zur Genealogie der Moral (1887), II,18; III,13; II,16,19,2
[80] Thielicke, a.a.O., S. 2527, S. 2528
[81] a.a.O., S. 2538, S. 2540, S. 2541, S. 2554
[82] Derek Prince, Gott stiftet Ehen, S. 130
[83] Theodor Bovet, Die Ehe, Tübingen 1981, S. 144
[84] Sigmund Freud, Trauer und Melancholie (1916), S. 435
[85] Carl Gustav Jung, Wandlungen und Symbole der Libido, S. 164 (Elternimago)
[86] Sigmund Freud, Erinnern, Wiederholen und Durcharbeiten (1914), S. 134f
[87] Eugen Drewermann, Psychoanalyse und Moraltheologie, Band 2, Wege und Umwege der Liebe, S. 45

[88] Sigmund Freud, Bemerkungen über die Übertragungsliebe (1915), a.a.O., S. 305-321
[89] Eugen Drewermann, a.a.O., S. 129
[90] Holger Petri, Verlassen und verlassen werden, S. 127
[91] a.a.O., S. 137
[92] Susan Forward, Emotionaler Missbrauch, S. 12
[93] a.a.O., S. 48, 62, 68
[94] Anselm Grün, Gescheitert? Deine Chance, S. 45
[95] Drewermann, a.a.O., S. 79-81
[96] Pastor der Willow Creek Community Church, Chicago, in der Zeitschrift FAMILY 3/97, Bundes-Verlag, Witten
[97] mit ihrem Mann John Gründerin des Seelsorgedienstes »Elijah House«, a.a.O., S. 183-185
[98] Theologisches Begriffslexikon zum Neuen Testament, Artikel Versöhnung, S.1308 (H. Vorländer), S. 1312 (H.-G. Link)
[99] Drewermann, a.a.O., S. 135
[100] Anselm Grün, a.a.O., S. 10
[101] a.a.O., S. 8
[102] a.a.O. S. 8
[103] Gotthard Fuchs/Jürgen Werbick, Scheitern und Glauben, S. 110
[104] z. B. Derek Prince, Der Ehebund, S. 13f
[105] Teilhard de Chardin in: Anselm Grün, a.a.O., S. 113
[106] Buch von Helmut Thielicke über Hiobs Leiden
[107] Wilhard Becker und Kristin Becker, Füreinander begabt, S. 23f
[108] Dietrich Bonhoeffer, Ethik als Gestaltung, S. 75, 77
[109] Hans Bernhard Kaufmann, Am Scheitern leben und glauben lernen